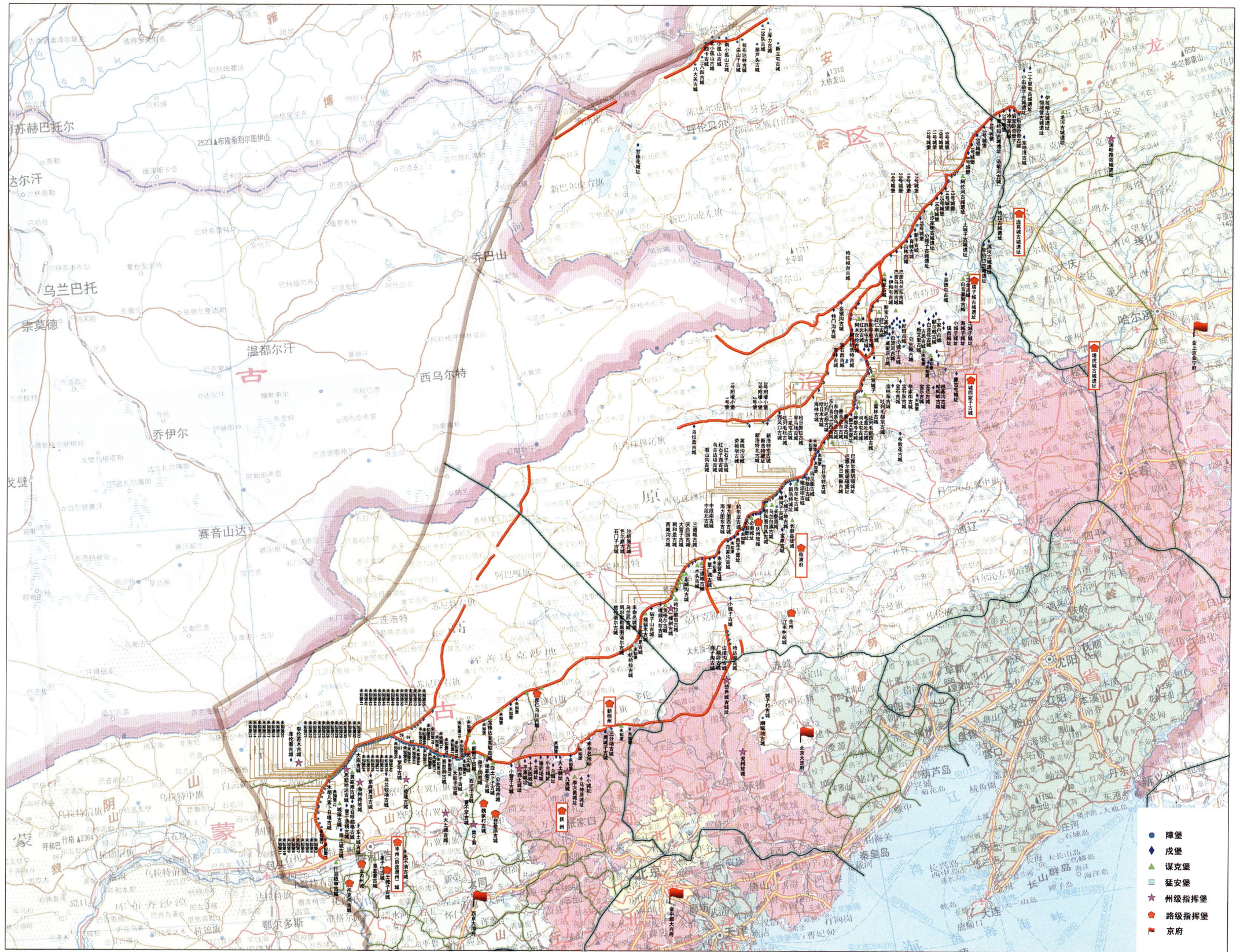

金长城在现行政区划内的走势与分布

（底图来源：总参谋部测绘局编制. 中华人民共和国地图. 北京：星球地图出版社，2002.）

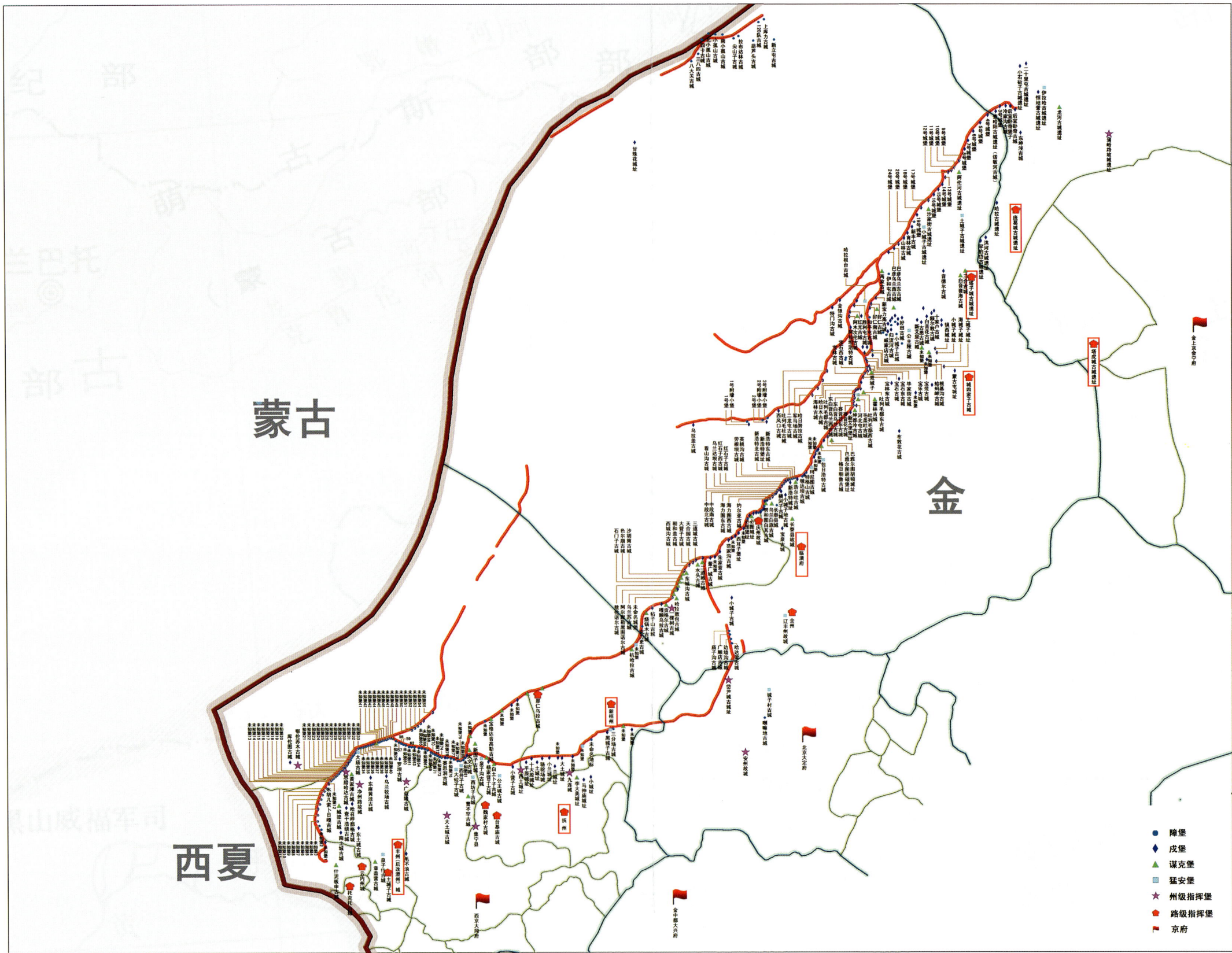

金长城在金疆域中的位置与布局

（底图来源：谭其骧. 中国历史地图集（第六册）. 北京：中国地图出版社，1982.）

蒙古

金

西夏

- ● 障堡
- ◆ 戍堡
- ▲ 谋克堡
- ■ 猛安堡
- ★ 州级指挥堡
- ⬟ 路级指挥堡
- ⚑ 京府

长 城 · 聚 落 丛 书

张玉坤　主编

金长城
防御体系与军事聚落

解丹　张玉坤　李严　著

中国建筑工业出版社

图书在版编目（CIP）数据

金长城防御体系与军事聚落/解丹，张玉坤，李严著.
—北京：中国建筑工业出版社，2020.1
（长城·聚落丛书）
ISBN 978-7-112-24743-1

Ⅰ.①金… Ⅱ.①解… ②张… ③李… Ⅲ.①长城—防
御体系—研究—中国—金代 Ⅳ.①K928.77

中国版本图书馆CIP数据核字（2020）第022142号

金王朝（1115～1234年）依据北防南侵的战略，在与蒙古接壤的西
北方沿边地带修建了以防御为主的大型军事防御体系——金长城。本书
以金长城军事防御体系的整体性为核心，对金长城的防御体系及军事聚
落的起源与发展、空间规划布局、层级性与空间分布、建筑与防御特征
等进行探究。
　　本书适于建筑历史、城乡规划、边疆防御和遗产保护等领域的专家
学者及有关爱好者阅读参考。

责任编辑：杨　晓　唐　旭
责任校对：赵听雨

长城·聚落丛书
张玉坤　主编

金长城防御体系与军事聚落
解丹　张玉坤　李严　著
＊
中国建筑工业出版社出版、发行（北京海淀三里河路9号）
各地新华书店、建筑书店经销
北京锋尚制版有限公司制版
北京建筑工业印刷厂印刷
＊
开本：787×1092毫米　1/16　印张：14¾　插页：1　字数：304千字
2020年5月第一版　2020年5月第一次印刷
定价：68.00元
ISBN 978－7－112－24743－1
　　　　　（34983）

编 者 按

　　长城作为中华民族的伟大象征，具有其他世界文化遗产所难以比拟的时空跨度。早在两千多年前的春秋战国之际，为抵御北方游牧民族的侵扰和诸侯国之间的兼并扩张，齐、楚、燕、韩、赵、魏、秦等诸侯国就已在自己的边境地带修筑长城。秦始皇统一中国，将位于北部边境的燕、赵和秦昭王长城加以补修和扩展，形成了史上著名的"万里长城"。汉承秦制，除了沿用已有的秦长城，又向西北边陲大力增修扩张。此后历代多有修建，偏于一隅的金王朝也修筑了万里有余的长城防御工事。明代元起，为防北方蒙古鞑靼，修筑了东起辽宁虎山、西至甘肃嘉峪关的边墙，全长八千八百多千米，是迄今保存最为完整的长城遗址。

　　国内外有关长城的研究由来已久，早期如明末清初顾炎武（1613.07—1682.02）从历史、地理角度对历代长城的分布走向进行考证。清末民初，王国维（1877.12—1927.06）对金长城进行了专题考察，著有《金界壕考》；美国人W·E·盖洛对明长城遗址进行徒步考察，著有《中国长城》（The Great Wall of China, 1909）；以及英国人斯坦因运用考古学田野调查的方法对河西走廊的汉代长城进行考察等。国内学者张相文的《长城考》（1914）、李有力的《历代兴筑长城之始末》（1936）、张鸿翔的《长城关堡录》（1936）、王国良的《中国长城沿革考》（1939）、寿鹏飞的《历代长城考》（1941）等均属民国时期的开先之作。改革开放之后，长城研究再度兴盛，成果卓著，如张维华《中国长城建制考》（1979）、董鉴泓和阮仪三《雁北长城调查简报》（1980）、罗哲文《长城》（1982）、华夏子《明长城考实》（1988）、刘谦《明辽东镇及防御考》（1989）、史念海《论西北地区诸长城的分布及其历史军事地理》（1994）、董耀会《瓦合集——长城研究文论》（2004）、景爱《中国长城史》（2006）等。同时，国家、地方有关部门和中国长城学会进行了多次长城资源调查，为长城研究提供了可靠的资料支持。概而言之，早期研究多集中在历代长城墙体、关隘的修建历史、布局走向及其地理与文化环境，近年来逐步从历史文献考证向文献与田野调查相结合，历史、地理、考古、保护实践等多学科相融合的方向发展，长城防御体系的整体性概念逐渐形成。丰富的研究成果和学术进步，对长城研究与保护贡献良多，也为进一步深化和拓展长城研究打下坚实基础。

　　聚落变迁一直是天津大学建筑学院六合建筑工作室的主导研究方向。2003年，工作室师生赴西北地区进行北方堡寨聚落的田野调查，在明长城沿线发现大量堡寨式的防御性聚落，且尚未引起学界的广泛关注。自此，工作室便在以往聚落变迁研究的基础上，开启了"长城军事聚落"这一新分支，同时也改变了以单个聚落为主的建筑学研究方法。在研究过程中，课题组坚持整体性、层次性、系统性的研究思路和原则，将长城防御体系与军事聚落视作一个巨大时空跨度的统一整体来考虑，在这一整体内部还存在不同的规模层次或不同的子系统，共同构成一个整体的复杂系统。面对巨大的复杂系统，课题组采用空间分析（Spatial Analysis）的研究方法，以边疆军事防御体系和军事制度为线索，以遗址现场调查、古今文献整理为依托，对长城军事聚落整体时空布局和层次体系进行研究，以期深化对长城的整体性、层次性和系统性的认识，进一步拓展长城文化遗产构成，充实其完整性、真实性的遗产保护内涵。基于空间分析方法的技术需求，课题组自主研发了"无人机空—地协同"信息技术平台，引进了"历史空间信息分析"技术，以及虚拟现实、地理定位系统等技术手段。围绕长城防御体系和海防军事聚落、建筑遗产空—地协同和历史空间信息技术，工作室课题组成员承担了十几项国家自然科学基金项目和科技支撑计划课题，先后指导40余名博士生、硕士生撰写了学位论文，科学研究与人才培养相结合为长城·聚落系列研究的顺利开展提供了有力支撑和保障。

"六合文稿"长城·聚落丛书的出版，是六合建筑工作室中国长城防御体系和传统聚落研究的一次阶段性总结汇报。先期出版的几本文稿，主要以明长城研究为主，包括明长城九边重镇全线和辽东镇、蓟镇、宣府镇、甘肃镇，以及金长城的防御体系与军事聚落和河北传统堡寨聚落演进机制的研究；后期计划出版有关明长城防御体系规划布局机制、军事防御聚落体系宏观系统关系、清代长城北侧城镇聚落变迁、明代海防军事聚落体系，以及中国传统聚落空间层次结构、社区结构的传统聚落形态和社会结构表征与聚落形态关系的分析等项研究内容。这些文稿作为一套丛书，是在诸多博士学位论文的基础上改写而成，编排顺序大体遵循从宏观到微观、从整体到局部的原则，研究思路、方法亦大致趋同。但随时间的演进，对研究对象的认识不断深化，使用的分析技术不断更新，不同作者对相近的研究对象也有些许不同的看法，因而未能实现也未强求在写作体例和学术观点上整齐划一，而是尽量忠实原作，维持原貌。博士生导师作为作者之一，在学位论文写作之初，负责整体论文题目、研究思路和写作框架的制定，写作期间进行了部分文字修改工作；此次文稿形成过程中，又进行局部修改和文字审核，但对属于原学位论文作者的个人学术观点则予以保留，未加干预。

在此丛书付梓之际，面对长城这一名声古今、享誉内外的宏观巨制，虽已各尽其力，却仍惴惴不安。一些问题仍在探索，研究仍在继续，某些结论需要进一步斟酌，瑕疵、纰漏之处在所难免。是故，谓之"文稿"，希冀得到读者的关注、批评和教正。

在六合建筑工作室成员进行现场调研、资料搜集、文稿写作和计划出版期间，得到了多方的支持和帮助。感谢国家自然科学基金的大力支持，"中国北方堡寨聚落基础性研究"（2003—2005）项目的批准和实施，促使工作室启动了长城军事聚落研究，其后十几个基金项目的批准保障了长城军事聚落基础性、整体性研究的顺利开展；感谢中国长城学会和长城沿线各省市地区文保部门专家在现场调研和资料搜集过程中所给予的无私帮助和明确指引；感谢中国建筑工业出版社对本套丛书编辑出版的高度信任和耐心鼓励；感谢天津大学领导和建筑学院、研究生院、社科处等有关部门领导所给予的人力物力保障和学校"985"工程、"211"工程和"双一流"建设资金的大力支持。向所有对六合建筑工作室的研究工作提供帮助、支持和批评建议的专家学者、同仁朋友表示衷心感谢。

目　录

绪　论

　　金长城作为中国第二条万里长城，其研究却一直处于低迷状态。无论从历史、考古、文献等研究成果还是遗址保护的重视程度来看，它与秦汉长城和明长城都相形见绌。以往对金长城的研究多针对文献挖掘和遗址考古，重视研究界壕本身与军事聚落层级中边堡一级的中小型军堡，金长城军事防御工程体系的整体性与层级性并不清晰。

　　金（1115—1234年）在其统治的120年内，主要贯彻北防南侵的战略，由此产生了在金西北疆域上以防御为主的大型军事防御体系——金长城。金长城的综合防御能力主要依赖于自身军事防御体系的整体性和层级性。作为一个完整的防御系统，金长城军事防御体系不仅包括军事防御工程，还必须拥有长期戍防军队以及相应的配套管理制度、机构和资源供给机制。本书以金长城军事防御体系的整体性为研究重点，对金长城防御工程体系各组成部分、军事管理制度及其机构与职能、长城戍边军队构成与特点等方面进行了深度剖析。

　　书中从整体规划布局的角度出发，对金长城空间规划布局与自然地理环境的互动关系，动态阶段性形成过程以及各个阶段的空间规划布局的防御格局、规律与防御特征等几个方面进行了多方位的分析与研究；深入探讨了金长城的界壕与军事聚落防御工程的发展形成、时空分布规律、层次与规模、防御性特征及其相应的军事管理等方面的内容，并进行了历时性的纵向比较和共时性的横向比较；通过数据的统计、对比分析以及数据的空间转化，将金长城军事防御工程体系各阶段的空间分布规律进行图示化并对比分析，完成"金长城界壕与军堡空间分布图"的绘制；同时，综合考古调查结果，依据长城军事聚落中的层级性，对长城全线军堡归纳总结，将各级军堡的城池规模、空间布局、防御特征等进行比较与归纳。

　　金长城防御体系，以实际出发，因地制宜，构造特殊、简单而实用，其形成是在汉文化的熏陶下产生的，其规划特点和建筑形式却融入了少数民族文化元素，带有明显的游牧性质。金长城在整个长城发展史中具有承前启后的作用。较前代长城，它防御工程与军事管理极具游牧特性，资源供给机制更为灵活，多项特征被后世所继承，历史意义深远。

一、研究背景

（一）长城的渊源

　　早在春秋战国时期，遵循着《孙子兵法》中"不战而屈人之兵"的防御理念，各诸侯国在本国的边防线上修筑起了长城（图0-1）。长城墙体有土筑、土石混筑、毛石垒筑、夯土版筑等多种方式。长城墙体经过的交通要道上会设置障、塞、关，这些防守据点多依靠山体和地形，采用墙体拦截的做法。西周时期产生了早期的烽燧制度，在长城中也普遍使用。长城的边界标志和限制人员往来的作用比战事防御的作用大得多。

在随后统一的秦汉时期，更是达到了中国历史上长城筑造的高峰，被后世称为"万里长城"。秦汉时期对长城防御的认识已经发生转变，长城的修建不再是单纯作为边境界限的一种标志，而是应对北方游牧民族的一种防御手段。在《汉书·晁错传》中记载道，"匈奴部族因居无定所，随时往来转徙，故南侵劫掠很难对付，遇到匈奴扰边，朝廷如不发兵反击，则边民有降敌之心。如发兵，兵少则不足，临时调兵又需时日，等大军赶到边境，匈奴早已远去，而大军一返，匈奴复又侵扰。使朝廷甚为被动，中国贫苦而民不安矣。"在边墙的构造上秦汉长城也进行了改良，通常在重要的军事防御地段，长城墙体一般较厚、较高，这样墙体顶部就较宽，且能使战士在顶部灵活战斗，并在墙体上分布有敌台。山地或有天然障碍的次要防御地段，墙体一般较窄、较矮，城墙顶部极窄，城墙本身仅起障碍及屏蔽作用（图0-2、图0-3）。

秦汉长城普遍使用烽火传递信号系统，且开始了屯田戍边、边防驻兵等政策，这些都对于长城防御体系的完善起到了很大的推动作用。需要注意的是，在汉代的居延塞地区，长城修筑时使用了边壕、边堡与烽燧的构成形式。

北魏鲜卑族王朝长城的修筑，正式将"长城为汉人专利"的思维定势打破。

图0-1　战国齐长城遗址
（图片来源：解丹拍摄于2010年。）

图0-2　秦长城遗址
（图片来源：解丹拍摄于2010年。）

图0-3 汉长城遗址
（图片来源：王琳峰拍摄于2018年。）

这个南北朝时代北方的第一个王朝，不仅修建了泰常长城、畿上塞围，还修建了六镇长城，并在各军镇防区内修建重要驻兵城塞，称为戍。这种边疆设立军镇的模式也被后代所继承。在六镇长城中，长城修建采用了"长壕"的建筑形式。继北魏后，东魏、北齐、北周，以及后来统一全国的隋朝也都修筑了长城，或用其防御，或借此显示威慑力量。借长城这一军事防御工程以炫耀武力，是隋炀帝赋予长城的又一新功能[①]。

唐朝没有大规模修筑过长城，多在防御要地局部修筑关隘要点和沿边烽燧，在边地划设边防道，以大总管或大都督为主将，统率辖区各（驻防）军、城、镇的边防军和关隘要点。在边疆西北部的就有天德军、振武军、横塞军、宥州经略军和三座相距200公里并在其间置"烽堠千八百所"的受降城（东、中、西）。考古已经发现在今河北省西北部的张家口地区，为防御突厥人和奚族人威胁，唐修筑过一段长约70多公里的长城[②]。据《新唐书·地理志》记载："（妫川）郡北九十里有长城，开元中张说筑。"这段长城大部分位于张家口赤城县，后被修缮为宣府镇南山路长城的一分部。据考古推测唐朝时期的渤海国，为防御北部黑水靺鞨、南部新罗的入侵，沿牡丹江中下游也修筑了一条军事防线，即现在的牡丹江边墙[③]。牡丹江边墙的部分墙体后被辽、金沿用。宋朝疆域明显缩小，修筑的长城也很短。但随着辽、金两个少数民族王朝接连登上历史舞台，长城又一次开始了新的高潮。

金朝虽是少数民族统治的王朝，但他们在汉族"国备"思想的指导下大修长城，并在设防上有新的发展。在北部边境，金朝修筑了蜿蜒数千里的边壕，并设立东北、西北、西南三路招讨司，统辖边疆域各府州镇戍军和部族军。金朝所筑

① 中国长城学会. 长城百科全书［M］. 长春：吉林人民出版社，1994，8.
② 河北省地方志编纂委员会. 河北省志·八十一卷［M］. 北京：文物出版社，2012.
③ 臧铁顺. 探揭"唐长城"的神秘面纱［N］. 牡丹江日报，2008-11-21（005）.

图0-4 金长城遗址
（图片来源：张碧影拍摄于2017年。）

图0-5 明长城遗址
（图片来源：解丹拍摄于2018年。）

长城的规模之大、涉及地域之广、防御体系之健全，远远超过了各前王朝所筑长城，并为明长城臻于完备的防御体系做了良好的铺垫（图0-4）。

明朝一代恪守"高筑墙"的思想，直至将亡也未停止修建长城。明朝在长城防御工程的结构设计上做了很多改进，在长城防御军事管理方面也达到了前所未有的高度，使得长城这一军事防御设施最终得以完善，体现了两千余年来长城防御能力和建造实践的最高水平[①]（图0-5）。

清代疆域扩大，只是在边境内修建了"柳条边"，至此长城退出历史舞台，成为极具观光性质的历史遗迹。

（二）长城的内涵

1．长城是"力"的平衡带

长城是不同军事势力碰撞的产物，两个力量相互对峙、较量，最终形成的平衡带。但这种较量是随时变化的，没有永远的强国。这就导致了不断有新的长城修建，不断有旧的长城废弃或再利用。从秦汉开始，长城南北两大文化集团——农耕文化与游牧文化，就不断地处在"对峙—斗争—和平—对峙"的循环往复之中，而长城正是反映这两种势力强弱的地理标杆。

从某种意义上来说，长城是作为一种无形"平衡"的有形体现。其贯穿在两个势力的力量均衡线上，是战争的产物。两种力量的强弱，决定了这个力量均衡线在中华版图上的位置。两种势力的性质，也同样决定了力量均衡线的形式。

---

① 中国长城学会．长城百科全书［M］．长春：吉林人民出版社，1994年08月第1版．

2．长城是保护资源的边界

农牧、渔猎经济较为脆弱，受自然环境的影响较大，又因其自身的局限和所处地域资源的匮乏，必须依靠农业经济。在地理位置上，农业区和牧业区是由农牧交错带所划分的，农牧交错带的位置也在逐年南移（图0-6）。

随着全球气候的变化和土地沙化面积的增大，农牧、渔猎民族自战国时期就开始对邻近农业区物资、人口进行抢掠，不断将疆域向南移动，长城作为农业民族守卫农业经济赖以生存的土地资源的军事工程出现在边疆领土上，保护着农业民族的资源。在图0-7中可以看出，历代长城大多处在年均降水500毫米的位置修建。

长城的防御不仅保护了中原较先进的农业文化，同时也促进了边疆的繁荣和文化交流。战争本身是残酷的，对生产力造成严重的破坏，但在不同的两种势力的对撞中，客观上却促进了相互间经济与文化的交流，改进旧有的生产方式。

长城是保护资源的边界，它集中体现了农耕文化与草原游牧文化的矛盾与斗争，为了防范居高临下的游牧民族不断的侵扰和冲击，多数朝代都加强燕山、阴山及黄土高原等自然阻隔，不断兴建与加固长城。

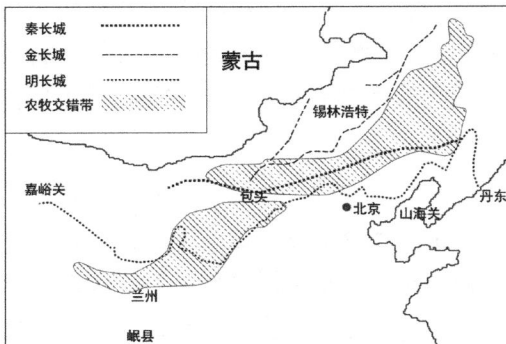

图0-6　长城与农牧交错带位置关系示意图
（图片来源：张伟亚绘制。底图来源：蔡博峰，张力小，宋豫秦．我国北方农牧交错带人地系统脆弱性刍议．环境保护，2002（11）。）

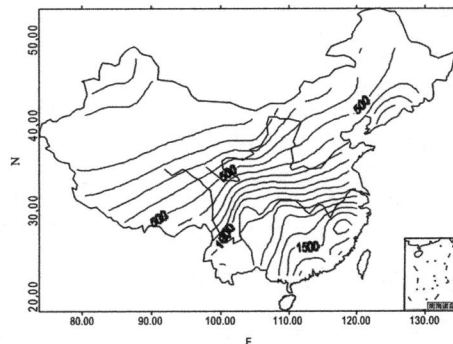

图0-7　1950～1998年年均降水等值线示意图
（图片来源：文雅．郭治兴，应用 Win-Surfer 软件绘制降水等值线图，土壤与环境，2002（04）。）

3．长城是冷兵器时代强有力的军事工程

在冷兵器作战时期，对于弓箭、长矛、骑兵等战斗力而言，长城具有绝对优势，是一道坚不可摧、难以逾越的人造险阻。无论是在实战防御还是在军事威慑方面，长城都成功地充分展现了它的军事功能。

游牧民族在很早的时候就已经有了冶铁的技术，秦汉时期的匈奴就已经进入了铁器文化时代，且畜牧业发达，在战场上主要以骑兵为主，这样来去如闪电的队伍，对农业民族来说很难防御。只有通过防御工程来发展永备防御，才能有效地阻止骑兵的进攻。且随着兵器的不断进步，远距离投掷兵器的使用、"炮兵"

兵种的出现、长城防御工程也不断在发展和升级。

但在热兵器出现后，长城的防御相形见绌，也就此退出了历史舞台。

（三）金长城著述概要

由于受到"正统"观念的影响，金长城如金史一样在很长一段时间内都未被划入长城"正史"的范围之内，因此金长城的研究整体处于低迷状态。但是，正如金史不能从中国古史中分割出去一样，金长城也同样是中国长城史中的一个组成部分，且处于整个发展史中重要的转折时期。

1．国外相关研究

国外对金长城很少有专门研究。新中国成立后，苏联、日本对辽金古城遗址考古与日本对金代社会制度等方面有所研究。在国外的相关研究中，金长城一直都只是作为在研究宋辽金时期的历史过程中的附带研究成果，但这些成果对于整个金长城研究来说，也是不可缺少的血肉部分。

俄国学者在19世纪初至19世纪40年代多次对内蒙古、东北地区金长城遗址的构造材料、走向以及边堡进行考察。1852年，克鲁泡特金[①]以军事为目的现场踏查了横跨中、蒙、俄三国的金岭北段长城，进行古城发掘和文物收集。在1923年、1924年俄国托尔马乔夫两次考察金上京城，绘制出金上京城最早的平面实测图。俄国人包诺索夫作发表了《成吉思汗边墙初步调查》（1942）、《北部乌尔科古代边墙》（1944）。

日本学者自20世纪初开始着手对中国东北历史地理进行研究，对金长城研究时间最长、成果相对更丰富，且更成系统，主要涉及遗址遗迹的考古发掘、军事管理制度、边防问题等方面。其中与金长城有紧密联系且研究成果影响较大的日本研究者当属三上次男和外山军治。三上次男的《金史研究》[②]是日本学界对金代历史研究状况的综合体现，对金代长城的研究提供了丰富的历史资料；外山军治的《金朝史研究》[③]对金长城的筑造年代和建筑者进行了考证，认为王国维在《金壕界考》中提到的金长城修筑时间与实际不符；以原田淑人、池内宏等为首的日本东亚考古学会发掘队进行遗址考古挖掘，并记载了阴山山脉中壕堡址等金长城遗迹[④]；其他日本学者也发表了一些关于金长城的研究成果：津田左右吉在1918年发表了《金代北边考》[⑤]，长谷川兼太郎在1938年发表了《柳条边墙与金

---

① 克鲁泡特金，全名彼得·阿历克塞维奇·克鲁泡特金（1842-1921年）俄国革命家、地理学家、探险家，无政府主义的重要代表人物之一。

② （日）三上次男．金史研究·3卷［M］．京都：中央公论美术出版，1970-1972.

③ （日）外山军治著，李东源译．金朝史研究［M］．哈尔滨：黑龙江朝鲜民族出版社，1988.

④ 李文信．李文信考古文集［M］．沈阳：辽宁人民出版社，1992.

⑤ （日）津田左右吉．金代北边考［J］．满蒙地理历史研究报告（4册），1918年4月。参见刘蒲江．二十世纪辽金史论著目录［M］．上海：上海辞书出版社，2003.

边堡》①，白鸟库吉、鸟山喜一、稻叶岩吉等日本学者相继发表研究成果。金的故地地名校勘和交通路线、领土的论述，在20世纪20年代左右成为日本学者研究重点。如松井等的《从许亢宗行程录看辽金时代满洲交通路线》②，箭内亘的《东真国的疆土》③、津田左右吉的《金代北边考》④、松井等的《满洲的金疆域》⑤、鸟居龙藏的《金上京》⑥等。

对金长城研究的外国学者也不乏欧美学者。法国人闵宣化，又名牟里神甫（J. Mullie），1912年、1920年，实地考察了赤峰地区的许多辽代城址，于1922年在《东蒙古辽代旧城探考记》一书中，以边墙为题目，对金长城进行了简要概述，认为"临潢十九堡非辽代之堡，疑为金建国时为防御突厥所筑⑦"。美国、德国、英国、匈牙利、澳大利亚、韩国等国家的一些历史考古学者，在研究宋辽金历史的同时也都对金长城有所研究，但都没有作为研究中心，故形成专题的较少。

2. 国内相关研究

最早有关金长城的记载散布在《金史》的本纪、志、传等篇幅中，且多为片断文字，只可作为参证之用。在陶岩、孙文政的《金长城的研究》一文中指出，《金史》中对金长城的称谓有很多种，如界壕⑧、界墙⑨、壕堑⑩、濠堑⑪、壕垒⑫、濠墙⑬、壕障⑭、垣垒⑮、垒堑⑯、边堡⑰等十余种称谓，但并没有称之为"长城"。

除了《金史》，还有一些记事性著作对金长城有简单记述。赵珙《蒙达备录》载："章宗筑新长城在静洲之北。"⑱王恽《中兴事记》载："自昌州北行百余里有前朝所筑长城。"⑲张德辉《张德辉纪行》载："自泊之西北行四驿，

---

① （日）长谷川兼太郎. 柳条边墙与金边堡［J］. 同仁（第12卷），1938年。参见刘蒲江. 二十世纪辽金史论著目录［M］. 上海：上海辞书出版社，2003.
② 白鸟库吉. 满洲地理历史研究报告2［M］. 东京：东京大学，1913.
③ 白鸟库吉. 满洲地理历史研究报告2［M］. 东京：东京大学，1913.
④ 白鸟库吉. 满洲地理历史研究报告2［M］. 东京：东京大学，1913.
⑤ 白鸟库吉. 满洲地理历史研究报告2［M］. 东京：东京大学，1913.
⑥ 鸟居龙藏. 满蒙的探查［M］. 万里阁书房，1928.
⑦ （法）闵宣化，冯承钧. 东蒙古辽代旧城探考记［M］. 北京：中华书局，2004.
⑧ （元）脱脱. 金史·卷24·地理志上［M］. 北京：中华书局，1975.
⑨ （元）脱脱. 金史·卷100·张炜传［M］. 北京：中华书局，1975.
⑩ （元）脱脱. 金史·卷24·地理志上［M］. 北京：中华书局，1975.
⑪ （元）脱脱. 金史·卷63·党怀英传［M］. 北京：中华书局，1975.
⑫ （元）脱脱. 金史·卷93·宗浩传［M］. 北京：中华书局，1975.
⑬ （元）脱脱. 金史·卷44·兵志［M］. 北京：中华书局，1975.
⑭ （元）脱脱. 金史·卷94·完颜襄传［M］. 北京：中华书局，1975.
⑮ （元）脱脱. 金史·卷93·独吉思忠传［M］. 北京：中华书局，1975.
⑯ （元）脱脱. 金史·卷93·仆散揆传［M］. 北京：中华书局，1975.
⑰ （元）脱脱. 金史·卷24·地理志上［M］. 北京：中华书局，1975.
⑱ 赵珙. 蒙达备录［M］.《续修四库全书》影印版，2002年.
⑲ 王恽. 中堂事记（丛书集成初编）［M］. 北京：商务印书馆，中华民国二十五年版.

有长城颓址，望之绵延不尽，亦前朝所筑之外堡也。"①由于各书的作者所见长城的位置不同，其修筑的形制或存在不一致的情况，所以致使对金长城的称谓诸多。

清末民初以后，金史的研究有了真正的进展，无论从"质"或者"量"上都有所表现。洪钧着有《元史译文证补》一文，其中有提到"汪古部扼守长城要隘，防御北族。汪古部主阿剌忽思的斤忽里附于成吉思汗，导兵入隘，于是长城之险尽失②。"此处所记载汪古部扼守的要隘就是金南线西南路长城。清光绪年间，任黑龙江将军衙门银库主事的西清，著有《黑龙江外纪》八卷的文史笔记，对黑龙江的山川、形势、沿革、城堡、部落、种族、户口、官制、兵制、方言、服饰、风俗等做了详细的记述，是研究黑龙江历史、民俗等的重要著作。同时对金长城也进行了深入的考察："布特哈有土城，因山起伏，西去数千里，直达木兰（围场），土人谓之乌尔科，流人之去，不识途者，多由此入关，乾隆帝御制文集有古长城说。"③在《黑龙江舆图》④中，屠寄将金长城的位置与走向进行了详细标注，并对金代长城两侧的辽金聚落大多标注清楚，但是边壕旁的边堡并没有标注，可能与边堡数量太多有关。屠寄在《蒙兀儿史记》⑤中对金南线东北路长城进行了综合考证，不但进行实际调研，而且对金长城的历史文献做了深入而广泛的研究。

19世纪末20世纪初，金史研究开始从史料整理逐步向现代化历史学研究方向前进。王国维先生开金长城研究先河，使人们开始注意并研究金代长城。其《金界壕考》一文，更是研究金代长城专著的开山之作，撰文目的重在"金边堡及界壕之沿革"，为了后人"考其遗迹之所在"。民国年间，金代史研究进入了一个新时期，除了王国维的著述外，还有吴延燮的《东北三省沿革表》、赵铖的《索伦记略》、张伯英的《黑龙江志稿》、张家璠的《呼伦贝尔志书》、孟定恭的《布特哈志略》，他们都在论著中叙述了金长城。

1931年后，金史研究进入开拓时期，有向广深发展的趋向。民国前期只是文献考证，到了民国的后期，由于西方考古学的普及，学者们逐渐将文献考证和考古学实地调查相结合，开始有学者把界壕与边堡纳入长城的系统进行研究分析。金毓黻⑥继承了王国维的治学方法，并接受近代史学研究给予他的影响，重视史事和地理沿革考证较详，主编了《辽海丛书》与《奉天通志》。在

① 贾敬颜. 五代宋金元人边疆行记十三种疏证稿［M］. 北京：中华书局2004.
② 田虎. 元史译文证补校注［M］. 石家庄：河北人民出版社，1990.
③ 西清. 黑龙江外记［M］. 北京：商务印书馆，中华民国二十五年.
④ 屠寄. 黑龙江舆图［M］.（辽海丛书本），沈阳：辽沈书社，1985.
⑤ 屠寄. 蒙兀儿史记［M］. 北京：北京市中国书店，1984.
⑥ 金毓黻（1887—1962年），于1943年发起成立中国史学会，曾任国史馆纂修、沈阳博物馆筹委会主任、北京大学、辅仁大学教授、中科院历史所第三研究所研究员.

1939～1944年间，李文信[①]撰写了《金临潢路界壕边堡址》[②]，并且亲身数次至金临潢路长城进行考察。李文信开启了对金代的长城考古学调查，为以后金长城研究起了示范的作用，使金代长城的研究方向转为以考古调查为主、辅以文献考证，成为金代长城历史研究的经典之作。

可以说，对长城的专项研究始自清末民初。纵观此时期，金代长城的研究工作进入了一个新阶段，从简单的遗址记述到历史文献考证研究，再到考古学调查研究或研究的方法都有所突破，研究成果对后来的许多研究工作都有着重要的作用。

之后"金界壕"转入"金长城"的称谓，逐渐被纳入中国长城的大范畴之内。同时金史的研究空前活跃，辽金考古发掘成绩显著，辽金语言障碍的壁垒也在逐渐消失，这促使金长城相关研究也在同步壮大，进入了一个全新的发展时期。

金长城的界壕与军事聚落的相关研究：

1949年以后，国家重视对长城的保护，正式把金长城纳入长城资源中，以国家文物局为首的全国长城资源调研如火如荼地开展起来。许多专家学者科学考察了不同地段的金长城，对某些地点还进行了考古发掘，为金长城的深入研究提供准确数据。当时更为关注的是长城墙体，对长城边堡进行了一小部分考察，且侧重文字记载和史料考证。

1959～1960年，黑龙江省博物馆对金南线东北路长城黑龙江段开展了三次调查活动。调查明确了此段长城中界壕的分布走向和界壕内部边堡的形制[③]，清晰地还原了本段界壕的分布走向与纵深配置[④]。20世纪70年代后期至21世纪初，内蒙古、吉林、河北等省、自治区有关部门调查了其辖区内的金代长城，对金长城的形制特点、建筑结构、建制、分布走向等有较为详细系统的介绍。1975年内蒙古自治区哲里木盟文物普查队对临潢路（北段）、金东北路（南段）的部分金长城进行了详细调研，其中包括六十四座边堡和一处关隘[⑤]。1978年内蒙古自治区哲里木盟博物馆、内蒙古自治区文物考古工作队、吉林大学历史学考古专业师生对科右中旗吐列毛杜古城（位于临霍林河左岸，东北路与临潢府路分界地带）考古调查与试掘，是金长城调查中对大型屯军城的一次大规模考古，为军事聚落研究做了基础铺垫[⑥]。1981年，项春松考察了金长城内蒙古自治区赤峰市巴林左旗段，实勘边堡十六座、屯军城（寨）二座，详细解剖了金代长城临潢路部

① 李文信（1903—1982年），东北考古和博物馆事业的奠基人，历任辽宁省博物馆研究员、研究室主任、副馆长、馆长兼吉林大学教授，主要研究对东北历史地理。
② 李文信. 金临潢路界壕边堡址［M］//李文信考古文集. 沈阳：辽宁人民出版社，1992.
③ 黑龙江省博物馆. 金东北路界壕边堡调查［J］. 考古，1961（05）.
④ 贾洲杰. 金代长城［M］//中国长城遗迹调查报告集，北京：文物出版社，1981.
⑤ 庞志国. 金东北路、临潢路吉林省段界壕边堡调查［M］//中国长城遗迹调查报告集，北京：文物出版社，1981.
⑥ 张伯忠. 吐列毛杜古城调查试掘报告——兼论金代东北路界壕［J］. 文物，1982（7）.

分界壕的结构特点，阐述了金代长城独特的界壕边堡建筑所起的作用和特点①。1987年内蒙古自治区包头市达茂旗文物管理所对境内的金南线西南路长城完成了实地调研，成果指出金长城"具有设置完善、布局合理、防御工程强而配置合理的优点，充分体现了军事防御上的合理配置，是我国古代防御工程史上的典型杰作②。"1988年内蒙古自治区克什克腾旗博物馆对其境内179公里的界壕与关堡进行调查分析。河北省的有关市、县文物工作者们曾于1978年和1982年对河北省范围内的金代长城进行了实地勘察调研，掌握了此段金长城的分布、走向、建筑特点③、④。

李健才的《东北史地考略》一书，其中《鸭子河和金代肇州续考》、《吉黑两省西部地区四座辽、金古城考》、《金代东北的交通路线》等，均是很好的金长城军事聚落研究资料。此一时期的研究成果，主要对边疆位置的辽金城池的考古发现和对金城址进行历史考订，为之后的系统研究奠定了基础。

20世纪80年代后，研究成果主要集中于点状或局部研究，多关注重要城池建置、边镇城池防御研究、城池发展与演变等问题。康宁著的《军事筑城体系与长城》⑤侧重工程技术、防卫设施与建筑选址。《中国军事史·兵垒》⑥中对金代界壕和边堡的形态进行了具体介绍。

除上述考查与研究外，近几年以国家文物局主导的全国各省市长城普查工作也在如火如荼地进行着。2005年国家制订《长城保护工程（2005-2014年）总体工作方案》十年计划，第一步就是启动长城资源调查工程。2007年10月，黑龙江省文化厅率先开展黑龙江省金长城资源考察行动。2009年，内蒙古自治区文物局对内蒙古境内金长城的考察行动也随后展开。

21世纪后，由于金代北部地区的军政一体的组织结构，在金政区城市发展研究中，也取得部分长城军事聚落空间分布的研究成果，如王明荪的《东北内蒙地区金代政区及其城市发展》⑦，林玉军、韩光辉的《金代镇的若干问题研究》⑧。

长城本体的考察与研究一直是历史与考古领域关注的重点。20世纪末，长城本体研究成果丰富，出现了一批综合性著作。近年代表性的著作成果有罗哲文先生的开拓性书籍《长城》（1988年）、中国长城学会《长城百科全书》（1994年）、开创了历史地理领域长城研究先河的史念海先生的代表作《论西北地区诸长城的

① 项春松. 巴林左旗金代临潢路边堡界壕踏查记 [J]. 北方文物, 1987 (02).
② 达茂旗文物管理所. 达茂旗境内的金代边堡界壕 [J]. 内蒙古文物考古, 2000 (01).
③ 田淑华. 承德地区金代长城调查与考略 [M] //辽金史论丛. 哈尔滨：哈尔滨出版社, 1995.
④ 刘建华. 河北省金代长城 [J]. 北方文物, 1990 (04).
⑤ 康宁. 军事筑城体系与长城 [M] //中国大百科全书·军事 (六) 军事工程分册. 北京：中国大百科全书出版社, 1986.
⑥ 陈济康. 中国军事史·兵垒 [M]. 北京：解放军出版社, 1991.
⑦ 王明荪. 东北内蒙地区金代之政区及其城市发展 [J]. 史学集刊, 2005 (7).
⑧ 林玉军. 韩光辉. 金代镇的若干问题研究 [J]. 中国历史地理论丛, 2009, 24 (2).

分布及其历史军事地理》（1994年）、景爱着《长城》（2008年）、高旺着《内蒙古长城史话》（1991年），其中都有把金长城作为一个重要章节进行详细介绍和讨论。

总体来看，在以往研究中对金长城军事聚落并没有统一认识，集中于单一类型的军事聚落个体，没有放置于金长城防御体系中进行系统性研究。近些年金长城在"区域考古"和"大遗址考古"的研究中也取得了一些成果，并在研究方法和技术上得到很大的提升。

金长城信息传递的相关研究：

由于金代烽火和驿站等遗迹较少留存，此方面的研究主要表现在历史交通、地方行政考、古代驿道等方面的历史文献研究，研究多局限于点与线，并未形成系统的脉络。谭其骧先生《金代路制考》（1981）、杨树藩《辽金地方政治制度之研究》（1979）、景爱先生《金代行省考》（1990）都对金代的不同路制进行研究[1]，是研究金代驿传系统的基础资料。王子今教授在《中国交通史研究一百年》[2]（2002）中对中国古代交通史做了大量的调查研究与分析；马楚坚著的《中国古代的邮驿》（1997），马小奇、张培东著的《中国古代交通》（2005）和陈鸿彝著的《中华交通史话》[3]（2013）对金代的驿道驿站进行了简单的介绍。才大泉在《金代阿城古道》[4]（2013）中，研究了金代上京路的古代驿道，包含了金上京的两条重要的军事驿道。

金长城军事制度研究的相关研究：

在20世纪中后期，对金代政治、社会制度的研究成果逐渐丰富起来，尤其是在金代的社会发展中起到了重要作用的猛安谋克制度。由于金代军政合一，研究成果中不乏军事制度的介绍，如华山的《略论女真族氏族制度的解体和国家的形成》（1956）、张博泉的《金史简编》（1984）、王可宾的《女真国俗》（1988）、衣保中的《金代屯田制度初探》（1990）。进入21世纪后才出现针对金代长城军事管理和制度的研究，金代长城戍军情况、军需供应、长城军事管理机构等方面都取得了相应的成果。

对金代的政治与军事制度的研究，近些年以吉林大学的研究成果为丰。张博泉、赵永春、程妮娜、武玉环等教授与其指导的硕博士[5]、[6]都使这些领域

---

① 谭其骧. 《金代路制考》，《中国历史地理丛》1981年第1辑；杨树藩. 《辽金地方政治制度之研究》，《宋史研究集》11辑，台北宋史研究座谈会编，1979；景爱. 《金代行省考》，《历史地理》9辑，上海人民出版社1990.
② 王子今. 中国交通史研究一百年［J］. 历史研究，2002（2）.
③ 马楚坚. 中国古代的邮释［M］. 北京：商务印书馆国际有限公司，1997；马小奇，张培东. 中国古代交通［M］. 北京：北京科学技术出版社，1995；陈鸿彝. 中华交通史话［M］、北京：中华书局，1992.
④ 才大泉. 金代阿城古道［J］. 黑龙江史志，2013（11）.
⑤ 王磊. 试论金朝的军需供应制度［D］. 长春：吉林大学，2006.
⑥ 王尚. 金代招讨司研究［D］. 长春：吉林大学，2011.

的研究有了长足的进步。除以上研究成果外，王禹浪的《金代黑龙江述略》^①、
景爱的《关于金代蒲与路的考察》^②、夏宇旭的《初探金代契丹人猛安谋克组
织》^③和《浅析金代契丹人的群牧组织》^④，也都对金朝的政治制度和军事制度进
行了介绍。

研究金代军制的专著较少，王曾瑜的《金朝军制》^⑤是此研究方向的代表文
献。书中对金代军事机构、金军编制与组成及其他相关问题作了论述。中国军
事史编写组编撰的《中国军事史》中的历代战争年表、第三卷《兵制》与第六卷
《兵垒》对金时期的军事发展历史做了比较完整的总结。《中国军事通史·南宋金
军事史》较为全面地介绍了金朝时期军制、装备、军事战争过程。乣军，作为金
北疆军队中重要的组成部分，也是金朝军事研究中的一个重要课题。现在的研究
对"乣"字的发音、含义、字形等都有不同认识。陈述的《乣军史实论证》^⑥、蔡
美彪的《乣与乣军之演变》^⑦、贾敬颜的《纠军问题刍议》^⑧中，都分别发表了不
同的研究成果。

以上的研究成果只是国内研究成果中的一部分，此处不做详述。当代的金长
城研究无论是深度上还是广度上都出现了较大飞跃，其研究的特点是更广泛地吸
引了各相关学科的参加，除了金长城调研与考古、长城军事、长城历史沿革外，
还探讨了长城与政治、民族、生态环境、历史地理以及中外长城比较等新的研究
方向。

二、研究内容

（一）研究思路与意义

1. 正视金长城在中国长城史中的重要作用

在较长时间内，金长城一直未被承认为"长城"，其研究也多停留在界壕边
堡的范围内。尤其在对中国长城发展史的论述时，金长城都被简短的篇幅所代
替，甚至不被提及。

在以往各朝代长城的研究中，明长城一直都处于成果相对较丰富的状态，这
与其遗迹保存相对较好，历史资料相对丰富，且近代前的早期研究成果也较多有
很大关系。相比之下，由于自身构造原因，金长城的遗迹保存很差，金代的历史

① 王禹浪. 金代黑龙江述略 [M]. 哈尔滨：哈尔滨出版社，1993.
② 景爱. 关于金代蒲与路的考察 [J]. 文史（第10辑）. 中华书局，1980（10）.
③ 夏宇旭. 初探金代契丹人猛安谋克组织 [J]. 吉林师范大学学报，2008（04）.
④ 夏宇旭. 浅析金代契丹人的群牧组织 [J]. 黑龙江民族丛刊，2008（05）.
⑤ 王曾瑜. 金朝军制 [M]. 保定：河北大学出版社，1996.
⑥ 陈述. 乣军史实论证 [M]. 史学集刊·第6期，1950.
⑦ 蔡美彪. 乣与乣军之演变 [J]. 元史论丛，第2辑.
⑧ 贾敬颜. 纠军问题刍议 [J]. 中央民族学院学报，1980（01）.

资料又较为贫乏，早期研究成果也寥寥无几，所以金长城的研究成果至今仍然较为单薄也是必然的。

金长城作为继秦汉长城之后，于明长城之前的一条万里长城，具有承前启后的重要作用，其自身的研究是十分必要的。金长城充分使用了界壕的防御形式，并将之扩大化，形成了"万里"的规模。虽然其界壕结构特殊，但其防御体系的构成与其他朝代的长城是相同的。且金长城在壕墙防御设施方面进行了优化，在军事聚落的部署方面出现了层级性，在信息传递中也有较为专业的驿铺设施，长城军事管理上以分段分区的管理方式为主，军屯方面实施猛安谋克屯田军的制度。

2．针对金长城全线研究，突出金代长城整体性研究

人们对长城文化遗产的认识需要拓展与深入，以往的研究多重视其雄伟漫长的边墙以及周边重要的堡寨、关隘。而实际上，长城沿线墩台林立，城寨密布。它是在特定军事管理制度下具有高度层次性、整体性及系统性的严密军事防御体系，是一个集军事、政治、经济、文化和民族交融于一体的"秩序带"。

由于史料少，遗存少，金长城防御体系的概念在以往的研究中并不清晰，且没有突出金代边疆军事制度和政治制度与金长城防御体系形成发展的紧密关系。女真族建立金朝后，开始由奴隶社会向封建社会转化。整个社会的政治、经济、生活都发生着巨大的变化，包括边疆防御的官制和军制的变化，初始多为奴隶制的产物，金建国灭辽后多为辽之体制，到中期和后期多仿宋制。这样的变化给金长城军事管理方面的研究带来了复杂性。书中通过对金长城形成的阶段性研究，将金长城防御工程体系与其军事管理紧密结合起来，揭示金长城与其军事管理机构和制度演变的关系过程。

长城军事防御工程体系包含长城本体、军事聚落及其他防御工事。长城本体指长城边墙及其上的墩台、马面，军事聚落及其他防御工事指边壕附属的边镇、堡寨、关隘、烽燧及驿站等，这些是长城军事防御体系不可或缺的重要组成部分。长城军事聚落的主要目的虽然是为了边疆防御和区域控制，但在军事聚落发展的同时却带动了北部边疆地区的经济发展和民族交流，体现了疆域稳定、边防巩固和民族融合的作用。

在长城本体与军事聚落，以及不同规模的军事聚落之间，存在互相依存的空间关系和等级分明的层次体系，厘清这些层次体系及空间关系是透彻理解长城整体性的基础，是全面保护金长城文化遗产的前提条件。

以往对金长城的研究多停留在修建时间的考证、建筑构造、边堡考古等方面，且往往仅关注于某一地段或某种类型。各区县文物保护研究人员仅研究本辖区所属地段的长城段落情况，将长城防御体系分解开来研究，无疑致使现今对金长城的研究缺乏整体性，欠缺对金长城及其聚落全貌的认知，研究范围总存在局

限性。本书通过对金长城的军事防御体系的整体研究，使对金长城的认知突破原有研究范围，补充金长城的全线以及其军事防御工程体系的构成要素及其之间的关系研究。

金长城防御体系的研究，尤其是金长城军事聚落防御体系的研究，为提出金长城防御体系整体性保护原则，划定金长城本体和各层次军事聚落及防御工事的保护范围、制定各层次军事聚落保护标准和保护等级做好铺垫，突破目前保护规划中以长城墙体或建筑遗址保护为主的局限，而扩大至整个边疆军事防御区域的保护。

本书基于对长城的整体性、系统性认识，结合史料与现存遗迹，运用数据分析及现代空间分析技术，展开金长城防御体系的空间分析和层次体系的研究，对深化长城整体性、原真性、动态性认识，完善长城整体性保护的原则与方法，具有重要的理论和现实意义。

（二）研究框架与主要问题

本书以金长城军事防御体系的整体性为核心，对金长城的整个防御体系及其军事聚落的军事管理、规划布局进行了多方位的研究，从宏观至微观，层层深入。

首先，以金长城军事防御体系的整体性为研究重点，对金长城防御工程体系中的各组成部分的释义和剖析，金长城的军事管理制度、机构与职能以及长城戍边军队的构成与特点，来深刻认识金长城，为后文的写作奠定理论基础。其次，通过空间整体规划布局的角度，对金长城空间规划布局与自然地理环境的互动关系、动态形成过程的阶段性以及各个阶段的防御格局、空间规划布局的建造与防御特点等几个方面进行了多角度的分析与研究。再次，厘清金长城军事聚落防御体系的形成过程，并分析各阶段的军事聚落防御特征；通过金长城军事管理与聚落的紧密联系，对军事聚落的层级性特征进行不同角度的归纳，从而使得金长城军事聚落的空间分布研究更为系统和深入。最后，由宏观至微观的最后一个层次。此部分主要探讨金长城军事聚落中各层级军事聚落建筑本体，城池内部诸要素特征，并对每一类型军事聚落举例说明；对军事聚落的类型数量、空间分布密度以及与界壕的距离等问题上进行了量化分析统计，同时说明内在原因；并基于以上分析归纳出金长城军事聚落的防御特征。

本书结构框架为：综述（研究基础）——金长城防御体系整体性研究——金长城整体规划布局研究——金长城军事聚落层级性与空间研究——金长城军事聚落建筑城池规模与防御特征研究。研究是由历史史料出发，结合时间定性研究与空间定量分析，力求通过历史现象来揭示事物本质规律。

1．通过空间规划布局研究，揭示金长城阶段性形成过程

本书通过对金代北部疆域的自然地理形胜与军事战争的发展，从空间规划布

局的角度，来研究金长城防御体系的成长过程，从时间和空间着手，呈现一个动态的长城防御体系阶段性形成过程。本书从规划布局角度来分析这一庞大建筑工程的形成和发展，是在建筑学理论上的一次新探索。

作者认为金长城之所以形成网状的时空布局形式，不仅是因为北方蒙古的强大崛起，更是因为金代都城南迁中都而直接导致的。由此，可将金长城的形成过程分为多个阶段来研究，每个阶段都有各自的修建布局和构造特点。

金长城的建造是通过几十年的修建与不断讨论而确定下来的，这一浩大的系统工程修筑是经历了前期实地考察与经验总结等过程的。由于客观条件的因素和边境形势的变化，金长城修建过程不是一气呵成的，而是经过了反复的重筑和增补。

2．揭示金长城界壕与军事聚落的时空分布规律

金长城的研究大都局限于建制时间、界壕构造、军事聚落遗存等问题的分析，对于整体防御体系多学科、深层次、定量化"空间分析"研究上仍是一个缺环。因此本书进行金长城界壕与聚落分布规律的探索是金长城空间分布研究的一个基础。

书中对长城界壕的走向与时空分布和各路的界壕防御工程的构造与防御等级进行分类与对比；对长城军事聚落的层级性与时空分布进行了详细研究，并对各路各级军事聚落之间进行了数量化统计与对比；对军事聚落进行了共时性的横向和历时性的纵向进行比较研究，归纳总结。以此为基础，分析金代西北疆域的变化与金长城阶段性发展的布局变化，来还原金代西北疆域的军事防御思想与政策。

3．提出"界壕"产生原因，揭示金长城防御思想与实际作用

金长城以其界壕特殊的构造而独特于整个中国长城史中。书中对"界壕"的渊源、在金长城中的大范围应用，以及其构造特点与形制特征做了详细的研究，并对作为普通防御设施的"壕"与金长城中的"界壕"进行了对比与区别。

作者对金长城中界壕防御工程的作用做了客观的评价，认为以往对长城边墙作用有理解上的偏差。金长城界壕的主要目的并不是通过壕沟完全阻止敌人进入，而是增加敌人进攻的难度和延缓敌人进军的速度，其与墙体高大的明长城边墙作用有着本质的不同。明边墙通过其工程的宏伟与严密，战斗防御力之强，来阻挡敌人越雷池一步，且在一些地段上有着明显的观赏性质和象征意义。

金长城在整个中国长城史上的意义深远，承前启后。形制以实际出发，因地制宜，构造特殊、简单实用，通过网状规划布局来达到抵御骑兵的目的。金长城

自身的很多特性都在后世的明长城中体现出来。所以,需要从不同角度来看待金长城和明长城的区别,不能因为其构造简单就不将其作为长城范围,或认为是长城发展史上的倒退。

4. 还原金长城对金西北边疆的实际作用与意义

在许多金长城的研究中,都把金长城作为金朝抵御蒙古游牧民族进攻的军事工事来作为研究对象,将金长城的作用单一化,这也就无法深刻认识金长城对金代西北边疆的实际意义。

首先,书中讨论了金长城对北方其他游牧民族的防御作用。金长城的修建时间几乎接近与金王朝存在时间,其最早修建时间为太宗时期,所以金长城的防御对象不可能只有在世宗时期才开始崭露头角的蒙古军团。对于西北部疆域的其他少数游牧民族,也同样需要戍防,还要防范辽代存留下来的契丹人不时的叛乱。

虽然金长城结构简单,主要通过前线的界壕、边堡与后方的军事聚落来进行防御,但其防御效果仍是被当时认可的,因此在世宗和章宗时期大规模修建。通过蒙古军队对金朝发动大规模进攻的军事路线上,可以看出,虽然蒙军战斗力强大,但也没有直破金长城,而是迂回作战。

其次,金王朝在西北疆域大范围的修建长城,还有另外的目的。其意图通过长城军事防御工程体系的保障来减少金西北部军队数量,以增强南部疆域与南宋交战的战斗力。

在金朝统治的120年期间,基本贯彻了"北防南侵"的政策。在金太祖时期(1115~1123年)其主要军事力量致力于攻打辽五京,终灭辽。从此,太宗至世宗,金的主要军事力量都在南部致力于与南宋的长期作战。南方战事激烈,而北方较为平稳,但由于蒙古与西夏的窥视,金统治者也不敢掉以轻心。金长城防御体系建立后,金将北部兵力减少投入到了南部的战场。金承安三年(1198年)"金军以宗浩出泰州(吉林长春西)枢密襄自出临潢,沿途以步卒'穿濠筑障'由临潢至北京路,联成防线,减少戍兵巩固边防。"金军在"穿濠筑障"后,减少戍兵四万名,马三万匹[1]。

但时局变化,北部蒙古族发展迅速,在金长城体系建立起来后,铁木真已经开始对其他部族的兼并,在北方逐渐形成了一股强大的骑兵军团。1194~1198年,金北部边疆战乱不停,1205年铁木真统一蒙古,1206年蒙古国建立,随后而来的就是金朝四面楚歌的时期。自金京都南迁汴京,金长城防御工程也随之消失在历史舞台。

① 中国军事史编写组. 中国军事史 [M]. 北京:解放军出版社,1986.

　　当然，金长城的大规模修筑也是金朝统治者畏惧蒙军的心理反映。金长城主要的修建年代位于世宗和章宗时期，即金中后期，与蒙古振兴时间一致。通过对金长城的深入研究，更清晰地还原其真正的历史状态，对其实际作用的评价有深刻的历史意义。

第一章　金长城及其军事聚落的起源与发展

第一节　金长城概况

一、金长城区位

12世纪，兴起于中国东北地区的女真族灭辽，建立了金王朝。为了减少来自北方少数游牧民族的威胁，稳定南方的形势，金王朝开始在西北方沿边地带设置军事聚落，开挖界壕，进而连戍堡而筑长城。但金朝修筑长城的起始年代在以后的历代文献中都没有留下明确的记载[①]。

金长城主要分布在中国内蒙古自治区和黑龙江境内，其中岭南东北路界壕的局部成为了内蒙古自治区与黑龙江省的分界线；岭北界壕横跨中国、蒙古和俄罗斯三国；岭南南线界壕的支线部分分布在河北省北部。金界壕的总长度有多种数据，其中《长城保护总体规划》中指出，墙壕遗址总长4000余公里，现存墙壕遗存1390余段，单体建筑遗存近7700座，关、堡遗存近390座，多以土石混筑、砌筑或夯土构筑[②]（图1-1、图1-2）。

图1-1　金界壕在今地形地貌图中的位置示意图
（注：深色线为金界壕。
图片来源：解丹绘制。底图来源：崔文宏. 中华人民共和国地势图，西安：西安地图出版社，2001。）

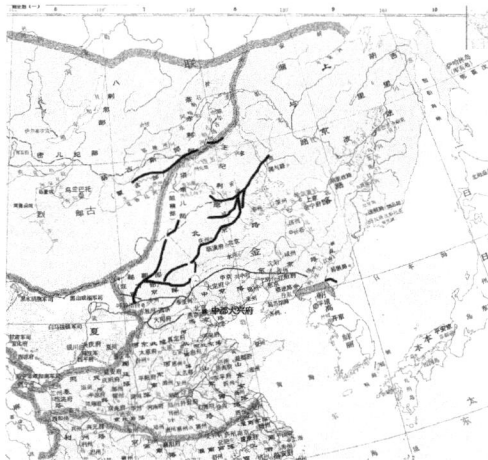

图1-2　金界壕在金疆域中的位置示意图
（注：深色线为金界壕；浅色线为金疆域内前朝长城遗址。图片来源：解丹绘制，底图为谭其骧. 中国历史地图集（第六册）. 北京：中国地图出版社，1991.）

---

① 景爱. 中国长城史［M］. 上海：上海人民出版社，2006.
② 文化和旅游部国家文物局. 长城保护总体规划［M］. 北京：文化和旅游部国家文物局，2019.

金界壕范围广阔，防御严密，体系完整。直到1211年，蒙古侵金，金界壕完成了防御工事体系的使命，逐渐被破坏和废弃。

需要注意的是，这里的"边"、"界"并不是国界，而是指防御工程在边境内的走向、位置。其是按照军事防线的需要，战争的发展趋势，以及双方兵力布局的轻重缓急而设计的，并且随着战争形势的发展，不断改变、完善，直至防御工事完全失去它的防御作用为止。

二、女真族与金长城

（一）女真族概况

金长城的修筑者，女真人，在辽代一直处在被统治的氏族社会阶段，属半游牧民族。直至灭辽建国后，逐渐汲取辽代与宋代的成熟制度，才逐渐从奴隶制向封建制转化。在金代，统治民族的女真族与周边民族的关系发生了质的变化，受女真族统治的民族大致有契丹、汉、渤海、奚、室韦、乌地改、吉里迷等。此外还有一些民族，如兀惹、铁骊、达卢古等，很快融入女真族中，不再独立出现在历史舞台上，金这一朝代都在与这些民族进行斗争。

1．女真族

女真族是我国东北地区的一支民族，起源于黑水靺鞨部的生女直，与契丹比邻，生活方式却与其迥异。"世居混同江以东，长白山、鸭绿江之源。"[①]这一地区基本位于现东北东部山地范围之内，即黑龙江地区，这里是女真人的故乡，金代把阿什河、拉林河一带称为"金源"或者"内地"（图1-3）。

女真是个古老的民族，其先世可以追溯到古老的肃慎，以后称挹娄、勿吉、靺鞨。大约于五代或更早一些时始称女真，后因避辽兴宗（耶律宗真）

图1-3　现代自然区划中金代疆域所处位置
（图片来源：韩茂莉. 辽金农业地理. 北京：社会科学文献出版社，1999.）

讳，亦称女直[②]。由于文献不足，其民族发展过程中的疑点很多，但整个发展体系确实存在，且许多传统一直保留了下来。他们大多擅长射猎，以楛木石砮猎获禽兽，种植五谷，好养猪等等；居住方式上一般无庐室，多穴居；男人衣猪皮，

① 徐梦莘. 三朝北盟会编（附索引）. 卷一. 政宣上帙三［M］. 上海：上海古籍出版社，2008.
② 宋德金. 金史［M］. 北京：人民出版社，2004.

妇女衣布裙，辫发，土葬。共性多于差异，这些共同特征还被其后裔满族所传承下来。故肃慎—挹娄—勿吉—黑水靺鞨—女真—满族是属于同一族系的。

辽代时的女真有很多称呼。按其发展水平可称为"熟女真"与"生女真"；按其方位称有南女直、北女直；按地理位置称谓有长白山女直、鸭绿江女直、黄龙府女直、南京女直、东北路女直、濒海女直、东海女直、及奥衍女直、顺化国女直、乙典女直等等。这些称呼有些是重合的，并不在一个层次上[①]。

生女真完颜部是建立金王朝的主体，函普是女真族，也是完颜部第一位在文献中记载的酋长，被奉为女真的始祖。他大约生活在10世纪里，与契丹阿保机建国同一时期。从函普到阿骨打建立金王朝，大约经历了两个世纪的时间，其世系表见图（图1-4）。

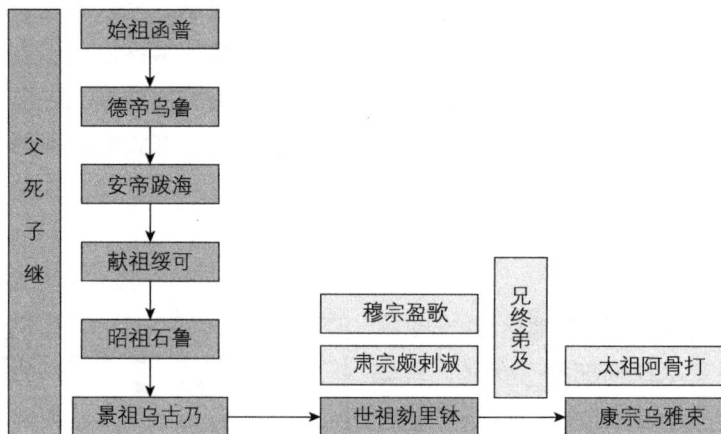

图1-4　金代早期世系图
（图表来源：解丹据王曾瑜《金史》整理绘制。）

生女真祖先的居住形式是依山傍水的半地穴式建筑，早期挹娄人的遗制。献祖绥可时，完颜家族由原来的迁徙无常转向较为稳定的永久性定居生活，居住形式也由半地下或地下穴居改变为完全的地上建筑，保留了依山而建的特点。

契丹族为比较纯粹的游牧民族，游猎为生，穹庐为居，但女真族更趋向于汉化。辽代时的女真民族已经不是纯粹的游牧民族，他更趋向于农业民族。女真人最初的活动地在长白山和第二松花江流域，随着族人的强大，活动地区逐渐向松花江和黑龙江流域发展，这些地区不但适于渔猎和放牧，也可以发展农业。根据最早关于女真生活的记载，可以知道他们的基本生活形态是渔猎、畜牧与农耕。

---

① 宋德金. 金史［M］. 北京：人民出版社，2004.

2．女真早期聚落的特点

1）半定居向定居转变

在以冷湿为主的气候环境下，生女真人过着半定居式的生活。关于居室的描述，《金史》卷一的《世纪》中有载："黑水旧俗无室庐，负山水坎地，梁木其上，覆以土，夏下则出随水草以居，冬则入处其中，迁徙不常。"

金献祖绥可曾带领女真人由东北东部山地仆干水之涯北迁至阿什河一带的河谷平原。《金史·世纪》中记载："献祖乃徙居海古水……自此遂定居按出虎水之侧矣。"海古又称作海姑，今阿城市附近的海沟河，是阿什河的支流。按出虎水，即今黑龙江阿城县的阿什河。阿什河是松花江一小支流，没有洪水威胁的同时拥有肥沃平原的土地。自然条件的改变让女真人的生活发生了变化，由此农耕得到发展、农业经济的地位逐渐提高。

女真一族其实在金献祖之后至未与辽国接触前，就出现了定居生活，且农业经济占到很大比重，他们"善骑射，喜耕种，好渔猎"。1125年出使金的宋朝使节钟邦直，报告松花江一带"地宜黍稷"，并且"耕种殆遍[1]"。女真人用牛来耕种，在1042年女真酋长就向高丽政府索取耕牛[2]。在松花江中游地区考古发掘出的金初遗物中有很多铁犁[3]。女真人耕种的农作物包括稻米、麦子和黍子[4]。《三朝北盟会编》卷三载，"自涑沫江之北，宁江之东北者，地方千余里，户口十余万……田宜麻谷，以耕凿为艺"。畜牧饲养是女真人的重要生计，"土产名马"，且人皆善骑。故金很重视养马，设专人放牧于水丰草肥的牧场，每群马少则数十匹，多则数百匹，规模大些的部落都拥有自己的马群。建国后阿骨打建有许多"群牧所"，拨划出大片牧场由朝廷委任专职人员牧养。

由上可以看出，金初的女真对农业和畜牧业十分重视，为建国前后的长期战争状态解决了粮草军需供应问题。更好的提供补给确保聚落的稳定性，这就促使女真进一步向聚落定居彻底的转变。女真族建国初期时固定的村寨生活在宋人钟邦直的《宣和乙巳奉使行程录》中得到验证。

辽代时的女真族人就已经从事畜牧业和狩猎业，当时已有农业，"能酿糜为酒，醉则缚之而睡，醒而后解，不然，则杀人"。在宋人的记载中，在辽晚期女真的餐具都为木器，饮食上比较原始。用兵之时，"自主将至卒"，"以栗粥燔肉为食，上下无异品"。直到金太宗时期，这样的情况才有所变化。

2）村寨

为了适应平原环境和农业生产的需要，女真人从穴居或半穴居野处的居住方

---

① （宋）钟邦直．宣和乙巳奉使行程录，陈乐素．三朝北盟会编考 [M] //历史语言研究所集刊．第六本，1936.

② （元）脱脱．金史·卷71·高丽史 [M]．北京：中华书局，1975.

③ 黑龙江博物馆．黑龙江拉临河右岸考古调查 [J]．考古，1964.

④ （宋）陈乐素．三朝北盟会编考·卷3，卷7 [M] //历史语言研究所集刊．第六本，1936.

式转变为在地面上用木构屋，并成为较固定的村寨生活。在宋人钟邦直的《宣和乙巳奉使行程录》中有所记载："离咸州即北行，州地平壤，居民所在成聚落。新稼殆遍，地宜稷黍……至蒲里孛堇寨……第三十三程……至托撒孛堇寨……至漫七离孛堇寨……至和里间寨……即古乌舍寨，寨枕混同江湄……宿和里间寨……至句孤孛堇寨。"①金境内平原旷野，偶尔有民居星罗棋布，颇为杂乱，更无城郭。民居大都背阴向阳，便于放牧②。其中记下了很多寨的名字，金史中也编入了不少村寨，村寨间的距离从三里、五里至百里不等。现考古发现的松花江一带的村址，其间距在十至二十千米不等③。村寨又称作铺，以地域结成的居民聚落，村寨中没有血缘的界限，由不同的氏族成员组成。在东北地区俗语中往往将村落称作铺、堡，这就是从女真民族流传下来的。在村寨遗址中考古发掘出北宋时期的钱币，证明了女真人在金建国前就已经在城寨中使用北宋的钱币了，可见汉文化在当时早已到达了松花江流域。辽末期，这种村寨就早已存在了。

村寨是以地域结成的居民聚落，没有血缘的界限，由不同的氏族成员组成。在金朝建立前后，这种村寨已广泛分布在金上京及周围地区。"族账"是比村寨更小的村落，其中民户散居，数量较少。据《崧斋自叙》记载：涞流河（拉林河）以东，至按出虎水附近的皇帝寨约500余里，土地平旷，草莽遍野，居民不多，沿途所见每隔三五里有一"族帐"聚落，每一"族帐"不过三五十户人家④。这种"族帐"聚落类如近代的自然屯，"多依山谷，联木为栅⑤"，一般向阳背阴。"联木为栅"有两种情形，一种整个族帐四周用木障子围起来，作为一种防御性的设施，起到围墙的作用。另一种是用"联木"围绕住宅及其相关设施，成为住户的院落，即木夹障子的院落，起到院墙的作用。所以，"联木为栅"的围墙防御力是有限的。

女真的城寨、农田和家畜，都类似华北农村，故他们并不反对中原的农村社会。这样的基本生活形态使女真比其他游牧民族更适应在中原生活或者变成汉族的农民。农业的发展促进了女真人从半定居向定居生活的转变，而木构架房屋的出现成为了定居生活的重要标志。女真社会在定居生活的基础上，其经济实力也不断增强，据载献祖"教人烧炭炼铁，刳木为器，制造舟车，种植五谷，建造屋宇⑥"。从半游牧到定居是女真族社会生活的大进步。这一进步主要依靠其生产技术的提高，特别是铁制工具的使用，尤其在乌古乃作辽节度使并广泛与辽接触，吸收了辽汉文化后，真正达到了铁制工具的使用和畜力耕种

① （宋）确庵，耐庵. 靖康稗史笺证［M］. 北京：中华书局，2010.08.
② （宋）钟邦直. 宣和乙巳奉使行程录，陈乐素. 三朝北盟会编考［M］//历史语言研究所集刊. 第六本，1936.
③ （宋）钟邦直. 宣和乙巳奉使行程录，陈乐素. 三朝北盟会编考［M］//历史语言研究所集刊. 第六本，1936.
④ （宋）徐梦莘. 三朝北盟会编（附索引）·卷3［M］. 上海：上海古籍出版社，2008.
⑤ （宋）宇文懋昭. 大金国志校证·初兴风土［M］. 北京：中华书局，1986.
⑥ （宋）徐梦莘. 三朝北盟会编（附索引）·卷3［M］. 上海：上海古籍出版社，2008.

的生产阶段。

3）居室

《金史》载，金献祖徙居海古水后，女真人"始筑室，有栋宇之制，人呼其地为纳葛里①②。"《会编》政宣上帙卷三也记载："其俗依山谷而居，联木为栅，屋高数尺，无瓦，覆以木板，或以桦皮，或以草绸缪之。墙垣篱壁，率皆以木，门皆东向。环屋为土床，炽火其下，与饮食起居其上，谓之炕，以取其暖。"

按照上述描述，可知当时屋室的形制已经从易于搬迁的庐帐形式（图1-5）改变为版筑式的木构建筑。其院墙联木为栅，户门东南开，屋内设置火炕，这些特征在金一带都没有太大改变，而且在满清时代，东北地区的满汉居民都保留着这些特点。

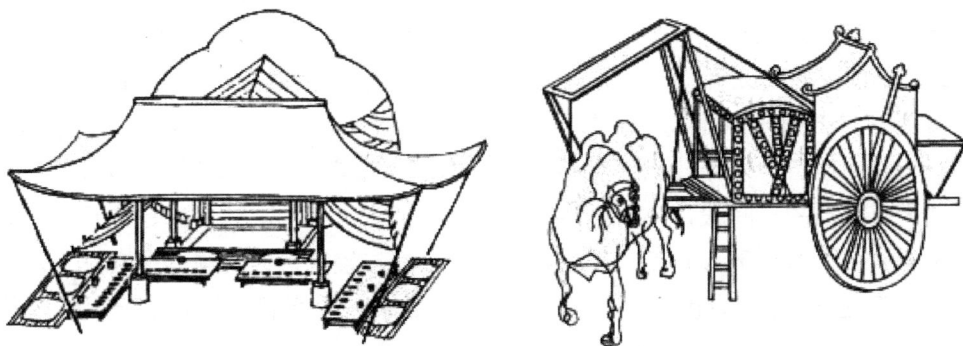

图1-5 《胡笳十八拍》中的毡帐和车帐
（图片来源：谭刚毅. 两宋时期的中国民居与居住形态. 南京：东南大学出版社，2008.）

居室中炕的使用在一方面可以证明女真人定居的生活习惯，也展现了其传统的生活方式。1120年马扩出使金庭，描述了所见的阿骨打的房屋中有炕③。无论尊卑贵贱，女真族人都使用火炕作为寝息之所，并以其取暖。在皇帝寨中，"绕壁尽置火炕，平居无事则锁之，或开之，则与臣下坐于炕，伪后妃躬侍饮食"。

苏联远东滨海省乌苏里斯克的古城址中发现女真人火炕所用烟道，敖西诺夫卡河畔也有火炕的遗迹④。金代火炕的使用不仅限于女真聚居的东北地区，几乎遍布北方各地。火炕的燃料主要是树木（榾柮）、农作物的秸秆，若周围有产煤区，则多用煤⑤。

---

① "纳葛里"即汉语的居室。
② （元）脱脱. 金史·卷1·世纪，北京：中华书局，1975.
③ （宋）徐梦莘在《三朝北盟会编》卷4中记载："阿骨打与其妻大夫人者于炕上设金装交椅二副并坐。"又卷三中记载："环屋为土床，炽火其下，与寝食起居其上，谓之炕，以取其媛。"
④ （俄）А.П. 奥克拉德尼科夫著. 滨海遥远的过去［M］. 北京：商务印书馆，1982.
⑤ 宋德金. 金代的社会生活［M］. 太原：山西人民出版社，1988.

4）金初皇城

公元1114年，金太祖完颜阿骨打袭女真都勃列极之位，此时距献祖北迁阿什河流域约130年，女真族社会中农业的附属地位逐渐上升，从而成为兴国的基础。渔猎作为女真民族的传统，在金代都被保留了下来。"国初无城郭，四顾茫然，皆茅舍以居①"，"国主晟曾浴于河，牧于野，屋舍、车马、衣服、饮食之类与其下无异②"。

太祖阿骨打在金源时期，尚无城郭，星散而居，无宫殿无臣室，所居处称为皇帝寨、太子庄、国相寨等。"皇帝寨"、"国相寨"当为他们所居的较大而防御较强的堡寨，皇帝寨自然要比村寨聚落大得多，也不是"联木为栅"，而是有墙垣的，防御能力相对好得多。

在汉族人的影响下，女真皇帝、贵族居住的房屋发生了变化，开始在地面上修建高台建筑。金天会三年（1125年），金开始营建乾元殿。在《宣和乙巳奉使行程录》中有所记载："又一二里，命撤伞，云近阙。复北行百余步，有阜宿③围绕三四顷，并高丈余，云皇城也。至于宿门④，就龙台下马，行入宿围⑤。西设毡帐四座，各归帐歇定"。皇城周围有土山围绕，高一丈多。皇城内有翠微宫，高五七丈，以五色彩结山石及仙佛龙象之形。翠微宫左为桃源洞，右为紫极洞。皇城内有木质的七间殿，"以瓦仰铺及泥补之，以木为鸱吻⑥"，这是乾元殿。许亢宗看到每天都有千人施工，架屋数十百间，尚未竣工，但规模可谓宏大了，当时还没有建城墙。《金房节要》描述："此殿之余，于所居四外栽柳行以作禁围而已。⑦"

这就是金上京城的雏形，整个上京城的建造分为两个阶段：初建阶段（太祖、太宗时期，1115~1135年）和扩建阶段（熙宗时期，1135~1149年）。

初建阶段：上京城正式营建的县城和宫殿都是在太宗时期。《金史》卷75《卢彦伦传》载："天会二年（1124年），知新城事，城邑初建，彦伦⑧为经画，民居、公宇皆有法。"⑨此阶段主要以营建皇宫为主，即上京城南城中的皇城宫室。《大金国志》载："皇城的城邑宫室无异于中原州县廨宇，制度极草创。居民往来车马杂遝，自前朝门直抵后朝门，尽为往来出入之路，略无禁制。"看来太宗时期，阶级分化并不明显。

---

① （宋）宇文懋昭. 大金国志校证［M］. 北京：中华书局，1986.
② （宋）宇文懋昭. 大金国志校证［M］. 北京：中华书局，1986.
③ "阜宿"即土围墙.
④ "宿门"即似今皇城正中的午门.
⑤ "宿围"即似午门两侧的左右阙门.
⑥ （宋）确庵，耐庵. 靖康稗史笺证［M］. 北京：中华书局，2010：141.
⑦ （宋）徐梦莘. 三朝北盟会编·上［M］. 上海：上海古籍出版社，1987.
⑧ 卢彦伦原在辽朝为官，辽临潢人，后降金；他是营建上京会宁府具体的主持者和规划者.
⑨ （元）脱脱. 金史［M］. 北京：中华书局. 1975：1716.

扩建阶段：金熙宗时期，对上京城两次扩建。第一次持续约五年时间，主要建造行宫和范围。第二次多见增加了宫室，扩展皇城区域范围。

通过两个阶段的建设，上京城已经初具规模。其规划布局是以北宋汴京城为蓝本设计的，布局有序。从现金上京皇城遗址（图1-6）来看，金上京城由南北两城组成，周长约为11082米。城址坐北朝南，南城为皇城，为金人居住。北城也叫外城，为汉人居住。二城相连，全城为L形。金熙宗即位后禁止居民往来出入，宫廷的禁卫制度仍"尚未严密"①。

图1-6　金上京城遗址

（图片来源：李欣.行游黑龙江.哈尔滨：黑龙江人民出版社，2004.）

全城总面积约为702万平方米。南城共有六门：正南墙三个门，正东墙开二门，北墙开一门。北城开七门：正东开两门，正西二门，正北开二门，正南开一门作为南北两城的交通口。全城建瓮城，南、北城各有九个，在城墙转角处建置角楼，为了守卫城垣，沿城墙设置马面，共85座。城墙全为夯土所筑。②

大型宫殿都建有高大的夯土台基。至于普通女真人村寨中的房屋是以木料和泥草为建筑材料，仍比较多的保留着昔日的故俗。而皇室宫殿与贵族府邸，逐渐采用了砖瓦以及施釉的琉璃瓦。在上京遗址上到处都可以见到砖瓦的残片，这是汉族与女真族经济、文化交流的体现。到金代中期以后，一般的官府和官吏的居宅，大多是砖瓦建筑的房屋。

（二）女真早期的生产组织——猛安谋克

12世纪初的女真，仍属父系氏族制，居住在一定的区域内。每个氏族分成几个或者十几个世系群，仍处在原始公社制村落公社的阶段。在金朝编写立国前的女真历史时，提到某一氏族，必须注明其所居住的村寨及附近的河流，来达到识别的目的③。社会经济的前进，推动着女真族向外扩张并从辽帝国的压迫统治下解放出来。辽节度使五易而至完颜阿骨打，完成了建国使命，这与女真族接受辽汉文化，并重视农业生产、积极发展生产是有密切关联的。

---

① （元）脱脱. 金史［M］. 北京：中华书局. 1975：1716.
② 李欣. 行游黑龙江［M］. 哈尔滨：黑龙江人民出版社，2004.
③ （元）脱脱. 金史［M］. 北京：中华书局，1975. 卷66中描述："凡部族，既曰某部，复曰某水之某，又曰某乡、某村，以识别之。"

　　女真部落在其发展生产中形成了生产组织——猛安谋克（图1-7）。女真文中，"猛安"本意为"千"，"谋克"本意为"族"。在女真氏族社会中，"猛安"为千夫长，即千户长；"谋克"为族长。在由血缘组织向地域组织转化后，又出现了乡里、邑长之意，后又为百夫长、百户长。猛安与谋克组织并非同时出现，谋克大约在11世纪初已经产生。猛安组织的出现，大约在11世纪末至12世纪初，从时间上推测，谋克组织是以血缘关系为纽带的，而猛安组织是一种以地域为特征的组织。

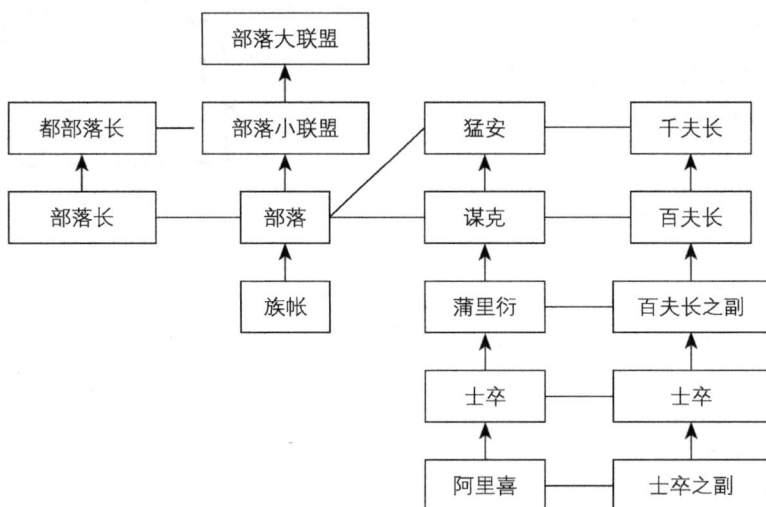

图1-7　猛安谋克制的简单示意
（图表来源：解丹据王曾瑜《金代军制》整理绘制。）

　　清朝时曾将"猛安"译为"明安"，"谋克"译为"穆昆"。这与古代女真出猎制度的生产组织有紧密联系，同时也是从氏族组织形式演化出来的；在氏族社会时期，出猎也是生产，老弱壮年都参加：年壮者为士卒，矮小者为阿里喜。围猎组织按什伍进位编制，固有伍长（击柝）、什长（执旗的）、谋克（百夫长）、猛安（千夫长）。由此，最初的出猎组织演化为"平时射猎，战时出征"的军事组织。在某种程度上来说，初期的猛安谋克具有自卫的军事意义。这种组织是氏族社会共同生产和保护生产的产物，并且它成为了女真族社会进步的基本推动力[①]。

　　"部落"一词在女真语为"阿买"，其部落长为"孛堇"，各部的联盟首领为"都孛堇"。当发生战事时，依照其统领的户数，部落长被称作是谋克或猛安。这种军事组织是保持着民主的基本特征，这与当时的公有制是分不开的。在此时期，猛安谋克的作用主要为防御外敌、以武力统一各个分散部落，强大本部落，

---

① 郭人民. 金朝兴亡与农业生产的关系 [J]. 史学月刊，1957（03）.

它成为女真族对外进行掠夺战争的工具，在从氏族制到国家制的变革中起到了决定性作用。氏族制的特点在金建国后仍有遗留[1]。

1115年，阿骨打建国，奴隶主贵族组成了一个领导核心，猛安谋克才逐渐被真正制度化。《金史·兵志》记载："金之初年，诸部之民，无他徭役，壮者为兵，平居则听以佃渔射猎，日以劳事，有警则下令部内遣使诸孛堇征兵，凡步骑之仗粮皆取备焉，其部长曰孛堇，征兵则曰猛安谋克，从其多寡为号，猛安者，千夫长也。谋克者，百夫长也。谋克之副蒲里衍，士卒之副从曰阿里喜。"阿骨打利用地域性的猛安谋克组织来代替了女真族的旧有部落组织，同时促进了女真民族的统一。

由此看出，此时的猛安谋克是暂时性的军事职务，且其部卒数量不定。阿骨打建国后，对猛安谋克进行了改革，"命三百户为谋克，十谋克为猛安。如郡县置吏之法"。并且阿骨打将战场上的千夫长猛安，百夫长谋克受封为地方领地、领户之长。这样，由地缘代替了血缘的氏族组织，猛安谋克制度与地域性的村寨相结合，逐渐形成了地方政权的雏形[2]。

猛安谋克制度的确立打破了原有氏族部落组织，脱离了血缘氏族纽带，也成为金朝建国后谋求发展的方法。其追求寓兵于农，兵农合一的状态[3]。在金熙宗之后，这一制度演变成为军事编制、生产单位与地方行政机构三位一体的封建化基层组织。

（三）女真周边的其他少数民族

10世纪～13世纪，是中国历史上的北方少数民族活跃时期，南宋、辽、金、西夏诸王朝并立。公元916～1125年契丹族建立的辽王朝、1115～1234年女真族建立的金王朝和1038～1227年党项族建立的西夏王朝，在这同一历史时期创造了各具特色的民族文化[4]（图1-8）。

1. 契丹

契丹为鲜卑族的一支，属东胡族系。自4世纪末期开始游牧于今内蒙古自治区西拉木伦河和老哈河（辽潢水和土河流域）一带[5]。北魏时期，契丹还没有形成部落联盟，直至唐初[6]。唐末期，契丹视唐朝政府软弱无力不能控制边疆地区，便乘势而起，建立政权，成为北方的一股强大势力。公元916年，阿保机自立为

① 朱国忱. 金源故都［M］. 哈尔滨：北方文物杂志社，1991.
② 张博泉. 论金代猛安谋克制度的形成、发展及其破坏的原因［J］文史哲，1963（01）.
③ 杨勇，金宝丽. 谈金代女真族猛安谋克制的变迁［J］黑龙江农垦师专学报，2002（04）.
④ 黄雪寅. 内蒙古草原民族与北方长城地带各民族的关系［J］. 内蒙古文物考古，1998（02）.
⑤（北齐）魏收. 魏书·契丹传·卷1［M］. 北京：中华书局，1999.
⑥（宋）叶隆礼. 契丹国志·并合部落·卷23［M］. 上海：上海古籍出版社，1985.

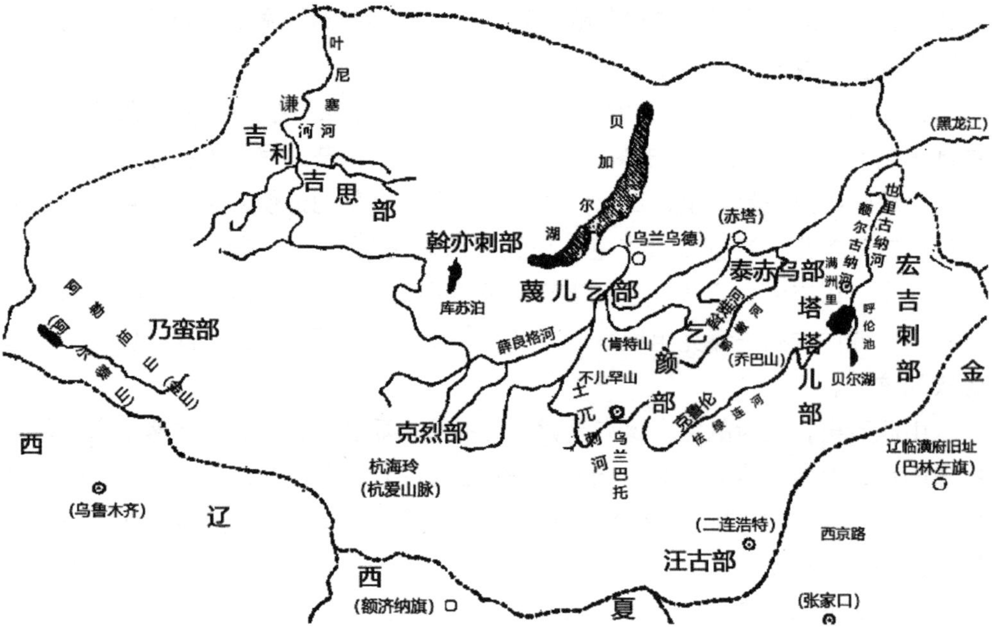

图1-8　蒙古各部示意图
（图片来源：王文光. 西南边疆史丛书·中国民族发展史·下. 北京市：民族出版社，2005。）

皇帝，是为辽太祖，神册三年，筑"西楼"城为皇都（即上京临潢府，今内蒙古巴林左旗南波罗城）[①]。并相继征服了室韦、吐谷浑、敌烈、阻卜、于厥奚、党项等游牧民族，实现了中国北方与东北地区的统一局面。

　　当时辽的疆域，"东自大海，西至流沙，南越长城，北绝大漠[②]"，可以说是一个多民族的王朝，除了"耕稼以食、城郭以居"，从事农耕的汉人和渤海人外，还有"渔猎以食，车马为家"，以游牧为主的契丹、蒙古、回鹘、女真等民族。南部经济以农业为主，北部经济以畜牧业为主。

　　辽政府采取了"一国两制"的方针来适应南北地区的经济和文化的发展水平与生活方式都不一致的情况。辽的行政管理分为南北两个系统，"以国制治契丹，以汉制待汉人"[③]。北部一律用契丹贵族管理国事，办事处设在皇帝牙帐之北，称为"北面官"；南部则启用汉族地主和一些契丹贵族，办事处设在皇帝牙帐之南，称为"南面官"。故辽朝统治阶级是由契丹皇族、后族、贵族、汉人、渤海人中的上层、地主等组成。

　　辽朝设最高军事机关枢密院，并在上京路置诸军都虞侯司、奚王府等控制诸奚，在东京辽阳路置东京兵马都部置司和契丹、奚、汉、渤海四军都指挥使司控

---

① （元）脱脱. 辽史·地理志·卷37［M］. 北京：中华书局，1974.
② 林干. 中国古代北方民族史新论［M］. 呼和浩特：内蒙古人民出版社，2007.
③ （元）脱脱. 辽史·百官志［M］. 北京：中华书局标点本，1974.

制高丽，在南京置南京都元帅府、南京兵马都总管府、南京都统军司和南北皮室详稳司等对付北宋，在长春州置黄龙府兵马都部署司、东北路都统军司控制东北诸部，在西北路置西北路招讨使司、西北路总领司、西北路阻卜都部署司等控制西北诸部[①]。辽朝的政区、军区及军队编制都为后来的金朝所借鉴。

辽中叶后，由于内部矛盾激化，各族人民斗争积聚的同时契丹统治阶级内部争权夺利的政治斗争也是愈演愈烈。最终在1125年，辽被金所灭，共历九帝，存210年[②]。

2．鞑靼、阻卜

辽金统治时期，在蒙古高原上分布着众多部落，鞑靼和阻卜是重要的两个部分。鞑靼又写为"达怛"、"达达"、"达旦"、"达靼"等，最早于唐代突厥文碑铭和一些汉文有所记载。由于鞑靼势力强大，所以其他室韦—达怛部落也往往自称边鞑靼。

当时强悍的鞑靼的主要分布区域以今内蒙古为主，往西南散及今甘肃、宁夏、青海一带。阻卜是与鞑靼有亲缘关系的民族，分布亦在北方，散居。由于阻卜分布广，所以《辽史》中还用"北阻卜"、"西阻卜"、"西北阻卜"等名称来从空间方位上进行区分。

13世纪初，鞑靼、阻卜各部便先后被蒙古帝国征服并被兼并于蒙古族，成了蒙古族的一部分。

3．乌古、迪烈

金统治期间，乌古的分布范围很广，几乎是遍及了大漠南北地区，普遍与鞑靼、阻卜各部搁错杂居，他们是由西迁室韦中的一部分组成的[③]。所以，孙进己认为：原来的南室韦诸部，最西的乌素固、移塞没、塞曷支糯大约形成了辽代的乌古部落联盟[④]。乌古最早见于《辽史·本祖本纪上》："九年（915年）春正月，乌古部叛，讨平之。"[⑤]

金朝统治期间，先后失去了对蒙古高原大部分地方的控制，乌古的主体便在金朝的疆域以外发展，只有小部分受金统治。到金朝统治后期，不归金朝统治的乌古，在蒙古高原与鞑靼、突厥等混合了。《元史》中的汪古部与辽代阴山西段的乌古同音便是佐证[⑥]。仍在金朝统治下的部分则先后混合到契丹或女真中去了。

---

① 于文编. 军制森严旌旗明·图文版［M］. 北京：中国戏剧出版社，2005.
② 林干. 中国古代北方民族史新论［M］. 呼和浩特：内蒙古人民出版社，2007.
③ 王文光. 西南边疆史丛书·中国民族发展史（下册）［M］. 北京：民族出版社，2005（01）.
④ 孙进己. 东北民族源流. 哈尔滨：黑龙江人民出版社，1987.
⑤ （元）脱脱. 辽史·太祖本纪. 北京：中华书局，1974.
⑥ 冯继钦. 辽金时代室韦的变迁［M］//辽金史论集·第2辑. 北京：书目文献出版社，1987.

迪烈也是室韦族群的一部分。《辽史·太宗本纪上》载："天显六年（公元931年）春正月乙丑，敌烈德来贡。"[1]这是迪烈第一次见诸史籍。以后便与有同源近亲关系的部落同时出现，《辽史·圣宗本纪》载，统和四年（公元986年），"八月丁酉朔，置先离阒览官六员，领于骨里、女直、迪烈于等诸部人之隶宫籍者[2]。"可见，迪烈与于骨里（乌古）、女直分布区相近，内部又分为个部落群体。迪烈的分布区域是今蒙古人民共和国东部的克鲁抢河流域至内蒙古东北地带。和迪烈在同一地域内游牧的，还有乌古和鞑靼，受辽朝的乌古敌烈部都统军司管理。

在蒙古族没有形成之前，不受金朝统治的迪烈，先后融合到鞑靼、突厥中，仍在金朝统治下的部分迪烈人应该是混合到契丹与女真人之中[3]。

辽时的乌古、迪烈部就经常联合起来叛乱反辽。金灭辽后，征服各部，塔塔儿复成为金的臣属。塔塔儿与蒙古部之间一直处于敌对状态[4]。

4．汪古部

汪古，又作汪古惕、雍古等，《辽史》中称为"白达达"，即白鞑靼。金元之际汪古部主要分布在漠南和阴山地区，属突厥语族，主要来源于沙陀突厥、回鹘余部，辽、金时称为白达达。先服属辽，为其守卫丰州塞。金朝时隶属于西北路招讨司，为金朝守净州以北边陲。蒙古伐金时，汪古部首领阿剌兀思剔吉忽里于1203年率领该部族归服蒙古，并为蒙军做向导。

金元时期，其领地处于漠北和中原交通要冲位置，是中西陆路交通要地。部族因邻近汉族、契丹、女真，交往较多，故其经济、文化水平高于蒙古各部。除畜牧业外，已有农业和商业，并且逐渐改变逐水草而迁徙的生活方式，开始筑室而居。中国北方大多是游牧民族，遗物保留甚少，而汪古部文化较为发达，现存的城市、聚落和墓葬遗址较为丰富[5]。

5．蒙古

蒙古源于"室韦"，他与东胡部系的鲜卑、契丹属于同一语族的。隋唐时期的史料记载为"室韦"，是对当时分布于契丹之北、靺鞨以西、突厥以东之地的各个游牧部落的泛称。其中被称为室韦—鞑靼人的部落分布在呼伦贝尔草原、大兴安岭东西、额尔古纳河与黑龙江两岸。

蒙古部在唐朝时称为"蒙兀室韦"，居于额尔古纳河流域。西迁的室韦—鞑

① （元）脱脱. 辽史·太宗本纪上 [M]. 北京：中华书局，1974：32.
② （元）脱脱. 辽史·圣宗本纪二 [M]. 北京：中华书局，1974：124.
③ （元）脱脱. 辽史·太祖本纪 [M]. 北京：中华书局，1974.
④ 孙秀仁. 室韦史研究 [M] 哈尔滨：北方文物杂志社，1985.
⑤ 马志洋. 中国导游十万个为什么 [M]. 内蒙古：中国旅游出版社，2006.

靼人的诸多部落中，有一支称为"蒙兀室韦"，《旧唐书》称其居住于望建河（今内蒙古自治区额尔古纳河）[①]。9世纪以后，蒙兀室韦以"萌古"、"朦骨"、"萌骨"、"蒙古"等音译形式见诸中文史料。"蒙古"一词的释义至今仍无定论[②]。

"塔坦者，在金国之西北，其近汉地谓之熟塔坦，食其粳稻，其远者，谓之生塔坦，止以射猎为生。性勇悍，然地不生铁，故矢镞但以骨为之。辽人处置市场，与之回易，而铁禁甚严。至金人始弛其禁。又刘豫不用铁钱，是河东、陕西铁钱率自云中货于塔坦，塔坦得之遂大作军器焉[③]。""所谓生鞑靼也，又有白黑之别。今特默津（铁木真）乃黑鞑靼也。而与白鞑靼皆臣属于金人。每岁其王自至金界贡赋之场，亲进奏。金人亦量行荅赐，不使入其境也[④]。"

金时的蒙古部转归金朝东北招讨使管辖，蒙古部在合不勒汗（铁木真的曾祖父）的领导下逐渐强大起来。金朝实行"以夷制夷"的政策，利用塔塔儿去攻破蒙古部。塔塔儿与蒙古部长期斗争，蒙古草原陷于分裂状态。随着金朝残暴统治和荒淫腐败，塔塔尔部反叛，最终被蒙古部所歼灭。1206年，铁木真成为蒙古大汗，尊称为成吉思汗，当时的蒙古汗国疆域东至兴安岭，南邻金朝，西括阿尔泰山，北及贝加尔湖。

蒙古封建汗国建立，使奴隶制中解放出来的奴隶成了封建制下的牧奴，结束了各部奴隶主无休止的长期纷争，并有效地阻止了金朝统治阶级对蒙古部落的掠夺和剿杀，使草原上交通畅行无阻，更好地促进了更大范围的经济、文化交流。

为了满足蒙古族新兴封建主阶级贪欲的不断膨胀，军事扩张也不停歇，同时扩大封地或是建立新领地。在13世纪中，蒙古骑兵先后三次西征并多次南下，东至黄海，西至多瑙河的广大亚欧地区都出现了他们的足迹。

在呼伦贝尔草原一带，沿金边分布的汪古部—契丹—塔塔儿部族在金初一直为金戍守长城。但由于金统治失利，政策不当，加上蒙古族力量的兴起，塔塔儿、契丹和汪古部相继叛变，长城边壕戍守力量不足，最终导致金西北防线的全面溃败。故金朝西北疆域的防御与周边民族关系存在紧密关系。

金朝时期，以契丹、汉、室韦（蒙古）族与女真的关系为主。当各部族关系比较融洽时，社会得以稳定、经济得以发展。关系紧张、矛盾不断激化就会导致叛变和侵扰。

北方少数民族势力的兴起及其对中原南侵的成功，需要从社会根源和历史条件中进行探讨。北方少数民族能够长驱直入中原，征服广大地区，并成功夺取政权，这其中有其取胜的原因。

相对于农耕民族对土地的依赖，北方少数民族则是随草而居的，它的流动性

---

① 王文光. 西南边疆史丛书·中国民族发展史·下［M］. 北京：民族出版社，2005.
② 郝时远，杜世伟. 蒙古［M］. 北京：社会科学文献出版社，2007.
③（宋）李心传. 建炎以来系年要录·卷133［M］. 北京：中华书局，1956.
④《两朝纲目备要》也有相关记载："生塔坦者又有白黑之别。"

是农业民族无法实现的。他们的生产组织与军事组织相结合的部落兵制满足了当时的战争需要，如女真族的猛安谋克，蒙古人的领户分封，满洲人的八旗制度。匈奴人"士力能弯弓，尽为甲骑"；突厥人"人皆习武"；蒙古人亦"家有男子，尽佥为兵"。因为兵民合一的优势，战争的机动性和防御的及时性都可以得到保证。纵然有时因为战争失败，军队被冲散击溃，也会由于血缘和氏族纽带的关系很快重新集结和恢复起来。这种部落兵制使军队具有永久的生命力，而且可以保证兵源不断。这种生活方式使得游牧民族即使在战争失败后也能迅速恢复，重整旗鼓[①]。农耕民族难以实现兵农一体，通常需要职业军人，投入大量财力来养兵，往往巨大的军事开销造成国家内部矛盾的加剧。

游牧民族的战争和掠夺是他们特有的生产和生活方式，普通的游牧人和骑马战士之间是没有区别的。北方游牧军队全是骑兵，战士们早已习惯在马上生活和战斗。骑马射箭是他们与生俱来的能力，并且在生活中他们爱马养马，亲如家人。打猎，一为获取生活资料，二为操练军伍，一举两得。但是，战争对农耕民族而言是不得已的事情。农耕与游牧民族这两种不同的经济类型和生活方式，决定了中国古代社会的军事格局：经济、文化先进的农耕民族总是处于守势，而经济、文化落后且武力强盛的游牧民族总是处于攻势。

三、相关问题说明

（一）时间段和疆域范围

金朝于1115年建国，1234年亡国。本书研究主体金长城，从始筑、完成、使用及其增筑的时间是从金建国前后到金京都南迁至南京止。在金建国之前，女真族已经有修筑长城的记载，故书中涉及的历史时间段为1100年前后至1213年前后，这几乎涵盖了金朝的整个历史进程。但金长城防御体系的建立是断续的，并不是连续的，其主要修筑时间为金世宗与章宗时期。故本书涉及的金朝历史时期是以1161～1208年为主。

金朝西北疆域防御是以金三京（西京、北京与上京）为防御军事重镇，环绕保卫金中都的严密军事体系。金长城军事防御体系主要位于金上京、北京与西京路，按今行政区划来看，主要范围为今东北与内蒙地区。故本书涉及金疆域范围为金北部疆域，以金北京与西京路为主要范围。

（二）金北部疆域范围与军事区划的变化因素

金朝在120年的执政时期内，北部疆域也一直在发生变化。金初期在灭辽的同时，接收了辽的疆土，但终金一朝也并没有把辽的余党——西辽，彻底铲除。

---

① 林干. 中国古代北方民族史新论［M］. 呼和浩特：内蒙古人民出版社，2007.

故金的北部边疆并没有辽代那样广阔。随着金早期对北部少数民族和辽契丹族的友好政策，很多游牧部族都臣服于金，分布在金长城内外。但仍有部族不时骚扰金之北边，而金的军事重心一直在南疆，故北方的疆域主要依靠汪古部、契丹、塔塔儿等游牧部族来进行守边。而对于游牧民族的生活习性，其疆域范围的界限就很难确定，且游牧部落之间的争斗和兼并是普遍存在的，这些情况都会导致金北部的边界不断变化。

更重要的是，随着蒙古部族势力的统一与强大，金北疆界不断地向南退缩。同时由于金中期的民族歧视政策愈发严重，守边的少数民族不断地叛金附蒙，最终导致金长城"裸露"在外。

在金代由奴隶制向封建制转变的过程中，金北疆域的政治体制不断健全，在行政区划和军事区划上也相应进行着调整，直至金世宗、章宗时期才大致稳定下来。

这些都为本书的研究带来了一系列的不确定因素，在研究结论中需要考虑到这些变化的动态因素，故在此说明。

（三）辽金古城的延续性

金朝在灭辽后，在其疆域上多沿用了辽的城址，有少部分废弃。在现在的诸多历史与考古研究中，也经常把两朝古城通称为"辽金古城"，主要因为很难划分出来。在书中涉及到的城址多引自于《中国文物地图集·内蒙古自治区》《中国文物地图集·吉林省》、内蒙古自治区文物考古所提供的资料，以及一些地方考古所、博物馆、高校研究机构所刊登的有关文章。

故本书中也很难做到辽金古城的准确断代，主要将一部分辽代修建而金代废弃的古城划分了出去。在整个数据统计中，这部分的影响是比较小的，但也不能完全忽略，故在此说明。

（四）关于金岭北长城

关于呼伦贝尔岭北长城的断代在长城研究中一直没有定论。现主要有三种说法。

第一，此界壕为辽代建造，是辽朝为了防御乌古、敌烈二部而修建了700多公里的边壕，且在边壕附近修建了许多比较大的边防城，在蒙古肯特省和中国海拉尔市陈巴尔虎旗境内都存在辽代城址[①]。

第二，金早期北疆辽阔时修建的。首先在辽代的历史文献中根本没有记载过辽修筑边壕之事；但辽代曾"筑长城于镇东海口"，现遗址在大连市金州之南的

---

① 景爱. 中国长城史［M］. 上海：上海人民出版社，2006.

黄海与渤海间地岬出，非"边壕"形制[①]。另一方面，在金建国之初，北部疆界已达外兴安岭，大兴安岭两侧的塔塔尔和王吉剌（后称广吉剌、弘吉剌）两部族已臣服金朝，为金守西北边疆。所以金修边壕必定在塔塔儿居住地以北，而正是今呼伦贝尔界壕位置。

第三，此界壕为辽时首建，金时修复[②]。据孙文政《金东北路界壕边堡建筑时间考》中对金东北部分边壕的时间考证，认为金岭北界壕浚筑的时间当在金天会六年（1129年），且这条界壕在辽时已经修筑完成。

《金史·地理志》载："金之壤地封疆，北自蒲与路之北三千余里……火鲁火疃谋克地为边，右旋入泰州婆卢火所浚界壕而西，经临潢、金山，跨庆、桓、抚、昌、净州之北，出天山包东胜接西夏"，这里所指"婆卢火所浚界壕"应指金代初年的西北边界。孙文政对其句中的"浚"字的解释给予了分析：《康熙字典》、《说文解字段注》、《汉语大字典》、《中华大字典》都解释为"挖深、疏通"。据此，可以说跨俄中蒙三国的岭北长城在辽时就早有壕堑，婆卢火所浚的界壕是在辽的基础上修缮的。

由以上三种观点可以看出，对于岭北界壕的断代仍不能有肯定的结论，需要更强有力的依据作为结论的支持。因研究范围所限，本书采用第二种观点为主要论据进行研究。

第二节　长城与壕

一、"壕"的出现与发展

在李鸿宾《金界壕与长城》[③]中，给出了"壕"的多种解释。《康熙字典·丑集中·土部》引《广韵》、《正韵》和《集韵》作"城下池也。柳宗元诗'雁鸣寒雨下空壕'"。《辞源》、《辞海》对"壕"字的解释有两个含义：护城河、壕沟。

"堑"，《说文解字》作"坑也，一曰大也[④]"。清人段玉裁写到："《左氏传》注堑，沟堑也。《广韵》曰，绕城水也[⑤]。"《康熙字典》肯定了《说文解字》和段玉裁的意见，将"堑"继续解释为"坑"和"绕城水"两个意思。《史记·秦本纪》中写到"堑山堙谷千八百里"，《史记·高祖本纪》中的"深堑而守"等[⑥]。

可见，在辞书中"壕"与"堑"的解释基本相同，即坑、沟与护城河、绕城水之意。

① 冯永谦. 界壕与长城论辩三题 [J] 东北史地, 2005（02）.
② 孙文政. 金东北路界壕边堡建筑时间考 [J] 东北史地, 2008（03）.
③ 李鸿宾. 金界壕与长城 [J] 中国边疆史地研究, 2008（09）.
④（东汉）许慎. 说文解字 [M] 北京：中华书局, 1963.
⑤（东汉）许慎. 说文解字 [M] 北京：中华书局, 1963.
⑥ 参见《康熙字典·丑集中·土部·堑》.

（一）"壕"的出现

防御是人类施于居址形态上对付侵略行为的一种反应，任何用来抵御进攻的措施都可称为防御。在史前社会，人类的防御手段有许多种类，如建造房屋、制造武器、燃起篝火或流动迁徙等简单的防御手段。当人类进入定居的农业社会时，就需要更为有效、持久的防御手段[①]。

在居住地的选址上，虽然要考虑防备猛兽和其他部落的侵扰、具有天然屏障的地形，但也需要平原地区的土壤和气候来适合农作物生长，而这样的地区一般在防御方面会有无险可依的情况出现[②]。

在这样的情况下，"壕"产生了，它出现于早期氏族社会时期。起初"壕"的作用只是防御野兽的侵扰或预防家畜走丢的情况。随着父系社会军事民主制时期的到来，掠夺邻人财富、侵占公共财产等战争的不断出现，"壕"的作用则转变为军事防卫。而"壕"的位置多环绕于聚落的周边且平面形式接近圆形，故早期的防御性聚落成为环壕聚落，即在居住的村落周围挖出环形壕沟来保护自己。

在壕的使用过程中，早期是以较简单的单壕形式存在。据考古资料显示，迄今所知新石器时代中期（约公元前7000~5000年）的环壕属于较早阶段的，壕的宽度一般在1~2.6米之间。单壕在聚落防御中的使用特点是将居住区全部围绕在同一环壕之中。

属于仰韶文化早期的陕西临潼姜寨聚落[③]（图1-9、图1-10），在其居住区的周围就挖有环形护村壕沟，宽、深各约2米，沟的内侧还有木桩和树枝构成的栅栏，并在出入口位置上设有寨门和哨所。这说明至少在距今7000~6000年前，中国就出现了最初的战争，也相应出现了保护氏族部落的防御性简易工程设施。

图1-9 山西临潼姜寨聚落外壕示意图
（图片来源：国家文物局主编. 中国文物地图集·陕西分册. 西安市：西安地图出版社，1998。）

图1-10 山西姜寨聚落遗址复原图
（图片来源：张宏彦编著. 中国史前考古学导论. 北京：高等教育出版社，2003。）

---

① 西安半坡博物馆编. 史前研究（2000）[M]. 西安：三秦出版社，2000.
② 杨秀敏. 坚韧的盾牌－中国筑城史话 [M]. 北京：清华大学出版社；广州：暨南大学出版社，2002.
③ 陕西姜寨一期约100余座房屋，面积不足2万平方米。中心有1400平方米的宽大广场，居住区环绕而置。西部临河边为陶窑场，东面壕沟外围氏族公墓地。

重壕的形式出现在新石器时代晚期
（约公元前5000～前3000年），这时期的
聚落遗址壕沟规模在不断扩大，如西安
半坡聚落的大围沟（外壕）宽6米～8
米，房屋遗址在内壕之中及内外壕之间
都有发现，在内壕出入口的内侧还设有
哨所。在半坡聚落前期，还存在着聚落
外的大围沟与内部的3条小沟共同构成
的内外二重式的环壕结构[1]。在陕西夏
县东下冯文化遗址中也有着两重平行建
造的壕沟（图1-11）。

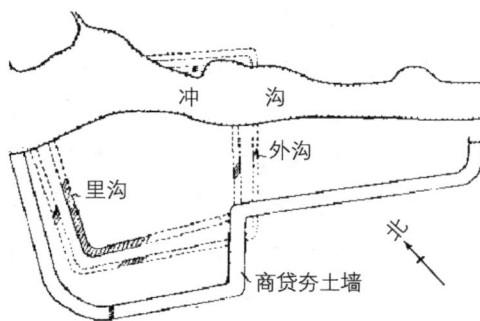

图1-11 东下冯遗址中区夯土墙及两沟关系
示意图

（图片来源：东下冯考古队. 山西夏县东下冯遗址
东区、中区发掘简报. 考古，1980年2期。）

（二）壕垣相伴

人类的战争史上一直伴随着"攻者利其器、守者坚其盾"的不断发展过程。
每当新的武器种类问世后，就会使原来的防御手段相形见绌，只有作出改进和提
高，甚至是根本性的改变，才能防御新的进攻形式[2]。在人类防御工程技术上也
是跟随着新的武器系统的问世而不断发展的。进攻与防御二者在战争中相生相
克、交替发展。

壕沟在防御上有着一定的局限性，无法防御远射或投掷类武器的袭击。人们
通过各种方式来加强壕沟的防御性能。作为最便捷的途径，就是人们对修建壕沟
时挖出的土就近堆放，客观上可以发挥甚至取代栅栏的作用。

挖沟堆土形成土垄式的围墙，与壕沟配合，可以取得更佳的防御效果。例如
八十垱聚落遗址[3]，其"土墙"似乎不具明显的人工夯实痕迹，一些方面显示出
当时对壕沟的重视程度超过了土墙（图1-12）。

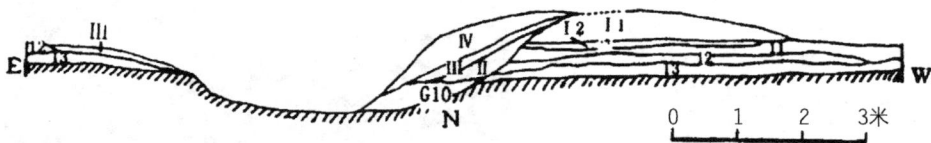

图1-12 八十垱聚落壕沟与土墙剖面图
（图片来源：钱耀鹏. 中国史前防御设施的社会意义考察. 华夏考古，2003年3期。）

---

[1] 钱耀鹏. 论城的起源及其初步发展［J］. 文物季刊，1998（01）.
[2] 陈翔宇. 筑城御敌居安思危［J］. 科学时报，2003（03）.
[3] 国家文物局网站上进行了详细说明，八十垱遗址位于湖南省澧县梦溪镇五福村夹河北岸，
面积约3万平方米。遗址文化堆积主要属彭头山文化时期，年代距今8500～7500年。遗址内
发现有环绕聚落的围墙和围壕，整体呈南北向，南北长210米。遗址内还发现有大量的居
住房址，建筑形式以干阑式为主。遗址内发现了大量完整形态的稻谷、稻米，是目前世界
上发现最早的稻作农业遗存。

　　土垄式围墙是夯筑城垣的重要前提，在筑城技术上其与夯筑城垣在方式方法上也有很大差别。

二、"壕"在聚落与长城中的防御区别

　　由上可知，"壕"是一种十分久远的防御手段，那么对于"长城"这样的大型的具有较长历史的防御工程中，也是常见的。但是聚落中的"壕"与长城中使用的"壕"是不同的。以金长城为例，予以说明。

　　第一，防御目的不同。

　　聚落中"壕"主要是为了防止野兽和敌人的进攻。在防御时，聚落与敌人的位置是相对稳定的，壕的宽度不仅可以使攻击者无法跨越，同时壕的深度可以使城墙的相对高度增加。

　　而金长城中的"壕"主要是为了防御北方少数民族游牧骑兵的攻击。骑兵在攻击时，壕与敌人的位置是变化的，壕的宽度是战马无法跨越的范围，壕的深度是战马无法腾跃的高度。

　　第二，防御重点不同。

　　在聚落的防御中，"壕"这种防御手段逐渐发展成"壕墙"结构，其防御重心从"壕"转移到"墙"，壕成了墙体防御的附属设施。壕完全退化成保护城墙的设施，一些聚落的城池中只配备马面、敌台却没有护城壕。

　　金长城的界壕也是由壕堑和壕墙组成的，但其防御重心并不在壕墙，而是在壕堑上。界壕的主要作用是对快速行进的骑兵予以阻挡，而发挥此作用的正是壕堑部分，对于以骑兵为主的金军而言，壕墙的作用并不明显，在"以攻为守"的防御思想下，他们更擅长的是迂回式的骑兵战术。壕墙的高度可以增加壕堑的相对深度，使战马无法腾跃而出，在战斗中成为界壕旁轮流值班士兵的掩体，墙体上有马面、敌台和女墙等防御设施。

　　第三，防御要求不同。

　　聚落城池中的壕墙结构，城墙高大，防御严密。如敌人进入，势必导致防守失败，军队溃散，而城池丢失。所以，其防御要求高，不许敌人越雷池一步。

　　而金长城中的界壕结构，并没有高大的墙体，其目的是阻击敌人的快速进攻，使军队在有限的时间里能够集结应战。敌人越过界壕后（在记载中蒙古等部的骑兵确实经常越过界壕），由屯戍在界壕内侧军事聚落内的金兵来予以攻击。所以，其防御并不以阻止敌人进入为目的，故其防御的要求也不需要"高规格"。

　　以上可以看出，聚落中的"壕"和长城中的"壕"不是相同的，其区别很多，但他们都是古代冷兵器时代有效的防御工程设施。

第三节　金长城与金界壕

一、前朝长城对壕的使用情况

"界壕"的使用并不是金代长城的专利。从某种意义上说，金代长城的军事防御体系也是在借鉴前朝长城的基础上加入了自身特色而发展起来的。

"界壕"的历史考证方面，景爱在《中国历代长城史》一书中有所介绍。战国初年，由于战争频繁，各诸侯国就开始了大量壕堑挖掘工程。在《左传》中多次记载挖壕防御工程[①]。到了汉代，武帝在边境地区修筑长城的同时，又挖掘了许多边壕，被称作边塞。

据吴礽骧先生的考古调查可知，从永登县至酒泉市的令居塞是以壕堑为主的。因常年受风沙侵蚀，这些壕堑大部分为沙土所掩埋，但在部分地区至今仍可以清楚地看到边壕遗址。酒泉地区以东的区域"实地是以堑壕构成的，局部地区则以山崖、河流等作自然屏障[②]"。

在北朝时期边壕仍是重要的边防军事工程。除了泰常长城和畿上塞围两处长城，孝文帝太和八年（公元484年），由高闾建议修建的六镇长城军事防御体系，在《水经注》、《北齐书》中均被称作"长堑"。由此可知北魏太和年间在北方草原上也挖掘了规模较大的边壕。

宋朝时，边壕更被广泛使用。北宋为了防御契丹骑兵南下，除利用疆域内的地理形势构筑天险以外，在河北中部地区挖沟筑堤，其位置"西起保州（今清苑县），东到泥姑海口（今塘沽附近），全长约900里（古里）"。

通过以上历史资料和遗迹可以看出，金代长城的界壕工程是有先例的，不属于"首创"。在金之后，明长城沿线也有局部地区采用了壕堑形式，但其墙体都是经过夯实的，其建筑相对高大，质量更高。清代时，为了防止关内流民进入东北地区的"柳条边"虽然不能划为长城系统中，但其形式也采用了壕堑构成，并在壕边插种柳树。

中国古代长城中使用"壕堑"的时间，如果从战国初年算起，到清朝初年修建柳条边止，前后持续了2300余年[③]（表1-1）。

[①] 鲁襄公十八年（公元前556年），晋平公率领十二国联军伐齐，"齐侯（指齐灵公）御诸平阴，堑防门而守之广里"。所谓"堑防门"，就是在防门之地挖掘壕堑以御敌。鲁哀公十一年（公元前485年），齐国伐鲁国，鲁"师及齐战于郊，齐师自稷曲，师不逾沟"。这里所说的"沟"，是在城郊挖掘的壕堑，从"师不逾沟"可以看出，壕堑阻止了敌人的进攻，其防敌的作用是很明显的。

[②] 吴礽骧. 河西汉塞 [J]. 文物，1990（12）.

[③] 景爱. 中国长城史 [M]. 上海：上海人民出版社，2006.

古代长城中已知"壕"使用的统计表　　　　表1-1

序号	朝代		长度（公里）	说明
1	汉代令居塞		120	可见遗址长度
2	北魏六镇边镇		534	北魏前期1里为534米，按千里换算
3	北宋防辽沟堑		471	宋代1里为471米，按900里换算
4	辽代	漠北边壕	700	未经实地考察
		第二松花江边壕	不详	
5	金代	漠南边壕	3356.5	
		延边边壕	103	
6	清代柳条边	老边	936	老边1950里，新边690里，清代1里为今480米，按此换算
		新边	331.2	
	合计		6551.7	

（数据来源：景爱. 中国长城史. 上海：上海人民出版社，2006。）

二、金长城中"界壕"形制的解析

对金界壕是不是长城的辩论由来已久，虽今已尘埃落定，但也不得不再做重申。

从学术界开始关注长城以来，关于金界壕遗址是否为金长城的争论始终持续，在金长城的称谓上存在着严重分歧。认定只能称为界壕者称，长城应为地上工程，且拥有完备的长城防御工程，如烽燧、敌楼、马面、关隘，等等；认定可称为长城者称，金界壕"一是战略性的永备防御工程，二是不单有壕而且有墙，墙上有各种战斗设施，敌台、马面、女墙，还有报警的烽火台，也有屯兵的城堡。金界壕是典型的壕墙相结合的军事防御体系，称得上是长城[1]。"2006年，辩论以"金界壕边堡遗址是金长城，是万里长城的一部分"的结论告终。结论虽简单，但不难发现辩论的过程促进了金长城的研究深度。

在金建国前，为了保护女真族自身资源修建了延边长城。金建国后，又先后修建岭北长城与岭南长城，且在修筑后还不断增加支线并对旧壕堡修补。整个修建过程几乎贯穿金朝，直至金中都南迁，放弃北方领土后，金长城才失去防御作用。不能简单将蒙古灭金的结果来看待金长城的防御能力。通过延边长城就可以认识到，金界壕的防御能力已经在金建国前就显现出来（下一章节将具体介绍）。

金长城以实际出发，因地制宜，构造特殊、简单而实用，通过网状规划来达到抵御草原骑兵的效果。金长城通过界壕防御系统、军事聚落防御系统和烽传驿传系统来实现自身防御的整体性和系统性，并通过设置军区的方式对长城军事防御体系进行分片分层级的管理。和前代长城及附属设施相比，金长城的界壕防御

[1] 吉人. 是不同认识还是走入误区［N］. 中国文物报，2004.

图1-13　内蒙古地区金界壕
（图片来源：解丹、张碧影拍摄于2017年。）

工程更为严密，纵深设置的军事聚落防御更为体系化，信息传递工程更为制度化和专业化。金长城的一些特征，都为明长城所沿袭（图1-13）。

以往对长城边墙作用有理解上的偏差。王国维在《金界壕考》中提到："界壕者，掘地为沟堑，以限戎马之足；边堡者，于要害处筑城堡以居戍人。"金长城界壕的主要目的并不是阻止敌人进入，而是增加敌人进攻的难度和延缓敌人进军的速度，其与墙体高大的明长城边墙作用有本质的不同。明边墙通过其工程的宏伟与严密，战斗防御力之强，来阻挡敌人越雷池一步，且其在某种意义上有着明显的观赏、娱乐性质。

所以，需要从不同角度来看待金长城和明长城的区别，不能因为其构造简单就不将其作为长城范围，或认为是长城发展史上的倒退。

金朝采用壕堑的建筑形式是很多客观因素决定的。在此粗浅的讨论其客观决定因素。

（一）地理位置因素

在南攻北防的政策下，金北疆的防御主要针对的是游牧骑兵。而金的西北疆域广阔，《金史·地理志》中对西北疆域的记载有："金之壤地封疆，东极吉里迷兀的改诸野人之境，北自蒲与路之北三千余里，火鲁火疃谋克地为边，右旋入泰州婆卢火所浚界壕而西，经临潢、金山，跨庆、桓、抚、昌、净州之北，出天山外，包东胜，接西夏，逾黄河，复公历葭州及米脂寨，出临挑府、会州、积石之外，与生羌地相错。复自积石诸山之南左折而东，逾挑州，越盐川堡，循渭至大散关北，并山入京兆，络商州，南以唐邓西南皆四十里，取淮之中流为界，而与宋为表里。"①

大兴安岭以西、阴山以北，是蒙古人放牧之地。金长城界壕的位置位于历代

---

① （元）脱脱. 金史·地理志［M］北京：中华书局，1975.

长城的最北边,其岭南长城东起嫩江中游,沿大兴安岭走向,经过锡林浩特高原和浑善达克沙地,后与阴山山脉相连而西向,直达黄河河套东部。

从中国大地理环境看,金长城主要位于内蒙古高原,海拔高度大部分在1000～1300米,地势由西向东缓缓倾斜。地面开阔坦荡,起伏和缓,地表结构单一。高原大部分地区风沙地貌较为发育,不利于构筑各种防御工事,具有易攻难守的特点[①]（图1-14）。

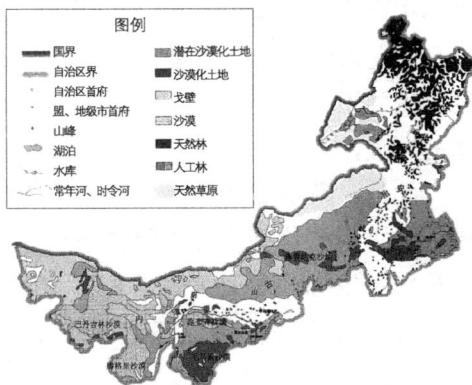

金长城经过了内蒙古多个沙地:呼伦贝尔沙地、科尔沁沙地、浑善达克沙地;这些地方地表、地下多沙,土质很松散,缺乏团聚性（俗称黏性）,难以夯筑成墙;即使勉强筑成,也是很不坚固,易于破坏。匈奴人对汉长城、蒙古人对明长城,都曾不断加以破坏。特殊的地理环境,对边防军事工程的修建,不能不产生深远的影响[②]。在北方沙漠草原地区,由于缺乏可以夯筑城墙的土源,故而采用了开凿边壕的办法。采用挖堑壕的形式,主要是地理条件决定的。

图1-14　内蒙古自治区地貌图
（图片来源:《中国绿色版图》,2001。）

（二）气候因素

在金时期正处于中国气候的第三个寒冷干旱期（1000～1900年）,虽然在1100～1300年间有一段短暂的回暖期,但整体温度还是以寒冷干旱为主[③]。

在《三朝北盟会编》卷三中,这样记载:"北方沍寒,九、十月坚冰盈尺矣。"在其第二十一卷中记载:"（冷山）地苦寒,四月草终生,八月而雪。"记载中所提"冷山"位于黑龙江省哈尔滨市五常县冲河乡境内,其纬度和内蒙古霍林郭勒差不多,属于东北路界壕中段。

由此可以看出,金代当时的气候十分寒冷,可以进行工程施工的时间段很短,但如果是挖土浚壕的话,时间范围可以相对宽松。

（三）政治因素

金长城修建的过程可以说是一波三折,曲折发展。金朝野内在是否修筑长城这一事情上意见分歧很大,多次因为意见不合而停止修建或对已经修筑的长城进行停工。这也从侧面看出,金朝并没有倾全力来修筑界壕。

《张万公传》记载了章宗明昌间修筑长城时候出现的朝野矛盾,"初,明昌间,

---

① 胡阿祥,彭安玉,郭黎安. 兵家必争之地［M］. 海口:海南出版社,2007.
② 景爱. 中国长城史［M］. 上海:上海人民出版社,2006.
③ 王会昌. 2000年来中国北方游牧民族南迁与气候变化［J］. 地理科学,1996（08）.

有司建议，自西南、西北路，沿临潢达泰州，开筑壕堑以备大兵，役者三万人，连年未就。御史台言：'所开旋为风沙所平，无益于御侮，而徒劳民'。上因旱灾，问万公所由致。万公对以：'劳民之久，恐伤和气，宜从御史台所言，罢之为便'。后丞相襄师还，卒为开筑，民甚苦之。"①

由此说明金长城修建持续时间长，但真正修建的时间并没有那么长，其间也经常受到干扰。除了人为的反对，还有由于自然灾害而导致的人力不足，譬如金朝的旱灾，黄河的溃坝等问题。

此外，蒙古威胁不断加强，迫使金朝速成边防，也是采用堑壕御敌的重要原因。古代的边壕为什么经久不衰，与长城长期共存？这是因为同修筑高大墙体相比，挖掘边壕更为省工省力，而且在短时期内即可完成，以满足边防的紧急需要。金代完颜襄主持挖掘的临潢路边壕长达300余公里，竟然在"五旬"完成②。

（四）针对性因素

北方少数民族在与农业民族的战争中多占优势，其中主要原因就是其灵活机动、快如闪电的骑兵团。同为北方少数民族的女真族在长期的生活中早已对游牧民族的骑兵有深入的了解。

金长城守护的第一道防线就是散布在金长城周边的少数民族部落组织和牧群组织。其民族成分主要是契丹、乌古、迪烈、汪古等，故其生活状态与蒙古无异，同属于传统的游牧民族。他们性格好斗，坚韧顽强，早已适应了变化无常的干旱气候。骑射之术是他们重要的谋生武器，狩猎则是磨砺战斗意志，学习战略战术的重要途径。故游牧民族的骑射和围猎之术在其战争中发挥了重要作用。他们的骑马战术，不求路径，随处疾驰，机动灵活，进退迅猛③。

骑在马背上的战士利用高墙，建坚固敌楼，利用女墙的射口进行防御的样子，这种情形是不可能出现的。鉴于边疆戍防军队（兵种）的游牧性，其对戍防形式是必然要根据游牧骑兵的特点来选择的。可以说，金长城界壕工程是完全适应骑兵防御的一种最优建筑形式。

正如上节所言，其界壕的目的并不在"阻挡"，而是在"延缓"和"设障"。在考古者实地踏查金长城中发现，金边堡在选址上并没有和秦汉以及后来的明长城一样，并没有按照"因边山险、以河为塞"的原则，边堡一般都选择修建在山下缓坡台地上，即便遇有高山，也并没有筑堡于山巅之上。这可以说与游牧民族的战争特点也有很大的关系。

这也侧面反映了金朝对西北防御是以机动形式的野战以有效打击敌人。这种

① （元）脱脱. 金史·卷100·张炜传［M］北京：中华书局，1975.
② 景爱. 中国长城史［M］上海：上海人民出版社，2006.
③ 马骏骐. 试论古代蒙古人的战略战术［J］贵州大学学报（社会科学版），1999（03）.

军事战略至今仍是兵家常用的战略。

（五）参考借鉴

金建国前，女真人就对长城有一定的认识。"曷懒甸长城"，是高丽（今朝鲜韩国区域）在疆域北境也就是女真南端修筑的长城，辽兴宗重熙二年（1033年）筑毕，西自鸭绿江口，东抵定州都连浦。在辽干统时期高丽多次以长城为后盾，过长城与完颜部女真人征战。受此启发，女真部落在未建国前就已经认识到作为战争防御设施的界壕的重要性。

在灭辽侵宋，疆域不断扩大过程中，目睹了防止北方骑兵南下的古代长城遗迹，燕赵长城、秦汉长城、北魏长城、北齐长城等，这些又加深了女真的长城防御观念。从金长城工程构造特点等方面分析，很多构造形式，如马面、女墙、烽燧等，都受到历朝长城的启发。

在《金史》卷94中曾记载赞赏在完颜襄主要负责修筑的金代界壕段："迹襄之开筑壕堑以自固，其犹元魏、北齐之长城欤？"说明在金朝筑长城时对元魏和北齐的长城还是比较了解的，且持肯定态度。

而金长城主要的修建年代位于章宗之后，即金中后期，与蒙古振兴时间一致，这就更能说明此时的金朝对蒙古的畏惧心理加重，更依赖于消极防守。当然，这与金朝自身国力衰败也不无关系。

第二章　金长城的军事防御体系

金代一直贯彻北防南侵的军事战略，逐渐形成了金西北疆域以防御为主的大型军事防御体系——金长城。其利用严密的军事防御工程体系来形成西北疆的战争防御工事，并在当时的社会制度基础上形成了一套独特的军事管理机构来完成对金长城戍防军队的管理。

作为一个完整的防御系统，金长城军事防御体系不仅包括军事防御工程，还必须具备长期的戍防军队以及相应的配套管理制度、机构和资源供给机制。金长城的综合防御能力主要依靠于其自身的军事防御体系的整体性和系统化。这个整体性又表现在界壕防御系统、军事聚落防御系统和信息传递系统三大方面的结合。

本章以金长城军事防御体系的整体性为研究重点，基于对金长城防御工程体系中的各组成部分的释义和剖析，阐述了金长城的军事管理机构职能以及长城戍边军队与长城防御工程的关系，来深刻认识金长城，为后文的写作奠定基础。

第一节　金长城的军事防御工程

在整个防御工程体系中，金长城依靠长达万里的界壕及其边堡来构筑西北疆域的线性防御带，利用其军事聚落层次体系来完成北部疆域内南北纵深的网状大防御，通过其信息传递工程来实现军事信息的有效传达。金长城的综合防御能力主要依靠于其自身的军事防御体系的整体性和层次性。

金长城军事防御体系，概括地说，其主要包含了三个方面：长城界壕防御系统、军事聚落防御系统和信息工程传递系统。通过这多个密不可分的子系统来完成长城防御体系的整体性，从而达到良好的防御性（图2-1）。

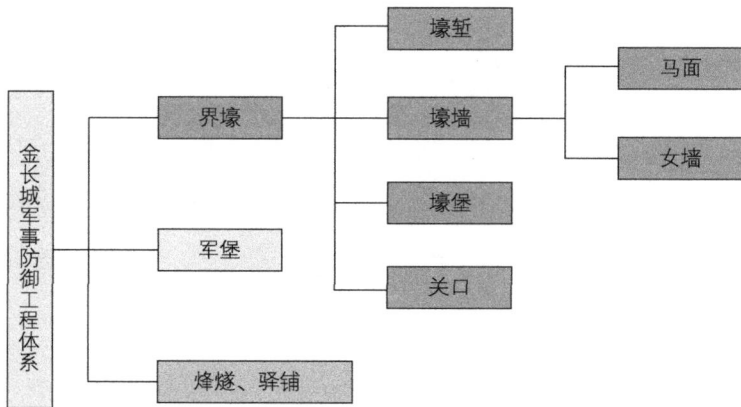

图2-1　金长城军事防御工程体系分解图
（图表来源：解丹绘制。）

一、金长城界壕防御系统

金长城界壕防御系统，是由长城界壕、壕墙（又称"堤"，界壕旁边的墙体）、墙体上的马面、女墙等组成的。

虽然金长城与明长城都为万里长城，但长城建筑形式却完全不同。金长城主要是通过主线与支线的前后网状布局，以长壕和土墙的构筑形式来防御敌人进攻。金代长城主线比支线增修副墙、副墙和马面，形制有所区别。金长城这种壕墙结合的双障结构是针对北方游牧民族骑兵的特殊构造形式的，可以增加骑兵攻打难度。

由于蒙古骑兵速度很快，在界壕戍守的战士第一时间发现敌人，便会通过烽火传递系统告知屯兵城将士，并依靠界壕防御工程为掩护，先进行远距离战斗，利用边壕的设置，延迟骑兵到达墙体、军事聚落的时间，金军大部队到来时与剩下来的残余势力作战。即使蒙古骑兵越过长壕，金军也在延长的时间内达到了集合、准备的效果。因此，作者认为，金长城界壕的作用与明长城的边墙有显著的不同，明边墙高大、坚固，依山就势，其主要目的是为了不让敌人逾越。而金长城的界壕却不同，其主要目的是为了延缓敌人进攻的速度，在其进攻中造成一定损失，而并没有处心积虑地阻止对方通过。

（一）壕堑与壕墙

金长城采用屯土筑壕的方法，借此以阻止蒙古骑兵的进攻。因呈现为堑壕状，故又称为"界壕"、"边壕"等。依据地区的战略重要性高低，金界壕配有单壕单墙、单壕双墙、双壕双墙等类型。双壕双墙形制是从内至外由主墙、内壕、副墙、外壕四部分组成，最宽处达50~60米，最窄处约30米。重要地段有双壕双墙连续并列。从整体来看，位于内蒙古和黑龙江交界带的东北界壕，其质量为最高，修筑大多是就地取材（图2-2、图2-3）。

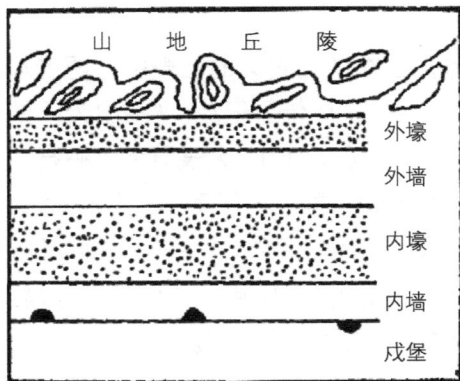

图2-2　金界壕平面示意图
（图片来源：项春松. 巴林左旗金代临潢路边堡界壕踏查记. 北方文物，1987（02）。）

图2-3　黑龙江齐齐哈尔市金界壕
（图片来源：解丹拍摄于2012年。）

壕堑，即壕沟，一般为倒梯形，宽度不一，从2～50米皆有，壕深4～6米不等。一般壕宽仅需要长于马身，由此防止马匹从壕内腾冲。挖壕时取土直接筑成墙。

平坦之处的壕相对宽些、深些。如是双壕，外壕一般窄于内壕。最西北侧的壕，即外壕，外侧一般多贴近山丘或山岗缓坡，掘壕越深，则外墙越高（图2-4、图2-5）。

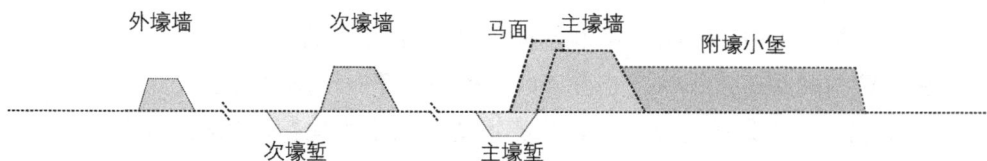

图2-4　金长城界壕防御工程示意图
（图片来源：解丹绘制。）

壕墙，即壕旁紧邻的墙体，又称堤或墙垒，一般为正梯形，宽度不一，基宽10～12米，顶宽1.5～2.5米不等，高1～5米不等。墙体多为土石堆筑，间有夯土筑（夯层厚约10～20厘米）、堆沙土筑、堆土筑、堆石筑。

如是双墙结构，内墙要高于外墙，宽于外墙，质量好于外墙。在东北路较好的界壕墙体上有驰道。内墙墙基以里，即金长城带以内，地势一般都

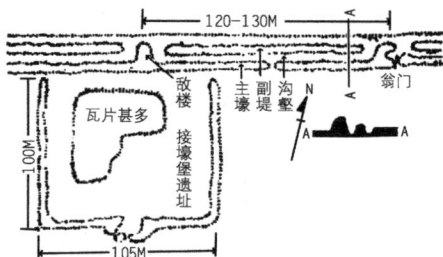

图2-5　界壕防御工程平面结构示意图
（图片来源：李文信. 金临潢府路界壕边堡址. 辽海引年集，1947。）

开阔、平坦，利于屯戍。从外壕到内墙，较宽处可以达到45～50米。在个别平缓山坡地带，除修主副墙外，另加修外墙一道，如科右中旗昆都仑乡河北屯新艾里[①]。

故，在金长城中，壕堑和壕墙是统一体，且在《金史》的记载中，两者都可以泛指界壕防御工程。《金史》列传第三十八《张炜传》记载："炜出为同知镇西军节度使事，转同知西京转运使事。是时（承安五年），大筑界墙，被行户工部牒主役事。"这里说的"界墙"与上文"界壕"是同一个意思。换句话说，《金史》里用的大多数"界壕"也有说成是"界墙"的。另外，《金史》卷44《兵志·禁军》使用了"城堡濠（壕）墙"、卷93《宗浩传》使用了"壕垒"等词。这也可以看出金修筑长城对地下壕堑和地上的壕墙是同等重视的。

---

① 庞志国. 金东北路临潢路吉林省段界壕边堡调查［M］//中国长城遗迹调查报告集. 北京：文物出版社，1981.

（二）马面与女墙

马面作为城防的一部分，早在东周时期就出现在城堡建筑当中，秦汉时已相当普遍。虽然秦汉长城规模壮观，且边墙大部分为土石结构，但在长城墙体上并没有使用马面。马面作为长城防御中的一个组成元素，是在金代开始的。也就是说从金长城开始，长城的墙体具备了防御阵地的功能。不得不说，这是金长城在中国长城史上的一个进步，是从非作战阵地向作战阵地的重要转折点（图2-6）。

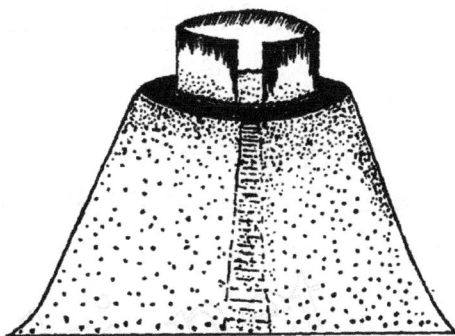

图2-6 金界壕马面示意图

（图片来源：项春松. 巴林左旗金代临潢路边堡界壕踏查记. 北方文物，1987（02）。）

所谓马面，即界壕内墙上向外突的部分，半圆造型。作战时相邻两个马面间可形成交叉射击网，来攻击接近和攀登城墙的敌人，大大提高了城墙的防守功能和驻军的战斗力[1]。在金长城干线的主墙外一般附筑马面，马面的密度大者，一般在60～300米左右，类似城堡的城墙外马面密度；密度小的有500～1500米左右，多筑于河口，山岗及界壕转弯处。马面伸出墙外的距离3～5米不等，直径在6～10米左右，高出墙身1米左右。马面平时起传递信息的"烽燧"作用。战时为堡，可以藏兵、组队、羽射，以封锁、拦击来敌。

宋辽金时代随着兵器不断发展，种类繁多，攻击距离越来越远，再加上火器的使用，当时的兵器攻击力越来越强。从金代兵种上也可以看出来，在金建国后，女真特别发展了炮兵，且火箭在金一朝都在使用。宋之前，马面上的敌楼多使用木料，为木质结构。火器的普及使木质敌楼成为防御的薄弱环节，所以自宋朝以后，这种木质敌楼的存在逐渐减少。在《守城录》卷二上有记载："马面，旧制六十步立一座……其上皆有楼子，所用木植甚多，若要毕备，须用毡皮挂搭，然不能遮隔大炮，一为所击无不倒者。……今但只于马面上筑高厚墙，中留品字空眼，以备觇望……必不能为害。"故金朝的长城界壕在设计中很少再在马面上使用敌楼，上部也不挑出，只列雉堞而已。

当然明长城中经常使用敌楼，其中很大的原因是因为敌楼的构造更为坚固，为砖石结构。在夯土结构的边墙上也很少出现敌楼。

女墙是在壕墙顶面边缘位置为防御而建起的矮墙，守兵可通过女墙掩护而攻击敌人。可能是因为位置高而被破坏，或因年代长久自然或人为的破坏，在现代考古中未有发现女墙，但在史籍记载中确有此物。《金史·章宗本纪》中记载：

---

[1] 中国文物学会专家委员会编. 中国文物大辞典（下册）[M]. 北京：中央编译出版社，2008.

在金世宗大定年间，修筑金长城西北路，未建女墙副堤，故在章宗承安年间补筑。由此可知当时女墙是普遍存在的。

（三）关口

金长城通常在河流经流处和重要的交通要道处设置关口。金长城之关口，即在界壕上开设一缺口，两侧是界壕。关口主要有两种形式，一种为甬道式，一种为瓮门式（图2-7）。

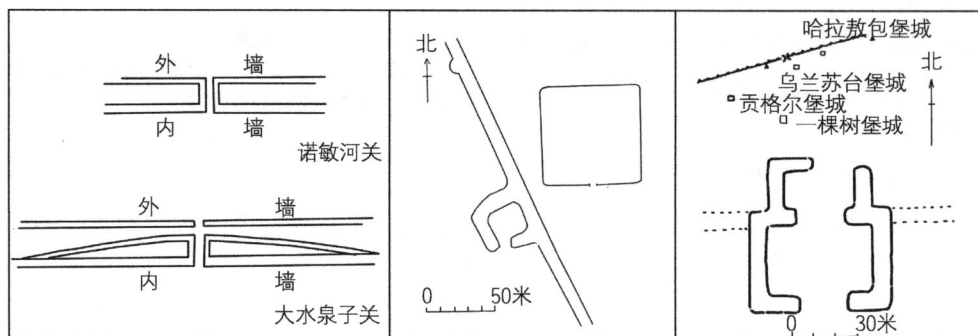

图2-7　金长城关隘举例示意图
（注：左图中上为诺敏河关隘：位于诺敏河右岸约1公里处。此处双重壕墙相距10米。主墙底宽约15米，高3米，副墙底宽约8米，高约1.5米。关隘通道两壁墙与主墙规模相同，通道宽3.5米，长35米；下图为大水泉子关。位于扎兰屯大水泉子大队南3公里处。此处双重壕墙相距约20米。在主、副墙之间有一段300米的弧形墙，两端与主墙合拢，中间开有豁口。通道两壁墙已破坏，残宽约15米，长约45米。左一、左二图片来源：赵玉明. 岭东金代长城调查. 内蒙古社会科学（文史哲版），1993（01）。左三图片来源：克什克腾旗博物馆. 克什克腾旗金代界壕边堡调查. 内蒙古文物考古期刊，1991（07）。）

关口在长城防线上都是战略要害部位，也是防线最薄弱位置，敌人进攻时会作为首选目标。故在关口后方部署关城，借以戍防。关口一般设置在界壕与疆域内外的交通要道相交之处，附近地面平整，且有水源。除上述两种关口形式，还有少量关口平面多呈方形，规模与边堡类似，内部建筑遗迹很少，此类关口数量较少。

二、金长城军事聚落防御系统

长城的修建位置都在靠近疆域边界的地方，人烟稀少，而需要常年戍守的长城，必须有屯兵和供给的基地。金长城也是如此，界壕防线需要屯兵驻守，并依靠屯田制度来保障其长期戍守，而这一屯兵系统根据边疆军政机构发展成了边墙或界壕沿线的军事聚落。因此，长城军事聚落防御体系就是由线性界壕屯守和其沿线密布的军事屯兵系统形成的南北大纵深的防御组织。

　　金长城军事聚落自身是有层次性的，这种层次性与军事管理的层级性有密切的联系。但因为金代历史文献资料的贫乏，现在并没有明确的结论。可以根据考古调查，按军事聚落的建筑形制和地理位置的不同，大致分为三类：边堡、屯兵堡、重要城堡。

　　在长城军事聚落防御体系中，大量的屯驻兵力的堡寨为重要主体，成为整个体系的经络。根据军事部署，屯兵城也设有不同级别，其防御兵力驻扎及指挥行政是根据防务及军需等因素来建立和分派的，其级别与驻扎内的指挥行政级别是呼应的，且职权管辖亦层层相属。

　　这些军事聚落分布较为规律。其作用有三：其一，位于长城界壕周边，通常只有戍卒，为长城守边，是纯军事性质；其二，位于行政中心与长城界壕之间，作为长城的纵深防御手段，并同时起到联系作用；其三，位于行政中心之左右，起到对其拱卫和较强防御的作用。

　　按照军事聚落的功能来进行区别，可分为三大类：边堡、屯兵堡和指挥堡。

（一）边堡

　　边堡：基层的防御单位，听从上级边堡指挥。可分两种：障堡，依托长城为一面堡墙，另筑其他三面墙（图2-8、图2-9）。戍堡，独立成堡，位于界壕内侧居多，距离金界壕40～1000米远近不等。这些沿线密置的戍堡有利于就近驻防，左右呼应。

　　在金长城军事聚落的实际修筑中，边堡层级的军事聚落的设置并不是一致的，障堡与戍堡可能同时存在或者只设置一种。

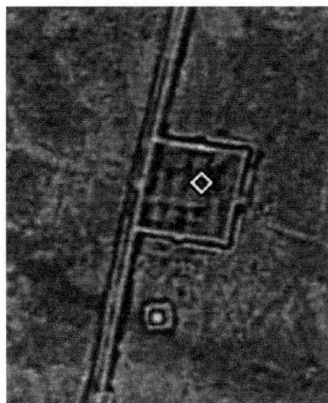

图2-8　壕堡平面示意图
（图片来源：Google Earth 地图截取。）

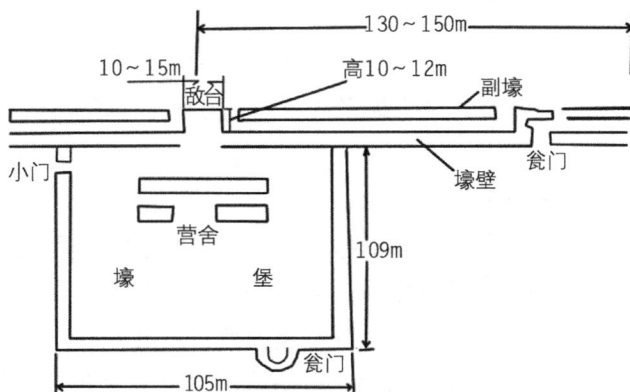

图2-9　壕堡平面布置图
（图片来源：《中国军事史》编写组．赵秀昆等执笔．中国军事史·第6卷兵垒．北京市：解放军出版社，1991。）

（二）屯兵堡

　　屯兵堡：驻屯军队，有军事职能部门，统领本堡内所属戍堡的守军，以及本地段内的战守事宜，部署所辖界壕、烽燧等工程设施的守卫工作。屯兵堡一般多选择河谷交汇处或者高台地，位于界壕附近的边堡内，距界壕不远。

屯兵堡的大小不一，规模小者防御设施相对单薄，平面多为正方形，一般在南墙正中开一门，个别加筑瓮城。大者结构相对复杂，有些内外两层城墙，三面或四面开门，设瓮城，部分堡城墙外有马面且有挖壕。堡内有军官办公居住的地方（图2-10）。

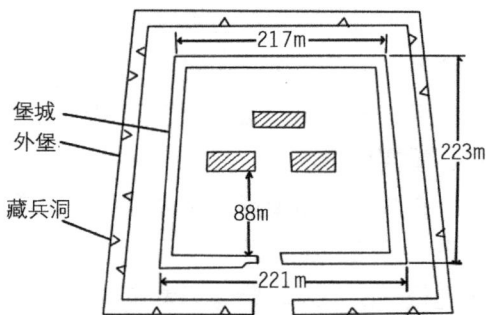

图2-10　屯兵堡平面示意图
（图片来源：《中国军事史》编写组. 赵秀昆等执笔. 中国军事史·第6卷兵垒. 北京市：解放军出版社，1991.）

（三）指挥堡

指挥堡：屯驻大量军队，有军事职能部门和行政职能部门，统领下属各边堡。通常为路下州城或是其下辖支郡，并在战时作为指挥机构所在地。一般重要城堡面积多在百万左右，内部结构复杂，城内有功能分区，道路清晰，城防设施完备。重要城堡还有生产与贸易等其他职能。

军事聚落的级别与面积大小有很大关系，级别越高，城面积也就越大，反之亦然。但也存在特殊情况，这样的关系并没有普遍性。所以城的级别主要是依据其所驻守官兵级别来决定的，而且不是固定不变的。

三、金长城烽传系统与驿传系统

界壕呈线性分布，与之相关的信息传递与物资运输等需要合理配置才能有效地应敌作战。这就出现了信息传递工程，包括烽燧、驿铺，以及道路交通等设施。

（一）烽燧

烽燧的作用是及时报警，主要是通过燃放烟火传递军事信息，告知上级前线敌方的情况。金界壕作为警备线，警报系统是重要的组成部分。

由于金界壕遗迹保存不是很完整，很多地方分不清是马面还是烽燧，或者原本二者的功能就是兼有的。许多研究者认为城墙外附带马面的小边堡是烽燧[1]。另些认为金界壕烽燧主要设在主壕墙，也有部分设在壕堑附近。金长城的烽燧遗迹很少，金南线东北路长城东段只发现4座人工修建的烽燧，其余都是利用自然

———————————

[1] 庞志国. 金东北路临潢路吉林省段界壕边堡调查 [M] //中国长城遗迹调查报告集. 北京：文物出版社，1981.

高地而达到烽燧效果的。

《金史·仆散揆传》中这样记载:"营栅相望,烽火相应,人得悠田牧。"① "烽火相应"即指烽燧按间距布置,遇有战事等情况可以相互传递信息。这个记载是针对西南路而言,即说明金南线西南路长城一定有烽燧的设置。通过东北路界壕发现烽火台的情况推断,临潢路和西北界壕也应有烽火台。

（二）驿铺

金长城防御体系中的驿铺属于军事交通设施②,其主要作用是交换军情信息、保障军事物资运输安全和递送公文的人员或往来官员暂住、换马等。其规模与屯兵城堡类似,也有城防设施,但这种建筑类型在金史中介绍很少③。

金世宗时设置递铺④,递铺由兵部统一管理,管理严密。递铺一般修建在主要军事交通路线附近,且在交通路线上多驻有军队。到了章宗时期,为了适应日益增多的战事需要,设立了速度更快的"急递铺"组织,有明显的军事性质,设立时间与元祖铁木真称帝同年。在《金史》中有这样的记载:泰和六年（1206年）六月,"初置急递铺。腰铃转递,日行三百里,非军期、河防不许起马。"⑤

金设提控急递铺官来统一管理控制递铺⑥。"该军马路十里一铺,铺设四人,内铺头一人,铺兵三人,以所辖军射粮军内差充"。递铺的任务为"凡元帅府、六部文移,以敕递、省递牌子,入铺传送⑦"。在递铺中的差役被称为急递役,佩有腰铃、敕牌,行于军事要道,铺铺换人,铺铺换马,日夜兼程,可达到"敕书日行五百里⑧"。

在史籍中记载,金在与西夏相接的府州内设置了"边铺",为边境地区具有军事性质的特殊驿铺,但并不清楚在金北部边境地区是否有这样的"边铺"设置。西部边铺是为了刺探西夏军事情报,了解其军事动向,并及时传递军事信息。边铺军不是国家正规军队,属招募兵。

金长城是一道漫长的万里防线,其能够完全发挥作用必须依赖于军事防御体系的整体性。它的整体性就表现在界壕防御工程、军事聚落防御工程和信息传递工程三大系统的紧密结合。因此,不难看出,金长城与其他朝代长城的防御工程

---

① 贾洲杰. 金代的长城 [M] //中国长城遗迹调查报告集. 北京:文物出版社,1981.
② 金代的道路交通由兵部和工部共同分工管理,兵部掌镇戍、铺驿、障塞、险阻、远方归化之事;工部管山林川泽之禁、道路桥梁、江河隄岸等事。
③ 梁民. 驿传交通系统. 引自中国长城网。
④ 金初的邮驿制度承袭北宋,在全国普设驿馆、递铺和边铺,由兵部统一管理。实行驿牌制度,分金牌、银牌和木牌三种。
⑤（元）脱脱. 金史·章宗本纪四·卷12 [M]. 北京:中华书局,1975.
⑥（元）脱脱. 金史·徒单镒传·卷99 [M]. 北京:中华书局,1975.
⑦（元）脱脱. 金史·百官志一·卷55 [M]. 北京:中华书局,1975.
⑧（元）脱脱. 金史·百官志一·卷55 [M]. 北京:中华书局,1975.

体系的组成是相同的，其防御目的也是相同的，只是在工程中的建筑形制上有所区别和突破。

金长城和前代长城相比，其建造特点突出、形制独特，防御工程中带有明显的游牧特征。界壕防御工程的规划布局更为严密，形制更为完备与适用，专为骑兵的戍边防御而设计的。其墙、壕并列，增筑关城与瓮城、普遍使用马面以及军事聚落的纵深防御与烽燧、驿铺的相关配置，使金长城防御体系更为完善有力，其中一些优秀的设计均为后世明长城所继承。

四、金长城军需屯田系统

军需后勤的供应是否及时关系到战争的胜败和战争的持久与否，也是长城军事防御体系中重要的组成部分。

一般情况下，屯田基本上可以维持本地军队的消耗，但在作战时就需要从他地运输粮草进行补给。粮草运输动用兵力、民力、财力均比较大，单就耗费兵力上讲"若兴师十万，辎重三之一，止得驻战之卒七万人[①]"。

军屯制度起于汉代，沿至金朝后，由于金在军制上的特殊性，而出现了显著的变化。董耀会在《万里长城纵横谈》中归纳到："辽金以前的屯田是边镇屯田，辽金则是遍地屯田；以往军屯地区重在外境，辽金的是内外皆有"。

金代的屯田是在猛安谋克制度下发展起来的。猛安谋克作为军事组织和生产组织的综合体，具有战斗和生产的双重职能：闲时生产（佃渔射猎），战时自备武器军粮上战场。女真族的士兵有兵役的义务，但无其他的徭役负担[②]。由于金朝的猛安谋克户具有亦兵亦农的特点，那么设仓积谷储备的粮食也就有了军粮的意义。

金朝在沿边地区设立了类似于历代边防屯田的军屯，从军队中抽调人员组成镇防军，分番更代，且耕且战。

（一）金北疆屯田的开始

金军在早期与辽军作战时就开始学会进行屯田，开始设置屯田区。金初期的屯田是以军屯为主的，而且作为在金长城的主要管理机构，招讨司治下也多为军屯。女真、契丹、奚等猛安谋克且耕且战，下属的乣也存在大量屯田。永屯军驱军是"国初所免辽人之奴婢"，长期驻扎在边疆，也有一定量的屯田。招讨司所辖地区条件艰苦，其所属地区大多也为半农半牧区（图2-11）。

① （宋）沈括. 梦溪笔谈·卷11·官政［M］. 台北：台湾商务印书馆，1986.
② 张印栋. 中华文明史话·屯田史话［M］. 北京：中国大百科全书出版社，2003.

在金东北路大小军事聚落考古中出土的铸铁农具，大小规格不一、质量不一。在甘南县18座大小古城堡内，没有发现一件小型铁制农具，在普查中陆续发现了为数不少的代用石制农具，工具制作简单，分工明确。由此发现，金屯田初期很长时间内，屯田规模不大，条件十分艰苦，耕具也不先进，更不充裕，且铁是非常紧缺的，石制代用品很多，十分笨重，还有一些小型石制农具^①。

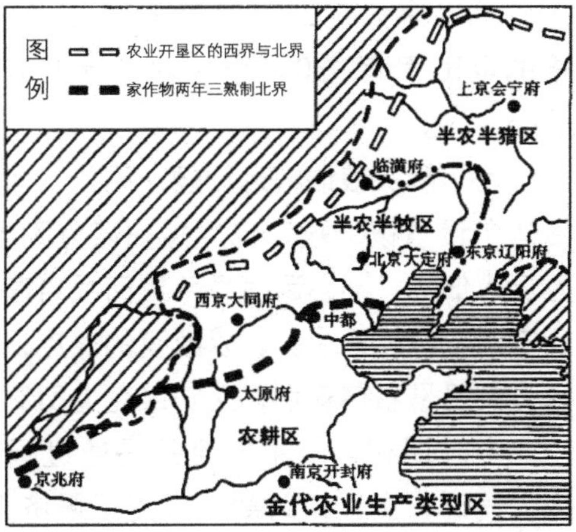

图2-11　金代农业生产类型区示意图

（图片来源：韩茂莉. 辽金农业地理. 北京：社会科学文献出版社，1999。）

（二）金屯田的扩展与和籴制度

金除了发展边疆屯田外，还在内地开始屯田。其主要目的在于加强控制汉人，也使猛安谋克户自谋生活资料和军粮器械。1133年左右，金创建屯田军，将东北地区的女真猛安谋克迁入内地，筑寨于村落之间，不属州县，计其户口，授以官田。移屯点已经遍布华北、西北各地，屯田区域大大扩张了。大定初，"宗叙尝请募贫民戍边屯田，给以廪粟，既贫者无艰食之患，而富家免更代之劳，得专农业。"^②

金太宗时期，基本完成了灭辽和北宋战争，金疆土自北向南扩张，统治了大片北宋北部汉族居住区，金朝在东北的疆域基本稳定下来，开始考虑镇戍边境。为了给予边境戍户军粮，金朝开始有了和籴制度的雏形。大定十六年（1176年）九月，"谕左丞相纥石烈良弼曰：'西边自来不备储蓄，其令所在和籴，以为缓急之备。'"^③大定十八年（1178年），"命泰州所管诸猛安、西北路招讨司所管奚猛安，咸平府庆云县寔松河等处遇丰年，多和籴^④。"由此看出，金和籴区域已经推广到西北地区、东北地区。

金熙宗时期，金宋实现和议，战争暂时结束，疆域基本稳定。屯田制度在此时开始成熟，出现了囤地分配，出军给米的制度，且金朝的和籴制度开始初步确立。皇统五年（1145年），金朝征服淮河以北地区后，金熙宗创设猛安谋克屯田军，把女真、奚、契丹等族人从其本部迁到中州，与汉人杂居，按人口多少给予官田，进行屯田。

至此，自燕京南到淮陇地区遍布屯田军，村落之间筑满寨垒，多达五六万

---

① 吉艳华. 金代东北路界壕（长城）的屯戍 [J]. 理论观察，2006（06）.
② （元）脱脱. 金史·卷71·宗叙传 [M]. 北京：中华书局，1975.
③ （元）脱脱. 金史·食货志五·卷50 [M]. 北京：中华书局，1975.
④ （元）脱脱. 金史·食货志五·卷50 [M]. 北京：中华书局，1975.

人。据世宗大定二十三年（1183年）统计，大名府、山东、河北、关西诸路的屯田军有130多个猛安，计39万多户、390多万人，约占猛安谋克人口的63%[①]。

为了解决粮饷粮运问题，明昌二年（1191年），李愈上奏"拟自临潢至西夏沿边创设重镇十数，仍选猛安谋克勋臣子孙有材力者使居其职，田给于军者许募汉人佃种，不必远挽牛头粟而兵自富强矣[②]。"金朝末年屯田严重衰败。同时，猛安谋克户严重缺员，以致有的谋克只有25人，四个谋克就组成一个猛安，猛安谋克制已是名存实亡，猛安谋克屯田制度随之瓦解。

金时期和籴的主要目的是通过国家收购粮食来满足政府和军队的粮草供应；同时，金世宗时期，也用于赈济灾荒；而章宗时期，也用于平抑物价。金代和籴制度在金朝中前期对于满足朝廷需要、赈济灾民和平抑物价起到了重要作用，但在后期则蜕变为掠夺和盘剥。

金代的屯田巩固了疆域，很好地解决或缓解了驻军的军粮供应问题，同时对边疆地区农业经济的快速发展起到了促进作用。辽金之后的元明清三朝亦均有屯田，它们的屯田或多或少受到辽金屯田的影响，特别是元代更为明显。[③]

第二节 金长城的军事管理

作为一个完整的防御体系，金长城不仅包括军事防御工程，还必须拥有长期戍防军队以及相应的配套管理制度、机构和资源供给机制。在严密的金长城军事防御工程之外，还需要有与之匹配的长城军事管理，才能更好地发挥金长城的防御功能。

一、金西北疆域行政区划

金朝行政机构的发展演变是一个不断发展完善、逐渐汉化的过程。金建国后就对政区进行了设置，西北疆域的行政区划大体是在金熙宗时期才定型，海陵、世宗时期为置废更张时期，章宗时期为调整定型时期[④]。

作为北方政权，金朝有着自身独特之处。其与前朝辽代是不同的：辽是个"半牧半农的国家，兼有两种不同的社会经济形态，并且两种不同的社会经济形态在国家经济生活中比重相当"；[⑤]反映到政治制度上就出现了北、南面官制。辽

① 张印栋. 中华文明史话·屯田史话［M］. 北京：中国大百科全书出版社，2003.
② （元）脱脱. 金史·李愈传·卷96［M］. 北京：中华书局，1975.
③ 张印栋. 中华文明史话·屯田史话［M］. 北京：中国大百科全书出版社，2003.
④ 王明荪. 东北内蒙地区金代之政区及其城市发展［J］. 史学集刊，2005（07）.
⑤ 王超. 图说金戈铁马的交汇——辽西夏金［M］. 长春：吉林出版集团有限责任公司，2006.

时虽有大片汉族聚居的地区，统治中心仍在草原，皇帝四时捺钵，流动理政，双轨治国，国家体制的二元性十分明显。而金的统治重心进入了中原，虽然制度也有二元性的特点，但两种制度是被配置在同一运转体系中协调运行。从本质来看，金已然成为传统的中原制度了。

（一）金的"京"与"路"

金灭辽后承袭辽的五京，在名称上没有做改变，至天眷元年（1138年）金熙宗（1135年～1149年）把都城的会宁府升为上京后，才将辽的上京改为北京，辽的南京称为燕京，故共有七京，即北京（临潢府）、中京（大定府）、西京（大同府）、上京（会宁府）、东京（辽阳府）、燕京（析津府）、汴京（开封府）[①]（见文后附表五）。

贞元元年（1153年），由于金政治中心上京会宁府远离中原地区，于是迁都燕京，改名为中都大兴府（今北京市西南）。于是形成了中都大兴府、北京大定府、西京大同府、东京辽阳府及南京开封府的五京格局。但只维持了20年的时间便又被打破，在大定十二年（1173年），会宁府的上京名号又重新恢复了。

金都中都，另建五个陪都，号五京，即上京（治会宁府）、北京（治大定府）、东京（治辽阳府）、南京（治开封府）、西京（治大同府），于京各置留守司。从此到金朝末年，大体是此六京的规制。

在地方行政制度上，金朝在其发祥地仍然采取部族制度，但是在所占据的原辽、宋地区，则承继北宋的制度，即分路进行治理。

金朝实行路、府、州、县四级政区制。分全国为19路，主要包括中都、北京、东京、西京、南京、上京、咸平、山东东、山东西、河北东、河北西、河东北、河东南、京兆府、凤翔、鄜延、庆原、大名府、临洮路等。

路为金最高一级行政区。路下统府和州。见于《金史·地理志》的还有蒲与、合懒、恤品、曷苏馆、胡里改、婆速府等路名，但这些路仅同府、州，且不领县。19路以下领属散府9个、节镇州36个、防御州22个、刺史州23个、军16个、县632个[②]。金朝的路设置四使：都总管府，这是承袭的辽朝都总管府而来的，起先负责管理军民事务，后来分设统军使司后，才专管民政，金的分路大体就是依据都总管府来分设的；转运使司，负责管理财政，与宋朝相同；提刑使司，负责司法监察，和宋朝的提点刑狱司相同；统军使司，负责管理军事。在路的区域划分上，都总管府、转运司及提刑司三路的分划也不完全相同。

金代共置有30府，其中京府六，置总管府者14，余为散府。府分属于19路，每路辖一府至四府不等。府下领县。

---

① 程妮娜. 试论金初路制［J］. 社会科学战线，1989（01）.
② 李晓杰. 体国经野·历代行政区划·制度文明与中国社会丛书［M］. 长春：长春出版社，2004.

金长城防御体系与军事聚落

金的州均上统于路，下领有县。州一级政区又有散府、节镇州、防御州、刺史州、军的分别。还有隶属于上京路的蒲与、曷懒、速频、胡里改四路和隶属于东京路的曷苏馆、婆速二路，也是相当于州一级的政区，由于不领民户而只领猛安谋克，所以不叫府州而称为路。另外，上京、北京、西京等路又辖有边境诸部族。

金代的县计有632，属府或州。有些县内置有镇、堡、寨等（见文后附录三金北疆行政区划表）。

（二）金长城与西北疆域政区城市发展的同步性

金长城位于金西北部疆域，横跨金北京路与西京路。在长城的北部一般没有行政建置，长城军事防御工程体系所经过的州县见下表2-1。金长城的形成与金西北疆域政区城市发展是有同步性的。

金长城军事防御工程体系所覆盖的西北疆州县　　　　表2-1

路	管辖区域路、府、州	品级	建置	县	建置	镇
北京路	大定府 户籍数64047	京府（中）	辽为中京，金国初因辽为中京，贞元元年（公元785年）更名北京	大定县	（倚），辽为县	恩化镇
				松山县	辽为松山州松山县，金天辅七年（1123年）置观察使，皇统三年（1143年）废州来属，承安三年（1198年）隶高州泰和四年复	
	全州盘安军 户籍数9319	节度（下州）	承安二年（1197年）	安丰县	（倚），金改丰州铺为县，初隶临潢府，承安元年（1196年）	
北京路	临潢府 户籍数67907	总管府（下府）	金国初上京，北京，天德二年（1150年）改名置路，大定（安）后罢路来属	临潢县	（倚）	
				长泰县		
				卢川县	以黑河铺升隶全州，承安二年（1197年）	
				宁寨县	泰和元年（1201年）	
				长宁县	辽永州县故名，金废州来属，皇统三年（1143年）	
	庆州玄宁军 户籍数2007	刺史（下州）	辽祖州，怀州奉陵军，金废州改置，皇统三年	翔平县		
	泰州德昌军	节度东北招讨司	辽长春州，金正隆置初隶上京大定廿五年罢，承安三年（1198年）复置	长春县	辽长春州升韶阳军，天德二年（1150年）降为县隶肇州，承安三年（1198年）来属	

56

路	管辖区域 路、府、州	品级	建置	县	建置	镇
西京路	西京大同府 户籍数98440	京府 （中）		大同县		奉义县
				云中县		
				宣宁县	辽德州宣德县，金大定八年 （1168年）更名	窟龚城 （镇）
				怀安县		
				天成县		
				白登县		
				怀仁县		安七疃 （镇）
	丰州天德军 户籍数22683	节度 （下州） 西南路招 讨司	辽德州应天军改天 德军西京路西南 路，金皇统九年 （1149年）天德总 管府，大定元年 （1161年）降置	富民县	讨司，辽县	振武镇
	桓州威远军 户籍数578	节度 （下州） 西北路招 讨司	金西京路西北路招 讨司，明昌七年 （1196年）改刺史	清塞县	（倚），金置录事司，明昌四 年罢录事司置	
	抚州镇宁军 户籍数11380	节度 （下州）	辽秦国大长公主建 州，金明昌三年 （1192年）置刺史 为桓州支郡，承 安二年（1197年） 升节度	柔远镇	燕子城，大定十年（1170 年）置县，隶属德州，明昌 三年（1192年）来属	
				集宁县	金春市场，明昌三年 （1192年）升置	
				丰利县	金泥泺，明昌四年（1193 年）升置	
	抚州镇宁军 户籍数11380	节度 （下州）	辽秦国大长公主建 州，金明昌三年 （1192年）置刺史 为桓州支郡，承 安二年（1197年） 升节度	威宁县	金抚州新城镇，承安二年 （1197年）升置	
				望云县		
				矾山县		
				龙门县		
	昌州 户籍数1241	散州	狗泺，天辅七年 （1123年）建昌县 隶桓州，明昌七年 （1196年）后置隶 抚州，后来属	宝山县		
	宣德州	刺史		宣德县		
				宜平县		

续表

路	管辖区域 路、府、州	品级	建置	县	建置	镇
西京路	云内州开远县 户籍数24868	节度 （下州）		柔服县		宁仁镇
				云州县	曷董馆，金初升裕民县皇统元年（1141年）曷董馆，大定二十九年（1189年）升置	
	宁边州 户籍数6072	刺史 （下州）	金国初镇西军初隶岚州后升防御	宁边县	正隆三年（1158年）	
	东胜州 户籍数3531	刺史 （下州）	古东胜城，金国初武兴军	东胜县		宁化镇

（数据来源：王明荪《东北内蒙地区金代之政区及其城市发展》。）

1．金长城修建初期

金长城的兴建是在金初开始的，当时北方占有辽大部分领土，社会仍不稳定，长城的修建也没有大兴土木，规模较小。在太宗、熙宗时期，完成了以上京为防御中心的长城布局后，结束了金长城修建的第一阶段。与此同时，金代在政区城市发展方面也有所发展。

金兴灭辽，复承继辽之疆域。太祖前后时期，由于处于扩张征战之际，金代沿用辽代政区建置与城市化的城池为基础，北方疆域内的各级政区城市，大体沿用辽代旧城，新建者甚少。

金初太宗、熙宗时期，此为金代政区建置的初创时期，并且在此阶段大体定型，其中以天会、皇统年间建置较多[①]。

2．金长城修建后期

由于都城南迁，防御中心南下，金长城空间规划布局出现重大调整，经历了过渡时期后，金长城开始了第二阶段的长城发展、建设时期。这个阶段的建设工程宏大，投入大。经历了海陵王的过渡时期，熙宗的完善时期，最后于金章宗末期进行修补和重建至完成。

同时在政区城市发展方面，海陵王、世宗时期为政区建置的置废更张时期，属金代政区建置的中期。以天德、大定年间较为频繁。最后为章宗时期，为调整定型时期，而以明昌、承安年间调整为多。

由上可以看出，金长城的发展形成过程与金代西北疆域政区建置发展过程具有明显的同步性。且从考古城址发现数量而言，在内蒙古和东北地区的金代新建城址以猛安谋克堡寨和边堡数量为最。

---

① 王明荪. 东北内蒙地区金代之政区及其城市发展 [J]. 史学集刊，2005（07）.

二、金代军事管理制度与机构

"长城是我国奴隶社会向封建社会转变的产物……是为了保卫封建私有制而出现的，它是封建社会的产物……[①]"这句话在金朝一代有了更清晰的验证。

金长城的修筑者，女真族，在建国前仍处在氏族社会阶段，在建国后汲取辽代与宋代的成熟制度，才逐渐从奴隶制向封建制转化。金初的许多制度在北方多延袭辽旧制，在南方宋旧地多实施宋制。故金朝的政治制度转变过程是极其复杂的，直至金中后期才完成，终形成了自身的制度体系。这整个转变过程对金的边疆治理产生了极大影响，其军事制度一直南北殊同，不断调整。金长城的形成和发展经历了整个社会的转变过程，是在金北疆军事体制不断成熟过程中发展起来的。

金朝是以女真族为主体，联合汉、契丹、渤海等建立起来的一个多民族政权，其政治制度也体现了多民族的特点。金在建国前，女真族实行部落联盟会议的军事民主制。《文献通考》中记载：女真凡临战事，军事首领即召开联盟议事会议，"无尊卑，皆自驭马，粟粥燔肉为食，上下无异品。有大事适野环坐，昼灰而议，自卑者始。议毕，不闻人声。军将发，大会而饮，使人献策，主帅择而听焉。合者则为特将，任其事。帅还，又大会，问有功者，赏之金帛，先举以示众，众以为少则增之[②]"。建国以后，金朝中央军事统领机构，大致经历了中央辅政勃极烈到元帅府和枢密院的演变。

（一）中央辅政勃极烈制

金开国前后，完颜阿骨打是军事最高统帅，实际上并没有专门的中央军事机构，具有原始社会部落议事会的遗风。建国后成立了中央辅政勃极烈制，其成员可视为金最高统帅部成员。

随着金朝疆域的扩大，为了适应战争的需求很快建立了专门的军事机构。中央辅政勃极烈制的军事职能被内外诸军统所取代。

（二）都元帅府

金太宗天会三年（1125年）始有都元帅府，府内主要设置都元帅，左、右副元帅，元帅左右监军，元帅左、右都监，共七官（图2-12）。

王曾瑜在《金代军制》中认为，都元帅府不一定为统一的中央军事机构，且都元帅也不一定握有实权。金初的编制为猛安谋克的女真部族军，当时的军帅、都统、猛安并无地位高下，也无隶属关系。

---

① 景爱. 中国长城史［M］. 上海：上海人民出版社，2006.
② 赫治清. 中国兵制史［M］. 北京：文津出版社，1997.

改行汉官制度后，都元帅改由直接
统兵作战的军事统帅担任，元帅府设在
前线。皇帝直接向元帅府发号施令。最
初，都元帅府（完颜杲）设于京城会宁
府，左副元帅府（完颜宗翰）、右副元帅
府（完颜宗望）分别设于西京大同府和
燕京析津府。但其帅府位置经常变化，
通常主帅的位置决定了帅府的位置，且
元帅府的数量在一到七个之间变化，可
多可少。

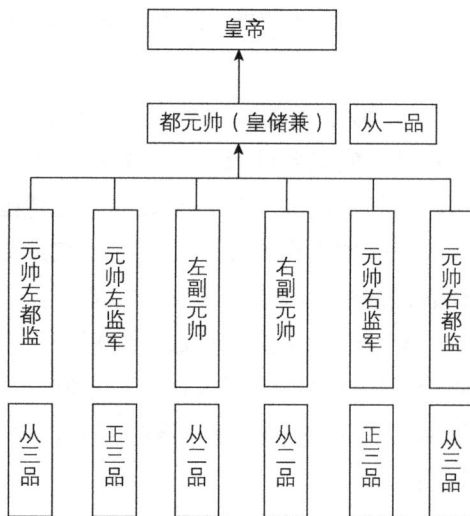

图2-12　都元帅府机构示意
（图表来源：解丹据王曾瑜《金代军制》整理绘制。）

（三）枢密院

金初实施女真族传统的勃极烈制度，
对于所占领的辽地尚可使用，但当进入
燕云汉地后，便行不通了。于是开始奉行女真旧制和汉制的双重体制，史称"辽
南、北面官僚制度[①]"。金初的"南面官"，是指汉地枢密院制度，相对的"北面
官"，主要指当时实行于统治阶级之内的勃极烈制度。

两枢密院从属于左、右副元帅府下的行政机构。金天眷元年（1138年），金
熙宗改燕京枢密院为行台尚书省。至此作为行政机构的枢密院在金朝政治体制中
不再出现了。实行二十余年的勃极烈制度直至熙宗定官制后皆废，取而代之的是
"三省六部制"，由此金朝实现了政治体制的一元化[②]。

金海陵王完颜亮弑君上位，1150年废都元帅府，改设枢密院。仿宋制置枢
密院为最高军事统领机构，设置枢密使、枢密副使、签书枢密院事、同签书柜密
院事（正四品，大定年间增设）各一员。

到金世宗和金章宗时期，"枢密院每行兵则更为元帅府，罢则复为院。"恢
复了都元帅府统兵体制。据史籍中的记载除了金世宗初年和金章宗末年两次对宋
的战争中设置都元帅府外，其他时间都由枢密院来掌军。这与后期的作为北部疆
域最高军事机构的招讨司一致，在大作战时设置都元帅府掌兵，招讨使辅佐，其
余时期由招讨司自身来掌军。

在行政上枢密院受最高政务机关尚书省[③]节制。到后期，军务增多，枢密院
地位提高，相权与将权合并，以尚书兼枢密院事，统掌全国军事。

---

① （元）脱脱. 金史［M］. 北京：中华书局，1975.
② 都兴智. 辽金史研究［M］. 北京：人民出版社，2004：138.
③ 尚书省所属兵部为军事行政机构，掌兵籍、军器、城防、镇戍、厩牧、铺驿、郡县图志、
　　险阻、障塞、远方归化等事宜。由于枢密院执掌军务，兵部仅是次等军事机构，但两个机
　　构既非平等，也无上下级关系。

三、金长城的军事管理机构

金朝在都城前后设殿前都点检司、侍卫亲军马步军都指挥使司、拱卫直使司和武卫军都指挥使司，各置正副长官，负责宿卫宫室，戍守京城。在地方，设统军司、招讨司，分别以统军使，招讨使为长，统领各地驻军。海陵王时，除统军司、招讨司外，又于各地遍设总管府，置兵马都总管、副都总管，兼管本路军民两政。路下设州，州分为节镇州、防御州和刺使州三等，以节度使、防御使、刺史掌管本州岛军务。到金后期，又仿宋制，设置宣抚司、安抚司、经略司和招抚司等，或掌一路军事、民政大权，或为一州或数州的军事指挥机构①。

管理边防的军政机构分布在东京路、北京路、咸平路、上京路、临潢府路和西京路。金朝在疆域内的战略要地都有军队屯驻，除中都外其他五京也屯驻有相当数量的军队。根据《金史·兵制》将金屯兵地区分为"置兵之州"与"要州"两类。

"凡边境置兵之州三十八：凤翔、延安、邓、巩、熙、泗、颍、蔡、陇、秦、河、海、寿、唐、商、洮、兰、会、积石、镇戎、保安、绥德、保德、环、葭、庾、宁边、东胜、净、庆、来远、桓、昌、曷懒、婆速、蒲与、恤品、胡里改。置十一要州具有：京兆、太原、东京、益都、泰、盖、抚、临洮、临潢、丰、南京②。"

以上地区为金代的兵力的主要分布区，其中南京路、陕西四路、河东北路、北京路、上京路等为主要屯兵地带。长城防御体系涵盖的有：宁边、东胜、净、庆、来远、桓、昌、蒲与、东京、太原、临洮、临潢、丰、泰、抚等州。

因篇幅所限，且南北的军事管理与机构略有不同，故本书在此只讨论金北部长城边防事宜。

（一）金初军区设置——都统司、统军司、都统府

金承辽制在占领区设置都统司，长官为都统、副都统，其职能是统领军马镇戍一方。金初陆续设置的军区有黄龙路都统司、咸州路都统司、保州路都统司、南路都统司、泰州都统司、南京路都统司、奚路都统司、中京都统司、西北和西南路都统司等机构。随着疆域扩大，都统司成为金朝地方重要军事机构。都统司的兵力在开始时"每司五、六万人③"。

金前期都统司的名称不统一，又称统军司、军帅司等④。金太宗到海陵王时

① 赫治清. 中国兵制史［M］. 北京：文津出版社，1997：188.
② （元）脱脱. 金史·卷44·兵志第二十五［M］. 北京：中华书局，1975.
③ （元）脱脱. 金史·卷44·兵志［M］. 北京：中华书局，1975.
④ 都统、军帅、统军等名称，均为女真语都勃极烈异译。

期，以统军司的称谓较为固定，机构编制稳定。统军司设统军使一员（秩正三品）和副统军一员（秩正四品）。有时也袭用辽制设统军都监。"司衙中处理日常司事的官员和吏员有判官、知事、知法、书史、守当官、译书、通事、抄事、公使等[1]。"

都统府也称兵马都统府，其职能与统军司并无差别，但地位高于统军司。天会元年（1123年），设立西南、西北两路都统府。天会三年（1125年），改两路都统府为元帅府。海陵王正隆末，升陕西统军司为都统府。金世宗大定五年（1165年），又降陕西都统府为统军司。金章宗泰和六年（1206年）四月，升诸道统军司为兵马都统府，主要目的是对宋作战。泰和八年（1208年），金宋签订和约后，又改都统府为统军司。都统府最高长官为都统使、副使[2]。

元帅府、都统府、统军司其本质相同，只是在需要作战时因作战中心指挥部的设立而相应改变的名字，而具体更改的级别又与当时作战指挥的官职大小密不可分。

（二）金中期的军区设置变化——招讨司

太宗天会三年（1126年）侵宋后，虽然南部军区的设置变化不定，但北部地区的军区设置趋于稳定。在辽朝招讨司制度的基础上，金先后设置了西南、西北都统司来守护西北部边疆。熙宗时期，由于占领区的扩大和军事重心的南移，北方都统司的兵力有所减少，机构或撤或并，逐渐被总管府和招讨司代替其职。在海陵王统治时期，逐步形成了"统军司与招讨司的军事部署格局[3]"（图2-13）。

初期的招讨司，从属于某一个都统司。在太宗初年，作为西北边疆最高军事机构，西南、西北路都统司已经设立，西南、西北两招讨司分别隶属于两都统司。《金史》中记载："天会初，帅府以新降诸部大小远近不一，令怀

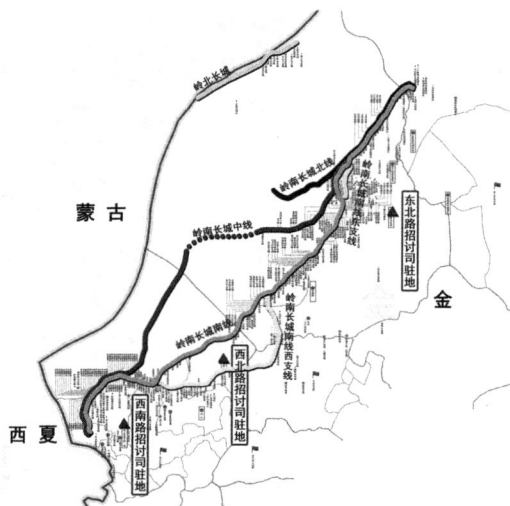

图2-13　金长城军事管理机构招讨司驻所位置示意

（图片来源：解丹绘制。底图来源：谭其骧. 中国历史地图集（第六册）. 北京：中国地图出版社，1982。）

[1] 韩志远. 中国军事通史·第十三卷·南宋金军事史 [M]. 北京：军事科学出版社，1998. 参见《金史》，卷57，百官志三.
[2] （元）脱脱. 金史·卷11·章宗纪三 [M] 北京：中华书局，1975.
[3] 王曾瑜. 金朝军制 [M] 石家庄：河北大学出版社，1996.

义易置之，承制以为西南路招讨使，乃择诸部冲要之地，建城市，通商贾。"①
因此，此阶段的西南、西北路招讨司的主要职能是为了加强金朝与西北归降部族
的联系，以便金朝有效管理它们，并"建城市"，"通商贾"。

后期招讨司的地位上升，与统军司的级别相当，两司官长均为正三品。招讨
司是一套完整官吏体系：招讨使一员，秩正三品，副招讨使二员，秩从四品。从
事司衙日常公务的有官员和吏员②。每司辖有一定数量的军兵，职责是"招怀降
附，征讨携离③"。金章宗泰和末年，西北路、西南路、东北路三个招讨司，分
设于桓州、丰州、泰州。招讨使至此成为金西北边疆军事机构的最高将领。在官
员选择上，"以重臣知兵者为使，列城堡濠墙，戍守为永制④"。招讨司是军事机
构，其上有枢密院直接统辖。发生大规模战争时，枢密院即为元帅府，成为最高
指挥机构。

据《金史》卷五七的《百官志》，统军使的职责是"督领军马，镇摄封陲，
分营卫，视察奸"，招讨使的职责记为"招怀降附，征讨携离"。王曾瑜认为，这
两种官职无实质性差别，但招讨使显示了金朝对北方少数民族的歧视。除了统军
司和招讨司这些固定军区地方领导机构，金朝也设置一些临时性军事机构，如行
尚书省、行枢密院、宣抚司和安抚司等机构，在此不再讨论（图2-14）。

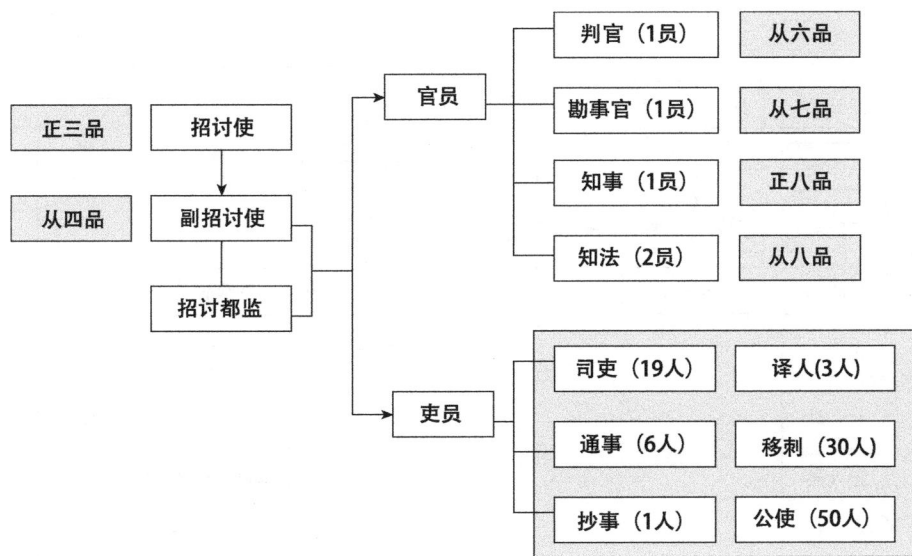

图2-14 招讨司行政机构详解
（图表来源：解丹据王曾瑜《金代军制》整理绘制。）

① （元）脱脱. 金史·卷81·耶律怀义传［M］. 北京：中华书局，1975.
② （元）脱脱. 金史·卷57·百官志三［M］. 北京：中华书局，1975.
③ （元）脱脱. 金史·卷57·百官志三［M］. 北京：中华书局，1975.
④ （元）脱脱. 金史·卷44·兵志［M］. 北京：中华书局，1975.

招讨使在金中期后兼任所在州的节度使一职，所以在某种程度上，招讨使并不只是拥有纯粹的军事职能，这一问题在后一章节详细论述。

（三）都总管府

都总管府与上述地方军事机构有些不同，它是按照金行政区划中的路来设置的。一般情况下，都总管府长官一身二任，既是地方军事首脑，又兼理民政，这与招讨司等军事机构有所不同。

金朝占领中原之后，在各路设都总管府，其职责是统领本路"兵马甲仗"，维护本地治安[①]。金在路、府、州、县四级建置确立以后，从南到北各路皆设都总管，在全国范围共设立21个都总管府[②]。都总管府也称兵马都总管府，主要下属各部有兵马都总管、同知都总管、副都总管等，下设总管判官、府判、推官、知法等。总管府的吏员，分为女真司吏和汉人司吏，人员数量各地不尽相同，基本上是按辖地人口的比例而设置。都总管秩正三品，与统军使、招讨使的品级相当（图2-15）。

各路都总管府管辖本路的散府（非都总管府）和各州的军事。金县一级不专设军事机构，县令只管民政。金州一级又分为节镇州、防御州和刺史州。节镇州设节度使、同知节度使、副使等长官，节度使从三品，同知节度使、副使分别为

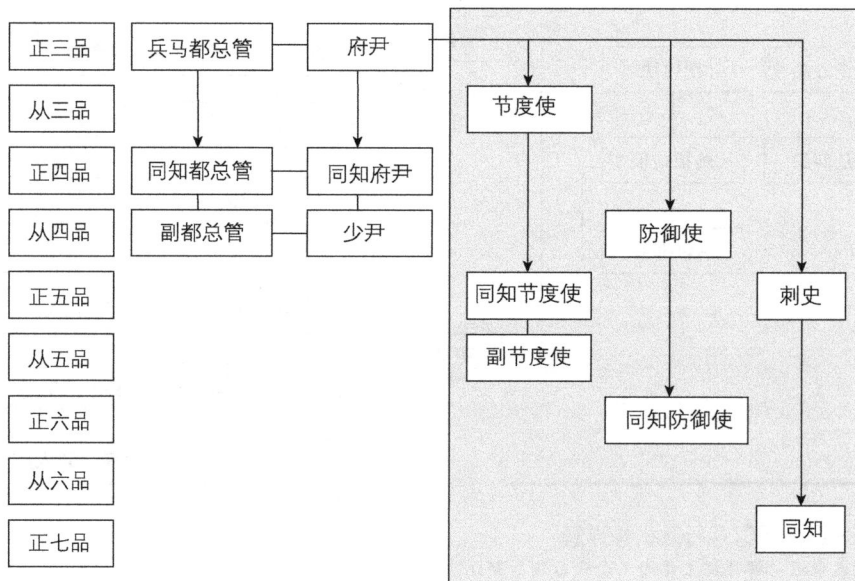

图2-15　兵马都总管府行政人员详解
（图表来源：解丹据王曾瑜《金代军制》整理绘制。）

① （元）脱脱. 金史·卷57·百官志三［M］. 北京：中华书局，1975.
② （元）脱脱. 金史·卷25，卷26·地理志［M］. 北京：中华书局，1975.

正五品和从五品。防御州的长官为防御使、同知防御使事，品级分别为从四品和正六品。刺史州的长官为刺史、同知，品级为正五品和正七品。节度使掌管"本镇兵马之事"，以及防御和刺史州的军事，实际上是本路都总管府下的"军分区"长官。防御使掌管本州岛军事，刺史负责本州岛的治安。平时，节度使、防御使、刺史都兼管本州岛行政事务。战时，都是统兵官。这体制充分体现了女真军政一体的传统制度[①]。

（四）猛安谋克

金代的"猛安谋克"具有军事、政治与生产的三种职能。作为地方管理机构的"猛安谋克"，同时具有行政与军事的双重职能。

太祖阿骨打即位第二年，即1116年，《金史》记："初命诸路以三百户为谋克，十谋克为猛安"。由此猛安谋克制度确立，女真人把快要崩溃的血缘氏族部落组织改进为拥有军事、政治与生产三种职能的地缘行政组织，同时，松散的原始氏族公社统治也随之转变为强大的国家机器统治[②]。

金朝在初期的地方上实行猛安谋克制度，中央建立了中央勃极烈辅政制度。当时的女真社会，政治制度处于早期形态，并无专门的中央军事机构，也尚未产生等级观念。女真的部落酋长称为勃极烈，汉语意思是官人或部长等，其称号仅表示不同于庶民的官长身份。勃极烈制度建于太祖，继行于太宗，熙宗时改定官制，勃极烈制开始向三省制转变，1135年被废除。在勃极烈辅政制度发展过程中，地方的猛安谋克制度也在变化。西北边疆地区的猛安谋克隶属于招讨司。

在熙宗时期，将三省六部制为主体的官僚制度确立后，开始把猛安谋克从女真官制纳入统一的中央集权国家的封建官制体系之中。在地方路、府节镇的行政区划之下建立州县、村社与猛安谋克村寨并存的双重地方行政统治体系。在《金史·百官志》中记载："猛安：从四品，掌修理军务、训练武艺、劝课农桑，余同防御……防御使：从四品，掌防捍不虞、御制盗贼，余同府尹……诸谋克：从五品，掌抚揖军户，训练武艺；惟不管常平仓，余同县令。"即猛安相当于防御州，高于刺史州；谋克相当于县，但地位高于县。一般的县令为从七品，赤县的县令才从六品，而谋克皆为从五品，与诸刺史州的刺史同级[③]（图2-16）。

海陵天德三年（1151年），"诏罢世袭万户官[④]"，改万户为节度使。猛安谋克作为奴隶制官制，在金官制封建化的初期被迁徙至中原，不断受到汉制的影响，而终向完全封建制演变。

① 韩志远. 中国军事通史·第十三卷·南宋金军事史［M］. 北京：军事科学出版社，1998.
② 程妮娜. 论猛安谋克官制中的汉制影响［J］. 北方文物，1993（02）.
③ 程妮娜. 论猛安谋克官制中的汉制影响［J］. 北方文物，1993（02）.
④ （元）脱脱. 金史·卷57·百官志三［M］. 北京：中华书局，1975.

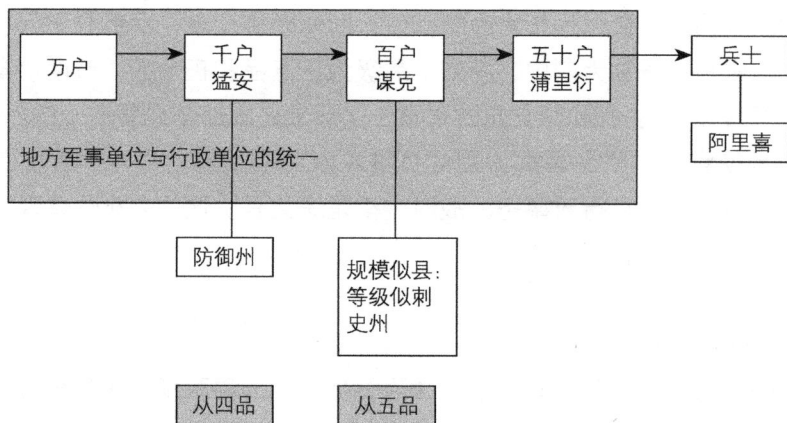

图2-16　猛安谋克行政人员与州县官员的官品对应关系
（图表来源：解丹据王曾瑜《金代军制》整理绘制。）

章宗时期，女真族封建化完成，完成了奴隶制官制向封建官制的变革，猛安谋克也发展成为了封建国家的军事屯田组织，遍布整个金代疆域[1]。

四、金长城军事管理职能

金代北疆域的边防驻军由三大招讨司来管理。《金史·兵志》载：招讨司"以重臣知兵者为使，列城堡濠墙，戍守为永制。"[2]金代招讨司作为西北边防最高机构，其责任之一就是"列城堡濠墙"，修建界壕边堡，且戍卫在此。在金防御中心转移后，长城的新筑、修缮与日常的戍防管理皆由三个招讨司负责（图2-17）。这部分在王尚的《金代招讨司研究》中有更详细的论述。

招讨司为守卫金西北边疆立下赫赫战功，除了长城戍防的职能，作为西北边疆军事管理的最高行政机构，还承担着其他的军事和民事职能。对内职能主要表现在管理驻扎在西北边境的契丹和奚等民族，以及金朝大量驻防签军；对外职能，通过榷场、赐宴、北征等手段管理西北诸部[3]。

（一）招讨司的军事职能

1．军队管理
西北边疆的军队管理对象包括两部分：一为招讨司本身属部的军事力量。二

---

① 程妮娜. 论猛安谋克官制中的汉制影响［J］. 北方文物，1993（02）.
② （元）脱脱. 金史·卷44·兵志［M］. 北京：中华书局，1975.
③ 金初西北面最重要的民族鞑靼分化为克烈、乃蛮、蔑儿乞惕、斡亦剌惕、汪古、广吉剌、塔塔儿、蒙古等部，诸部之间经常进行战争掠夺，基本上与金朝保持藩属状态，金朝通过招讨司来对其进行有效管理。

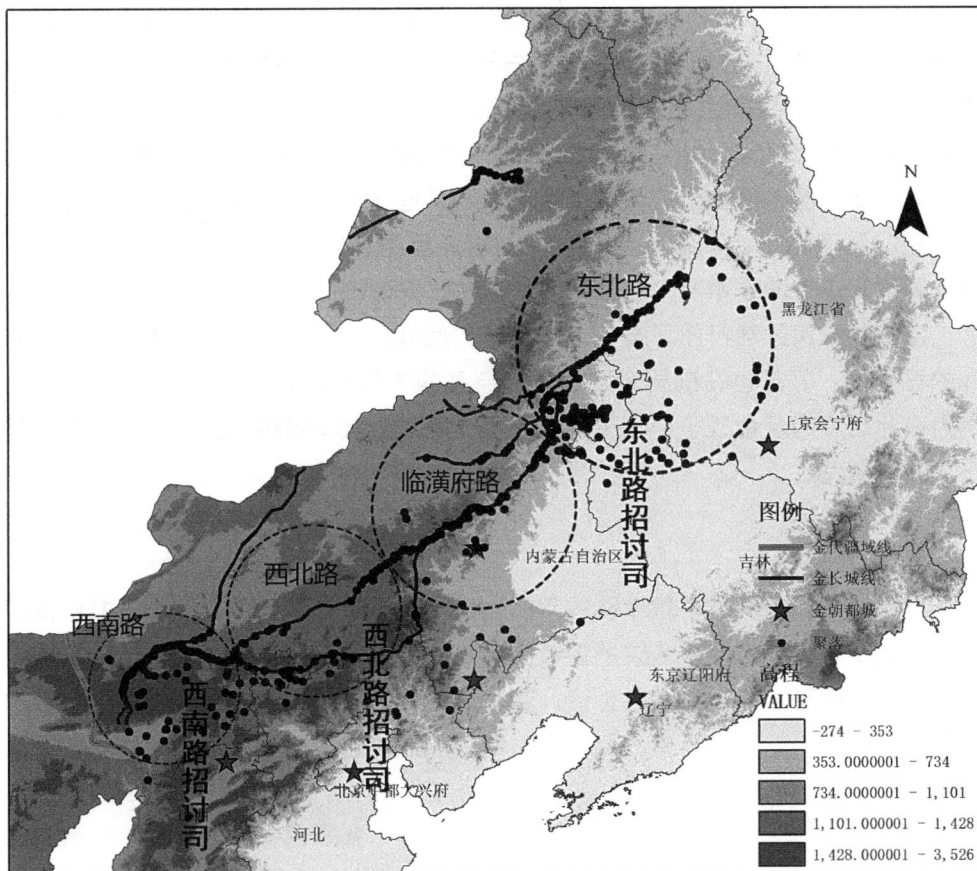

图2-17　金长城三大招讨司分布示意图

（图片来源：张碧影绘制，底图来源：谭其骧，中国历史地图集（第六册），北京：中国地图出版社出版，1982.）

为金朝大量的戍边签军。其中招讨司自身的军事力量又包括猛安谋克、部族军、糺军、驱军、忠孝军与合里合军。遇到大战事时，还会进行大规模签军。招讨司管辖的猛安谋克主要有女真、契丹和奚组成。

　　值得一提的是猛安谋克中的契丹部分。反辽时期，女真曾为了笼络契丹人授之以猛安谋克。立国后这些契丹人和辽时就居住在西北疆域的契丹人以及其他少数民族为金守边，所以边疆驻扎着很多猛安谋克，且以西北路招讨司居多。在《金史》中载，契丹人曰："西北路接近邻国，世世征伐，相为仇怨。若男丁尽从军，彼以兵来，则老弱必尽系累矣。"[①]而这点并没有被金朝统治者所重视，海陵王时期为了与南宋交战，在西北路大规模签军，终酿成移剌窝斡起义。这场起义时间较长，直至大定年间才完全被平定，西北路招讨司的大批契丹猛安谋克被撤销，并向内地迁移。

---

① （元）脱脱. 金史·卷133·移剌窝斡传［M］北京：中华书局，1975.

大定十七年（1178年），世宗"诏西北路招讨司契丹民户，其尝叛乱者已行措置，其不与叛乱及放良奴隶可徙乌古里石垒部，令及春耕作①。"世宗"遣同签枢密院事纥石烈奥也、吏部郎中裴满余庆、翰林修撰移剌杰，徙西北路契丹人尝预窝斡乱者上京、济、利等路安置②。"通过如此的措施，直接导致西北路招讨司下属的契丹猛安谋克人数大量减少，那些曾参与起义的契丹人被迁移到上京、济、利等路州，不曾参与起义的则被迁移到乌古里石垒部。同时西北路契丹、奚猛安谋克的军事实力也出现了明显的下降。

世宗的政策虽然打压了契丹人的力量，使其无法实现大规模聚集，降低了叛乱的可能性，但却也在削弱金西北疆域自身的边防力量，同时增大了民族矛盾。也为在此之后的蒙金战争中埋下伏笔，西北路成为蒙军重要的突破口，大多数契丹人完全倒戈。③

2．军队训练

招讨司需要负责其下辖军队的平时训练。在招讨司下属的军队中，其中的部族军和乣军一直都保持着传统的游牧民族特性，因而军队战斗力较强。但猛安谋克由于长期优厚的政策和安逸生活，其整体战斗力不断下降。虽然金统治者多次下令各招讨司，尤其是西南、西北招讨司，加强对猛安谋克的军事训练，但效果甚微。

《金史》中记载：大定二十二年（1183年），"命尚书省申勅西北路招讨司勒猛安谋克官督部人习武备④。"又于大定二十六年（1187年），诏令"西南、西北两路招讨司地隘，猛安人户无处围猎，不能闲习骑射。委各猛安谋克官依时教练，其弛慢过期及不亲监视，并决罚之⑤。"在明昌五年（1194年），夹谷清臣曾言"西南、西北等路军人，其闲习弓矢，亦非复曩时⑥。"但这些措施并没有奏效。

3．军事外交

金灭辽后，以前臣服于辽的北方部族纷纷改投于金。但与辽朝相比，金朝对西北诸部的统治还是很薄弱，西北疆域的边界争端从未停止。招讨司最主要的任务就是守卫金朝西北边疆，使之安定。在震慑伺机牟利的边疆诸部族、防御其他

---

① （元）脱脱. 金史·卷7·世宗纪中［M］. 北京：中华书局，1975.
② （元）脱脱. 金史·卷88·唐括安礼传［M］. 北京：中华书局，1975.
③ 王尚. 金代招讨司研究［D］. 长春：吉林大学，2011.
④ （元）脱脱. 金史·卷8·世宗纪下［M］. 北京：中华书局，1975：181.
⑤ （元）脱脱. 金史·卷8·世宗纪下［M］. 北京：中华书局，1975：194.
⑥ （元）脱脱. 金史·卷94·夹谷清臣传［M］. 北京：中华书局，1975.

少数民族入侵、攻击不断犯边的蒙古部等方面，西北三大招讨司发挥着重要的作用。

蒙古各部族总体上保持着与金朝的臣属关系，对反叛部族进行征讨。由于金朝对蒙古诸部的统治力量逐年减弱，而招讨司的治所又都设置在内地，这样就造成无法对北方的蒙古诸部进行有效牵制的局面，便只能对较近的汪古等部族实施有效管辖。

金对北部蒙古诸部的军事政策有二：一为相互牵制，同时削弱力量。金"每三岁遣兵向北剿杀"，[①]来削弱蒙古的势力。而且蒙古诸部之间也经常互相攻击，金往往通过联合一方来征讨另外一方，使其相互制约，互为仇敌，力量无法强大。最后达到分而治之的目的，并从中获利，抢夺大批牛羊等物资；二为收买笼络。通过对部落首领授予金朝官职，并利用赐宴、赏赐等手段收买笼络，达到有效控制。

4. 镇压叛乱

招讨司对内的主要职能就是镇压金北疆内的各族叛乱事件。金朝一直实施的是以女真为本的民族政策，《燕云录》中载"有兵权、钱谷，先女真，次渤海，次契丹，次汉儿[②]。"金朝初期，招讨司的地位不高，记载中对其职能介绍较少，直到海陵后期，招讨司成为了西北疆主要镇压契丹等部族的有力工具。由于海陵王在北部大量征兵，导致了撒八、移剌窝斡起义。这次动乱是金朝疆域内少数民族斗争中规模最大、时间最长的，它重创了西北路、东北路招讨司。

在金统治的一百二十年的时间里，各地各族的起义此起彼伏，这正是由于金朝统治者实施的歧视政策，并对其他民族防备、限制、削弱，这无疑使矛盾不断深化升级。就西北边境而言，主要是契丹人无休止的叛乱。耶律大石建立的西辽对那些心怀亡国之恨的契丹人有很大的吸引力，虽然金朝在早期实施了很多招抚政策，但是仍有大量契丹人流入西辽。

契丹人多聚居在西北路，由招讨司进行管理，替金朝守边，防卫蒙古诸部。但是由于金朝实施的政策严苛，民族歧视越来越严重，金世宗和章宗时期都以契丹和金朝不一心为由，差别对待。

金章宗时期，招讨司所属的契丹等部族叛乱次数再一次增加，规模也较以前有所增大。如发生叛乱，主要由最近的招讨司进行镇压，如果规模太大，则行省、行院将出台镇压。[③]

---

① （宋）孟珙. 蒙鞑备录，内蒙古史志资料选编第3辑［M］. 内蒙古地方志编撰委员会总编室编印，1983.
② （宋）徐梦莘. 三朝北盟会编·卷98，赵子砥. 燕云录［M］. 上海：上海古籍出版社，1987.
③ 王尚. 金代招讨司研究［D］. 长春：吉林大学，2001.

（二）招讨司的民事职能

1．羁縻政策

在戍守金长城的同时，各招讨司还承担着接受蒙古进献的任务。在金北疆的大部分游牧民族和金朝保持某种程度臣属关系，并向金朝入贡。金由招讨司接受他们的贡纳，并宴赐，安抚各部的领袖人物。

在海陵王时已经对此形成一系列的制度规定，派去纳贡的大臣一般为宰臣，有时为宗室。进贡的地点是固定的，金界贡场为净州（静州），位于西南路招讨司。由于宴赐花费巨大，在金章宗时规定"五年一宴赐，人以为便[1]。"

纳贡与宴赐是双方互相接触和试探的过程。金朝会根据这个过程信息，调整边疆政策和驻防情况。这些纳贡的部族也同时了解金朝的实力。

2．互通贸易

金朝在招讨司范围内设立榷场专门进行民间贸易，主要设置位置多集中在西南和西北招讨司内。

载"国初于西北招讨司之燕子城、北羊城之间尝置之，以易北方牧畜[2]。"贾敬颜在《从金朝的北征、界壕、榷场和宴赐看蒙古的兴起》中认为，燕子城又为燕赐城，是最初宴赐北边部族的地方[3]。燕子城在大定十年以前为西北路招讨司治所，可见其军事和政治作用。明昌元年取消西北路虾蟆市场。"集宁，明昌三年以春市场置，北至界二百七十里[4]。"由此推测位于西北路招讨司范围内的榷场有燕子城虾蟆市场、北羊城、和集宁，且都在柔远县境内[5]。"天山，旧为榷场"。天山[6]为西南路范围内榷场，是成吉思汗所在的蒙古部朝贡的地方。

榷场的作用不但是与周边部族进行民间贸易，也是金与中亚的联络点。金的贸易所得主要是蒙古各部族的马、驼等畜产品[7]；而同时，通过这种贸易，"铁"开始由金朝流向北方。蒙古原本"无器甲，矢用骨镞而已，盖以地不产铁故也。契丹虽通其和市而铁禁甚严。及金人得河东，废夹锡钱，执刘豫，又废铁钱，由是秦、晋铁钱皆归之，遂大作军器，而国以益强[8]。"在大定后期，金规定西南路招讨司的所有"军人有以甲叶贸易诸物，天德榷场及界外岁采铜矿，或因私挟

---

① （元）脱脱. 金史·卷96·李愈传 ［M］北京：中华书局，1975.

② （元）脱脱. 金史·卷50·食货志五 ［M］北京：中华书局，1975.

③ 贾敬颜. 从金朝的北征、界壕、榷场和宴赐看蒙古的兴起 ［M］//元史及北方民族史研究集刊，1985年3月.

④ （元）脱脱. 金史·卷24·地理志 ［M］北京：中华书局，1975.

⑤ 贾敬颜的《从金朝的北征、界壕、榷场和宴赐看蒙古的兴起》中认为虾蟆市场很可能是燕子城和北羊城中的一个。

⑥ 大定十八年，天山县升为净州，为丰州支郡。

⑦ 金卖出的商品在记载中很少，但一般情况下中原王朝向游牧民族输入的是粮食、药材、茶叶、纺织品等草原上的必需品。

⑧ （宋）李心传. 建炎以来朝野杂记·卷十九乙集·鞑靼款塞 ［M］北京：中华书局，2000.

兵铁与之市易，皆一切禁绝之[①]。"但最终还是有大量的铁以贸易或走私的形式进入蒙古，由此蒙古各部族开始大规模使用铁制武器。[②]

3.进贡与征收

按惯例招讨司每年需要向金朝进贡大量的马驼等牲畜和属地特产品，如西北路的鹰鹘、东北路的珍珠。为此招讨司大肆敛财，所辖民众苦不堪言。当有战事时，招讨司还要征收粮秣、马驼等，这给西北部族带来了沉重压力。随着北疆局势紧张，金的财政危机也越来越严重，征收数量反而越来越多。

除了以上的民事职能外，招讨司还具备着赈济救灾、司法管理等其他职能。当招讨司范围内出现天灾人祸时，朝廷会令其进行赈济救灾，救济的方式有无偿救济和赈贷。赈贷是需要灾民偿还的。招讨司对所属西北各部族还可行使司法权，"初，诸部有狱讼，招讨司例遣胥吏按问，往往为奸利。道请专设一官，上嘉纳之，招讨司设勘事官自此始[③]。"

（三）金长城军事管理的消极作用

不可否认，金西北边疆招讨司的军事作用维护了金疆域内的政治稳定。招讨司通过对北方少数民族诸部之间的力量平衡与削减，基本上使其与金朝保持藩属状态。利用榷场、赐宴、北征等手段对西北诸部进行羁縻政策，同时增强了金与外界的交流与贸易。

作为北疆的重要军事机构，招讨司掌握着金蒙之间绵延数千里的长城线，在震慑反叛势力和防范蒙古等部族侵扰等方面发挥着重要作用。在金世宗后期和章宗时期，招讨司多次与蒙古部族战争，致使其在很长时间范围内不敢对金有大规模犯边活动。

但在招讨司的军事管理中消极作用也是很突出的。金袭辽设置边疆部族军、群牧司等，其目的都是巩固边防、守卫北疆，镇压、征伐异己势力，供应充足兵力和马力。但金与辽相比，其政策是极为失败的。几乎每次北边有事，部族都站在敌对势力阵营中，这与金的社会制度和民族歧视政策是有紧密联系的。

同时女真猛安谋克却因为军备废弛、生活腐化而失去了战斗力。再加上后期蒙古对契丹等民族的招降和引诱，招讨司下属大量流入蒙古，作为攻金的向导和前锋，最终导致金自毁长城。

军备缺乏一直都是招讨司的主要问题。招讨司本身地处边疆，人贫地瘠，本身属部外还有大量的守边签军。在大规模修筑长城时也需要大量的人力物力，因此军需巨大。

---

① （元）脱脱. 金史·卷91·字术鲁阿鲁罕传［M］. 北京：中华书局，1975.
② 王尚. 金代招讨司研究［D］. 长春：吉林大学，2001.
③ （元）脱脱. 金史·卷88·移刺道传［M］. 北京：中华书局，1975.

作为北部边疆最高军事机构，招讨司也存在横征暴敛、贪污腐败的情况。招讨使上任时，按照惯例所属部族要向其进献马驼，有时多达数百匹。大多数招讨使都贪婪无度，属民有很多不满。曾有朝臣就此事上奏："招讨及都监视事，宜限边部馈送驼马。"①

第三节　金长城的戍防军

"金兴，用兵如神，战胜功取，无敌当世，曾未十年遂定大业②。"金代的兵制较之辽代更趋于完整和统一，其战斗力很强，但由于后期腐败的种种因素导致金猛安谋克的全面瓦解，金随即亡国。

12世纪初，完颜阿骨打带领2500人起兵反辽，仅用了12年的时间将辽与北宋两大帝国征服。然而，未及百年，女真人就尽失其往日的勇猛，在蒙金战争中不堪一击，迅速灭亡。后朝人总结称："金以兵得国，亦以兵失国，可不慎哉，可不慎哉！"由此可见，金朝的兵制在其政权发展中有着至关重要的影响。而在金朝兵制的沿革中，金朝的兴衰与猛安谋克制度的变化基本同步。

一、金朝军队构成总体概况

金军初期以骑兵为主，步兵居次。骑兵通常一兵二骑，混编作战。惯披重甲，装备弓箭。后来"铁浮屠"的重甲全装骑兵日渐兴盛，宋金战争中，这种重甲全装骑兵逐渐成为战场上最主要的突击力量。其外也有以汉军为主的步兵和少量水军。步兵武器以刀、枪、剑为主。水军主要为适应对宋战争，大致设于辽东、山东沿海地区，行政节制由水军都统制、都水使者等将领统帅，后期曾参战海陵战事。中后期因马源短缺，转以步兵为主。

金军中发展较快的属炮兵。从灭辽破宋战争的俘虏手中学到火药火器技术后，金大批生产震天雷、飞火枪等火药兵器装备部队，出现了专业性炮兵，以配合骑兵、步兵的作战。炮兵在城垒攻防战中的特殊作用被女真统治者在对辽、宋战争中充分意识到了，遂专门组建炮军，任万户以统辖，保证了在当时装备发展和实战运用上自己处于遥遥领先地位③。

金军的来源及组建比较复杂，前后变换，名号繁多。按其驻地和所负任务，大体可区分为中央侍卫军、边防驻屯军和地方治安军三类。

1．中央侍卫军：主要担负宫廷、京城戍防和出征作战的任务。包括：隶属于殿前司的从驾军、侍卫亲军、分马军和步军；隶属于拱卫直使司的威捷军；由

---

① （元）脱脱. 金史·卷92·曹望之传［M］. 北京：中华书局，1975.
② （元）脱脱. 金史·卷44·兵志第二十五［M］. 北京：中华书局，1975.
③ 刘庆. 辽夏金元军事制度概述［J］. 历史教学，1990（05）.

尚书省兵部控辖的防卫京城的武街军。金前期还有隶属于侍街亲军司的护驾军，由诸军中选拔的精锐编成，海陵王时裁罢。

2．边防驻屯军：是金军最为庞大的部分，驻守要地和边州，担负镇戍和征战任务。金朝戍军有多种名号，这些戍军均属于金朝的正规军，对于金朝的边防和地方治安起了重要作用。金朝戍军主要有镇防军、分番屯戍军、永屯军、永固军、边铺军等。由于戍守的地区、时间、分工以及身份的区别，因而出现军名各异、性质相近的现象。

分番屯戍军即按照年限、分几批轮流在各地屯戍，当时称为"分番更代"。分番屯戍军是金北边地区的戍军，"北边之地，不堪耕种，不能长戍，故须番戍耳"。经常轮换驻地的分番屯戍军与长期屯驻边界的永屯军是有分别的。边铺军是在河南、陕西边界地区戍守的军队。镇防军是金朝南部地区的戍军，其军有屯驻范围广、人数多、建军历史长的特点。永屯军、永固军则专门驻守一地。如中都永固军、北边临潢等处永屯驻军、上京路永驻军、诸北边永驻军等。金正规军屯戍区域主要是边境地区和重要州郡。

3．地方治安军：属于非正规性武装，负责维持地方治安，担负各种杂役。主要有各地仿宋制设置的士兵、弓手和保甲；有由官府出钱招募、充当各种杂役的射粮军；有由罪徒组成的担负修筑防御工事的牢城军；有负责修缮河堤的埽兵，等等。大抵都无征战任务。

金长城戍防军队属于北部边防驻屯军，包括永屯军和番屯军。

二、戍防军编制

招讨司统辖的军队有两部分战斗力量。其一是掌管着驻扎在西北边疆的大量签军，包括永屯军和分番屯戍军。其二是招讨司的属部：金朝把辽亡后在金西北的奚、契丹等部族，根据实际的情况对其授予猛安谋克、纠和部族。非战时，向其征收粮草和马驼，设勘事官处理其内部狱讼，遇灾时进行赈济。战时，由于其强悍的军事力量，充当前锋。招讨司对其属部和签军进行有效管理，确保了金朝西北边疆的稳定。

金军的编制大体有两种，一是女真族的猛安、谋克等六级编制。二是仿宋军的编制。边防驻屯军编制，沿袭女真传统，采取猛安、谋克等六级编制。

通常以百户左右为一谋克，千户左右为一猛安，猛安之上有万户，谋克之下有五十、十、五各级。从五至万户的统兵官，依次为五夫长、十夫长、五十夫长（蒲辇勃极烈）、百夫长（谋克勃极烈）、千夫长（猛安勃极烈）和万夫长（忒母勃极烈）（图2-18）。

《金史》卷44《兵志》记载：金之初年，诸部之民无它徭役，壮者皆兵，平居则听以佃渔射猎习为劳事。有警则下令部内，及遣使诣诸孛堇征兵，凡步骑之仗糇皆取备焉。其部长曰孛堇，行兵则称曰猛安、谋克，从其多寡以为号，猛安者千夫长也，谋克者百夫长也。谋克之副曰蒲里衍，士卒之副从曰阿里喜。部卒之数，初无定制。至太祖即位之二年，既以二千五百破邪律谢十，始命以三百户为谋克，谋克十为猛安。继而诸部来降，率用猛安、谋克之名以授其首领而部伍其人。……及来流、鸭水、铁骊、鳖古之民皆附，东京既平，山西继定，内收辽、汉之降卒，外籍部族之健士。猛安谋克军的编制由伍长到万夫长都有定制。《三朝北盟会编》卷三载："孛极烈，官人。其职曰忒母，万户。萌眼，千户。毛毛可，百人长。蒲里偃，牌子头。孛极烈者统官也，犹中国言总管云。白五户孛极烈推而上之，至万户孛极烈，皆自统兵。缓则射猎，急则出战。……队伍之法，伍、什、百皆有长，伍长击柝，什长执旗，百长挟鼓，千长则旗帜金鼓悉备。"作为官名，全称应加勃极烈，即猛安勃极烈，谋克勃极烈。

猛安谋克的兵员又分为正兵和副兵两类，正兵称为甲兵，副兵叫阿里喜。据宋人记载，女真人的猛安谋克"每一甲兵各有两人或一人为阿里喜（本朝所谓傔人）"。"休长者为正军，矮弱者为阿里喜"，"以一阿里喜副一正军"，"又有一帖军曰阿里喜，如遇正兵病，即以帖军代行"。《金史，金国语解》："阿里喜，围猎也"。说明这种兵分正副的组织形式和女真人氏族时期的围猎组织有密切关系。当他们外出打猎时，同氏族或同家族的人组成一个围猎团体，身体健壮者负责围捕猎物，而身体矮弱者则充当阿里喜，从事供应饮食、物资、工具或搬运猎物等后勤工作。

金建国前后实行举族皆兵的族兵制，随着灭辽破宋战争的发展，对兵员的需求越来越大，于是从海陵王天德元年（1249年）开始，又强迫汉人当兵，并制定了徵集汉人当兵的制度，这就是所谓"签军"，签军即徵兵。"每有征发及边衅，辄下令签军，使远近骚动，民家丁男，若皆强壮者，或尽取无遗，号泣动乎邻里，嗟怨盈于道路"，征集对象并不只是汉人，凡年二十岁以上，五十五岁以下者，都一律纳入军籍，听候散调，"戍边军士年五十五以上，许以其子及同居弟、侄承替，以奴代者罪之[①]"。此外，金朝还兼行募兵制，如射粮军就是官府

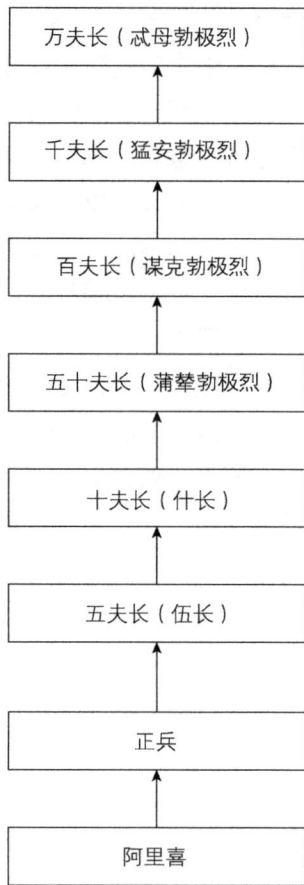

万夫长（忒母勃极烈）

↑

千夫长（猛安勃极烈）

↑

百夫长（谋克勃极烈）

↑

五十夫长（蒲辇勃极烈）

↑

十夫长（什长）

↑

五夫长（伍长）

↑

正兵

↑

阿里喜

图2-18　猛安谋克编制
（图表来源：解丹据王曾瑜《金代军制》整理绘制。）

---

① （元）脱脱. 金史·卷44·兵制［M］. 北京：中华书局，1975.

出钱招募民丁而来的。其他军队，签徵不足，也以招募补兵，到后期，招募汉人为兵的情形较为普遍。

三、戍防军构成

北部边防军以永屯军和分番军为主，绝大多数为蕃部即女真族以外的少数民族组成的部族军和纠军。此外，在东北招讨司统属下，还有一部分驱军驻屯于泰州附近，他们是由"国初所免辽人之奴婢"所组成，因辽时称奴隶为驱丁或驱口，所以称为驱军①。

按照民族，金军可以分为猛安谋克军、汉军、渤海军、奚军等。由于女真自身的军民一体的传统，一般来说猛安谋克军可以认为是女真军，除了征募的汉军外，剩下的军队都为少数民族军（图2-19）。

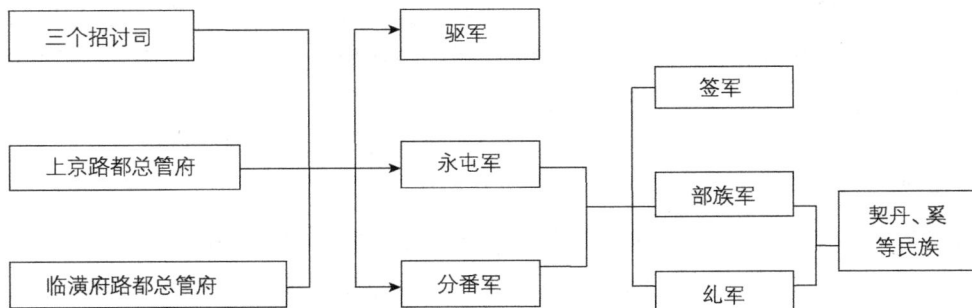

图2-19　金北部军事力量
（图表来源：解丹据《中国历代军事制度》整理绘制。）

奚军是由奚族②人组建的军队。金太祖为控制奚部民众，奚人被整编为猛安谋克，设立奚路都统司，都统由女真贵族担任，由于奚分六部，故也称六部路都统司。奚军就成为了金军中的重要力量。金军向南攻宋时，完颜昌任奚路都统司率领奚军战宋。以后，奚军被分徙于西北、西南路、东京、泰州、山西、临潢、河东、咸平及滨、棣等地③。

---

① 中国军事史编写组. 中国历代军事制度（第2版）[M]. 北京：解放军出版社，2006.
② 奚族原为东胡后裔，鲜卑族的一部。最早见于《魏书》，称为库莫奚。住地在弱落水（今辽宁西拉木伦河）以南、吐护真水（今辽宁辽河上流老哈河）流域，东北与契丹族毗邻。隋朝时去掉"库莫"，单称为"奚"。唐末奚的一部西迁妫州（今河北怀来），于是形成"东奚"和"西奚"。唐天佑三年（906年），奚族被契丹最后征服。辽建国后，保留奚六部，号称"六部奚"，并设奚王和节度使统治奚部。金太祖天辅六年（1122年），金兵进攻奚部，奚王萧霞末、奚部节度使讹里剌投降。天辅七年（1123年），萧干（回离保）在箭笴山反金自立，号奚国皇帝，改元天复，分司建官。萧干立国仅8个月被金军所灭。参见《中国大百科全书·中国历史》第1293页陈述、韩志远撰《奚》条，中国大百科全书出版社1992年3月第1版。
③ 韩志远. 中国军事通史·第十三卷·南宋金军事史 [M]. 北京：军事科学出版社，1998.

金代汉军并非独立的一支军队，而是凡汉人均称汉军。汉军有的单独编制，有的与其他军兵混编。汉军人数占金军比重最大。金初时，朝廷对北部汉人采用猛安谋克编制，授汉人为猛安、谋克。后来金熙宗时期，取消汉人猛安谋克承袭制，兵权收归女真贵族。后对汉人实行签军制度，"凡汉军，有事则签取于民，事已则或亦放免①"。但汉军的戍防军主要分布在南疆和内地②。金朝地位较低的射粮军、弓手、士兵等，大多是汉人充当。汉军的地位低于渤海军、奚军及一些其他部族军。汉军在北部疆域屯戍的数量较少。

这些少数民族军队屯守在金北部疆域，为金朝守边长城，在金边疆防御上有着重要的作用。但是金朝统帅并没有真正认识到这一问题，其采取的种种政策夹带了严重的对少数民族的歧视观念。在金后期又出现严重的不信任问题，最终导致这些守边力量倒戈，随即金长城防御体系失守，成为了金覆灭的第一步。

1. 猛安谋克

金代的猛安谋克军是军队主力，随着猛安谋克制度的确立，这一制度扩展到被征服的其他民族军队中。契丹、渤海、奚、室韦等也编入猛安、谋克，但金中后期猛安谋克中其他民族的数量大量减少。

受汉官制的影响，猛安谋克官员与同级汉官职掌基本相同。由于猛安谋克的特殊性，使其还具有特殊职能：掌管本部的军政。"抚揖军户"、"修理军务，训练武艺"，并兼管屯田军。其次，还负有特殊情况下率本部兵出征的职责。再次，亦具有"劝课农桑、征收赋税"的职掌。谋克虽不管常平仓，却掌牛头税仓。女真人初不纳税，太宗年间始纳轻微的牛头税，谋克负责管理③。

猛安谋克官府机构也不断得以完善。猛安府："与猛安同勾当副千户官……司吏四人，译一人，挞马、差役人数并同旧例"。谋克府："女直司吏一人，译一人，挞马"。谋克之下，设"村寨五十户以上，设寨使一人，掌同主首"，职掌按比户口、催督赋役、劝课农桑、禁察非违、巡警盗贼等事务④。（图2-20）。

猛安谋克的人数只是在某一时间段内是固定的。由于谋克内户数增加，金世宗时期，1175年下诏再定猛安谋克户，每谋克不超过300户，7到10谋克为1猛安。据1183年的统计，当时女真猛安共有202个，谋克1878个，共615624户，平均每猛安虽未超过10谋克，但每谋克有320余户。

金中期以后，猛安谋克编制渐趋紊乱，虽经数次大规模整顿，终不能挽回颓败趋势。金末官多兵少，宣宗南渡后，每谋克只有25人，4谋克即为1猛安，而1谋克内实际能作战者只有18人（除去旗鼓司火头5人），几乎完全丧失作战能力。

---

① （元）脱脱. 金史·兵志·卷44［M］. 北京：中华书局，1975.
② 韩志远. 中国军事通史·第十三卷·南宋金军事史［M］. 北京：军事科学出版社，1998.
③ 齐木德道尔吉. 辽夏金元史徵·金朝卷［M］. 呼和浩特：内蒙古大学出版社，2007.
④ 程妮娜. 论猛安谋克官制中的汉制影响［J］. 北方文物，1993（02）.

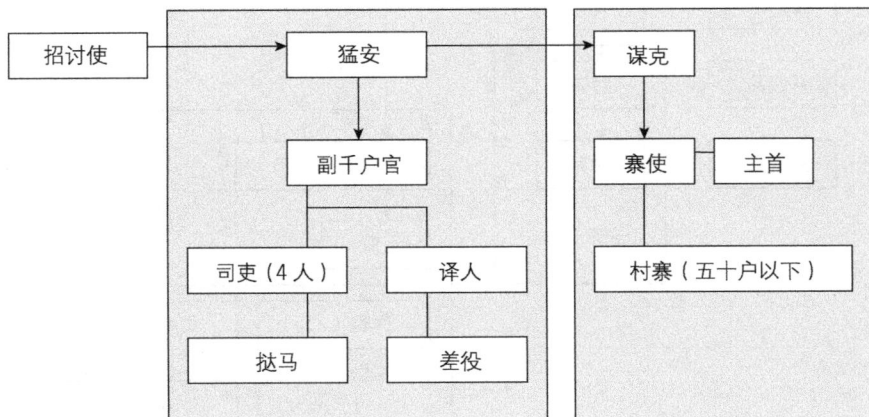

图2-20 猛安谋克行政机构详解

（图表来源：解丹据《金史·百官志》整理绘制。）

为抵御蒙古军南下，宣宗于1222年～1123年招义军，亦只以30人为谋克，5谋克为1猛安。这说明金军南渡以后，猛安谋克编制已经崩溃，名存实亡，也标志着金代女真政权的衰弱[1]。

2. 乣军

金代的乣及乣军的论述较多[2]，关于乣的读音和字形字义，以及作用都有不同见解。"乣"是对北边多种小部游牧民族的泛称，主要是西北土著，包括契丹、奚、蒙古等[3]。其地处北部边界，风俗与鞑靼相近，大部分乣属于招讨司。

乣中设详稳、么忽等官员进行管理，详稳的官职品级基本等同于谋克。金主要把乣固定在西北边疆，用以防御蒙古等游牧部族（图2-21）。

《金史》中有关乣的记述有详细记载，在《金史·百官志》中载："诸乣：详

① 刘庆. 辽夏金元军事制度概述 [J]. 历史教学，1990（05）.
② 朱子芳先生的《辽金乣军考略》论证了金朝的乣军主要有契丹人、奚人、塔塔儿人、蒙古人组成，以及金朝乣军的编制以五十骑为最低单位，五十骑以上，始用十进位编制。载于《东方杂志》42卷12期，1946年6月。陈述先生的《乣军考释初稿》认为金代诸乣是辽乣的一部分，降金诸乣在东北、西北、西南三路镇边，先后背金投元，在金朝覆灭的过程中发挥着巨大的作用。载于《历史语言研究所集刊》（国立中央研究院）第20本下册，1949年12月。蔡美彪先生的《乣与乣军的演变》通过划分为不同的历史阶段，分析了东北路和西北、西南两路统辖乣军的组成及演变。载于《元史论丛第二辑》1983年中华书局，元史研究会编。王恩厚先生的《辽金元乣军考释》主要分析了乣军在金衰蒙兴过程中的重要作用。载于《天津师专学报》1984年第3期。程妮娜先生的《金朝西北部契丹等游牧民族的部族、乣制度研究》认为西北部的部族、乣由招讨司统辖，东北路招讨司统辖以部族为主，共10个部族，在金章宗后方出现乣，西北、西南路招讨司统辖的部族以乣为主。乣偏重军事，部族侧重于生产，皆为金朝分番守边。载于《吉林大学社会科学学报》2007年3月。夏宇旭先生的《初探金代契丹人的部族及乣组织》对招讨司下属的契丹部族及乣组织的经济活动给予介绍。载于《吉林师范大学人文社会科学版》2009年3期。
③ 陈述. 乣军考略初稿 [J]. 历史语言研究所集刊（国立中央研究院），1949（12）.

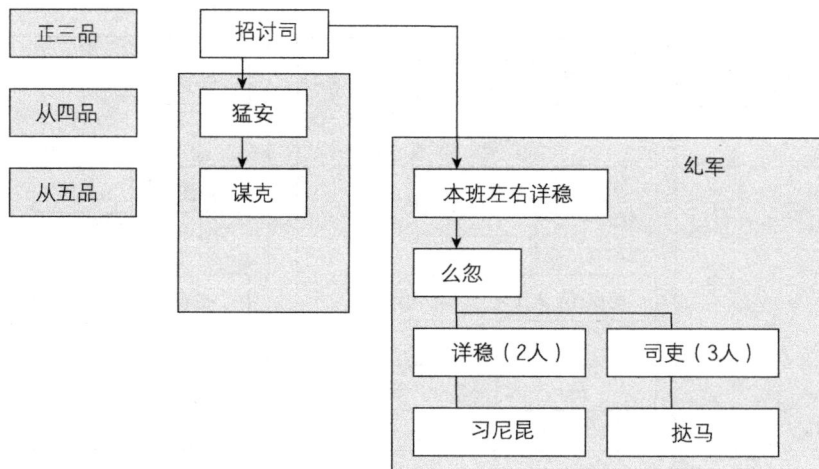

图2-21　糺军行政机构详解
（图表来源：解丹据《金史·百官志》整理绘制。）

稳一员，从五品，掌守戍边堡，馀同谋克。皇统八年六月，设本班左右详稳，定为从五品。么忽一员，从八品，掌贰详稳。司吏三人。习尼昆，掌本糺差役等事。挞马，随从也。咩糺、唐古糺、移剌糺、木典糺、骨典糺、失鲁糺并依此置。惟失鲁糺添设译人一名。"[1]《金史·地理志》："详稳九处：咩糺详稳，贞祐四年六月改为葛也阿怜猛安。木典糺详稳，贞祐四年改为抗葛阿怜谋克。骨典糺详稳，贞祐四年改为撒合辇必剌谋克。唐古糺详稳。耶剌都糺详稳。移典糺详稳。苏木典糺详稳，近北京。胡都糺详稳。霞马糺详稳。"[2]

糺军即是在金朝初期由诸糺人组成军队，驻守金疆域北边，分属三个招讨司统辖。《金史·兵志》："东北路部族糺军曰迭剌部，承安三年改为土鲁浑札石合节度使。曰唐古部，承安三年改为部鲁火札石合节度使。二部五糺，户五千五百八十五。其他若助鲁部族、乌鲁古部族、石垒部族、萌骨部族、计鲁部族、孛特本部族数皆称是。西北、西南二路之糺军十，曰苏谟典糺、曰耶剌都糺、曰骨典糺、唐古糺、霞马糺、木典糺、萌骨糺、咩糺、胡都糺凡九，其诸路曰曷懒、曰蒲与、曰婆速、曰恤频、曰胡里改、曰移懒，移懒后废，皆在上京之鄙，或置总管府，或置节度使。"[3]

金章宗时期，糺军已然成为金军主力之一。其中东北路糺军发挥着重要作用，参加了北征塔塔儿、蒙古诸部等战争，使金朝北疆得到暂时平静。在金军浍河堡大败后，金朝招东北路糺军守卫中都。1214年金南迁，糺军趁机杀其主帅，投降蒙古，帮助蒙古攻陷中都[4]。

① （元）脱脱. 金史·卷57·百官志三 [M]. 北京：中华书局，1975.
② （元）脱脱. 金史·卷24·地理志上 [M]. 北京：中华书局，1975.
③ （元）脱脱. 金史·卷44·兵志 [M] 北京：中华书局，1975.
④ 王尚. 金代招讨司研究 [D] 长春：吉林大学，2011.

西北路乣军早在撒八、窝斡起义时，叛乱不断，反金运动此起彼伏。西南路乣军在蒙金战争中倒戈情况严重。章宗时发生的"乣人散走，投于鞑人^①"主要发生在西南路。泰和末，金对宋作战，调西南路乣军3万人，为前锋攻宋。宋金议和后，这部分乣军因对金朝的奖赏不均不满，叛金北走投附蒙古。西南路乣军的严重倒戈与蒙古进贡地点净州处在西南路不无关系。

投降蒙古的西南路乣人，在蒙金战争的过程中发挥着重要作用。成吉思汗就是从净州进军，并由汪古部首领引导，经丰州而攻金的。《金史》记："宣宗南迁，乣军溃去，兵势益弱"。^②说明乣军是金朝后期的重要支柱。金末，金哀宗从开封逃往蔡州，尚有乣军众家奴等百人随行^③。

随着女真猛安谋克军备废弛、生活腐化，至金中期时就已"材武已不及前辈^④"。而乣军仍然保持游牧民族习性，且拥有和蒙古等作战的丰富经验，其军队战斗力强悍。在章宗时金宋作战中"举天下全力，驱乣军以为前锋^⑤"。

3. 部族军

金对于部分归顺的西北部族，依然按照部族形式进行管理，对其首领授予节度使^⑥。乣的地位比部族低，两者有细微差别，在《金史·百官志》中乣详稳为从五品，部族节度使为从三品。

《金史·百官志》记载"诸部族节度使。节度使一员，从三品，统制各部，镇抚诸军，余同州节度。副使一员，从五品。判官一员。知法一员^⑦。"部族节度使的地位高于乣，从三品。其下设"移里董司"和"秃里"，执掌部族下属村寨（图2-22）。诸移里董司"移里董一员，从八品，分掌部族村寨事^⑧。"秃里为"镇抚边民之官"，"秃里一员，从七品，掌部落词讼、防察违背等事^⑨。"

大定十八年（1179年）金世宗"命部族、乣分番守边^⑩。"部族节度使主要集中在东北路招讨司。《金史·地理志》记载："部族节度使：乌昆神鲁部族节度使，军兵事属西北路招讨司，明昌三年罢节度使，以招讨司兼领；乌古里部族节度使，石垒部族节度使，助鲁部族节度使，孛特本部族节度使，计鲁部节度使；唐古部族，承安三年改为部罗火扎石合节度使；迪烈（或迭剌）女古部族，承安

① （宋）孟珙. 蒙鞑备录. 内蒙古史志资料选编·第3辑. 内蒙古地方志编撰委员会总编室编印，1983.
② （元）脱脱. 金史. 卷44·兵志［M］北京：中华书局，1975.
③ 蔡美彪. 乣与乣军之演变［M］//元史论丛第二辑：北京：中华书局，1983.
④ （元）脱脱. 金史·卷92·徒单克宁传［M］北京：中华书局，1975.
⑤ （元）脱脱. 金史·卷110·杨云翼传［M］北京：中华书局，1975.
⑥ 王尚，金代招讨司研究［D］长春：吉林大学，2011.
⑦ （元）脱脱. 金史·卷57·百官志三［M］北京：中华书局，1975.
⑧ （元）脱脱. 金史·卷57·百官志三［M］北京：中华书局，1975.
⑨ （元）脱脱. 金史·卷55·百官志一［M］北京：中华书局，1975.
⑩ （元）脱脱. 金史·卷44·兵志［M］北京：中华书局，1975.

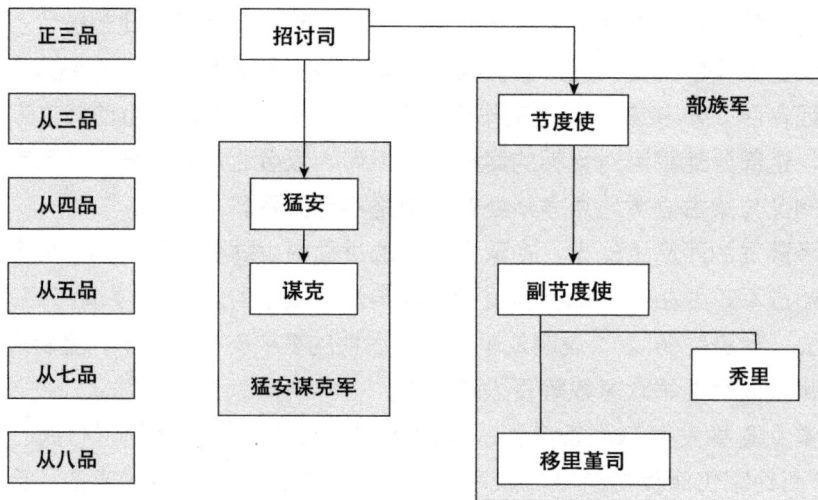

图2-22　部族行政机构详解
（图表来源：解丹据《金史·百官志》整理绘制。）

三年（1199年）改为土鲁浑扎石合节度使^①。"

四、戍防军的组织特点

辽末女真人崛起于东北一隅，建立金朝，仅用十几年的时间就以弱变强，先后灭辽克宋，问鼎中原，成为雄踞中国北半部的一大强国。金朝的军队特别是女真人组成的军队具有较强的战斗力，无论在对辽战争还是对宋战争中，常常以少胜多，势不可挡。女真人作为一个社会发展阶段相对落后的民族，之所以能在较短时间内战胜先进的民族政权，建起一个多民族的强大王朝，除其他客观原因外，与女真人的军事组织、战略战术的特点有着密切的关系。

1．亦战亦农，全民皆兵
全民皆兵可以说是中国古代北方少数民族军事组织的一个共同特点，匈奴人、蒙古、突厥、鲜卑人的军事组织和明末女真人的八旗制度皆具有相同特点。金初女真人的军事组织是在氏族组织的基础上演变和发展起来的。

2．官兵平等，上下一心
金初女真人的军事组织有浓厚的军事民主制遗风，官兵之间在待遇上基本平等，尊卑不严。将帅和士兵在衣食方面几乎没有什么区别。曾被金人俘虏过的宋朝人范仲熊记："传闻粘罕（宗翰）、二太子（宗望）初入中国时，止着褐衫"，"自粘罕至步军，率皆粟米粥，或烧猪肉，别无异品。"

　　张棣《金虏图经》：女真的军队"每一万户所辖十千户，一千户所辖十谋克，一谋克辖两蒲辇。自万户至蒲辇，阶级虽设，寻常饮酒食，略不问列，与兄弟父子等。所以上下情通，无闭塞之患。每有事未决者，会而议之，自下而上，各陈其策，如有可采者，皆不择人而用之"。《三朝北盟会编》卷3载女真人"国有大事，适野环坐，画灰而议。自卑者始议，议毕，即漫灭之，人不闻声，其密如此。将行军，大会而饮，使人献策，元帅听而择焉。其合者即为将任其事。师还，又大会，问有功高下，赏之以金若干，举以示众，或以为薄，复增之"。

　　每一个战士都能畅所欲言，为作战方案献计献策，无形的凝聚力使女真人的军事组织产生了不可估量的战斗力。

3．纪律严格，赏罚分明

　　"队伍之法，什、伍、百皆有长。伍长击柝，什长执旗，百长挟鼓，千长则旗帜金鼓悉备。伍长战死，四人皆斩。什长战死，伍长皆斩。百长战死，什长皆斩。负战斗之尸以归者，则得其家资之半。凡为将，人自执旗，人视其所向而趋。自元帅至士卒，皆自取无从者。"在战争中，金军严格按军纪军法行事。

　　女真的军队纪律严格，赏罚分明，军令统一；在战斗中任何人违犯了军纪，毫不姑息迁就，严格的军事纪律，使参战者谁也不敢临阵逃脱，各级军官身先士卒。这是保证军队有较强战斗力的一个不可忽视的方面。

4．兵分正副，父子为伍

　　猛安谋克军事组织脱胎于女真人的氏族组织，所以女真军队基层战斗单位中带有血缘团体的性质。猛安谋克中，特别是谋克这一基层的军事组织，其成员几乎都是同姓家族或本氏族的人。

　　作为军事长官的谋克，也就相当于满族的族长，"木昆达"。这样的军事组织常常是一家的父子兄弟或血缘关系较近的人编在一个战斗单位里。在非常重视血族关系的氏族社会和奴隶社会初期，这样的军事组织在战场上就会发挥血族集团的威力，父死子继，兄死弟继，前仆后继，顽强拼搏，产生特殊的作战效果。

　　金军颇具特色的猛安谋克军事组织，使其军事的战斗力强悍有力，它不仅在军事组织上有自身的优势，在战略战术上也有自己的特色。其特色主要依靠金军中的骑兵集中体现。金军在作战时常运用骑兵集团战略战术，以拐子马、铁浮屠等精锐骑兵为决战手段。在进攻过程中通过运用后续梯队力量逐次进入战斗，提高进攻速度，增大军队突击力量[1]。其作战，"更进迭退，忍耐坚久，令酷而下必死，每战非累日不决，胜不邃追，败小至乱[2]。"

---

① 王尚. 金代招讨司研究［D］. 长春：吉林大学，2011.
② （元）脱脱. 金史·卷44·兵志［M］. 北京：中华书局，1975.

五、戍防军的社会阶层性

金阿骨打时期，把原来猛安、谋克的户数作了整齐划一的规定："始令以三百户为谋克，谋克十为猛安"。原来的氏族部落的行政机构被这一制度打破，重新组合后成为金王朝的最有力措施。

猛安谋克制度是金时期军政合一的制度，金军具有战时从军，和平时期从事农作全民皆兵的战略意识。《金史·兵志》记载：阿骨打征辽时称他的部下："汝等同心尽力，有功者，奴婢、部曲等为良，庶人官之，先有官者叙进。"

军政合一、全民皆兵制度在金朝实行的非常广泛，军队的成分反映了社会结构。几种称谓体现了当时的社会阶层，"有官者"即新兴统治阶层，"庶人"即由原部族成员转变而来成的大众，"部曲"的地位要低于"庶人"却比"奴婢"高。奴婢、部曲大部分来源于战俘和抢掠来的人口，还有少部分是来自原始部落的奴隶阶层，以户为单位，没有人身自由，是最底层的阶级[①]。

据以上史料，吉艳华在《金代东北路界壕（长城）的屯戍》一文中认为，阿骨打统帅的军队士兵来源主要是"奴婢"、"部曲"、"庶人"、"有官者"四个阶级组成。

大定二十一年（1181年），金东北路长城开始的大规模修筑与修缮中，"弃参差不齐，皆取直列置堡戍"情况，估计其大规模工役的主力就是奴隶和庶民。这可在现在的金长城的考古葬俗中得到考证。

吉艳华在文中将考古发现的葬俗形式归纳为三类："一，奴婢、部曲，没有人身自由，夯在长城中，肢姿各异，无殉葬品，甚至无头骨；二，即为庶民，用陶瓷盛殓，葬在石板墓中，沿长城还发现大量的经过火化的庶民尸骨；三，就是有官者了，选择风水地形而葬，有殉葬品，有墓有室有棺"。[②]

在长达一个多世纪的戍守中，金朝的社会结构是存在"奴婢"、"部曲"、"庶民"、"有官者"这四个阶层，在金代长城从始修、防御中心的转移到后期大规模整修都有体现，这种层次性也体现在长城边防军队内部。

① 吉艳华. 金代东北路界壕（长城）的屯戍 [J]. 理论观察，2006.
② 吉艳华. 金代东北路界壕（长城）的屯戍 [J]. 理论观察，2006.

第三章　金长城的空间规划布局

　　金长城可以说是我国北方各民族智慧和力量的结晶，是我国历史进程中民族大融合的见证。虽然金长城是在汉文化的熏陶下产生的，但其规划特点和建筑形式却融入了少数民族文化，防御中又带有明显的游牧性质。金长城在时间上几乎涵盖金朝一代，在范围上穿越了金整个西北边境。

　　本章以空间整体规划布局的角度，对金长城空间规划布局与自然地理环境的互动关系、动态形成过程的阶段性以及各个阶段的防御格局、空间规划布局的建造与防御特点几个方面进行了多角度的分析与研究。

　　金长城防御体系的建立经历了防御中心转移的三个主要阶段。金长城军事防御体系的规划充分利用了自然因素，通过对防御中心的自然防御和人工防御的两种措施来进行防御保障。利用界壕防御工程体系达到范围大、跨度广的边疆带形防御，利用军事聚落防御工程体系来达到疆域内纵深性局部防御。自然与人工的结合，外带与内点的结合，最终构成了金长城军事防御体系的完整性和层次性的规划特点。

第一节　整体规划布局的动态形成过程

　　金长城形成过程复杂，各部分修筑的准确时间还无定论，这主要是由于长城主线和支线的数量多且相互交织造成的。总的来说，其修建的时序与金朝北疆势力的强弱有紧密的关系，大致依照了先北后南的顺序（图3-1）。在有关金长城形成过程的研究中，许多成果大都集中在有关金长城史料的整理与分析上，近年来对金

修筑阶段	修筑范围	修筑时期	京都变迁阶段
早期	岭北长城	太宗时期	第一阶段 上京会宁府为国都
早期	岭南北线长城	熙宗时期	第一阶段 上京会宁府为国都
中期	岭南中线长城	海陵时期	第二阶段 中都大兴府为国都同时废除上京
后期	岭南南线长城	世宗、章宗时期	第三阶段 中都大兴府为国都同时重建上京城
后期	岭南南支线长城	章宗时期或之后	第三阶段 中都大兴府为国都同时重建上京城

图3-1　金长城修筑阶段与京都变迁阶段对照表
（图表来源：解丹绘制。）

长城的军事管理机构、招讨司的设置、变迁以及招讨使等官员的委任情况也有少量的研究，但对金长城的空间规划布局研究仍属空白。本书主要就金长城空间规划布局的阶段性，来探讨其形成过程。

为了叙述方便，文中将金长城按照地理位置分为延边长城、岭北长城、岭南长城。其中延边长城为金建国前与高丽对战时留下的防御工事，处于金疆域东侧，不属于金西北疆域军事防御构成体系的一部分，但延边长城作为金女真族对长城防御工程初步认识的产物，对西北疆域长城防御体系的形成有着重要的意义。故在此也进行简单的论述。岭南长城较为复杂，分为北线、中线和南线，南线有二支线（图3-2）。

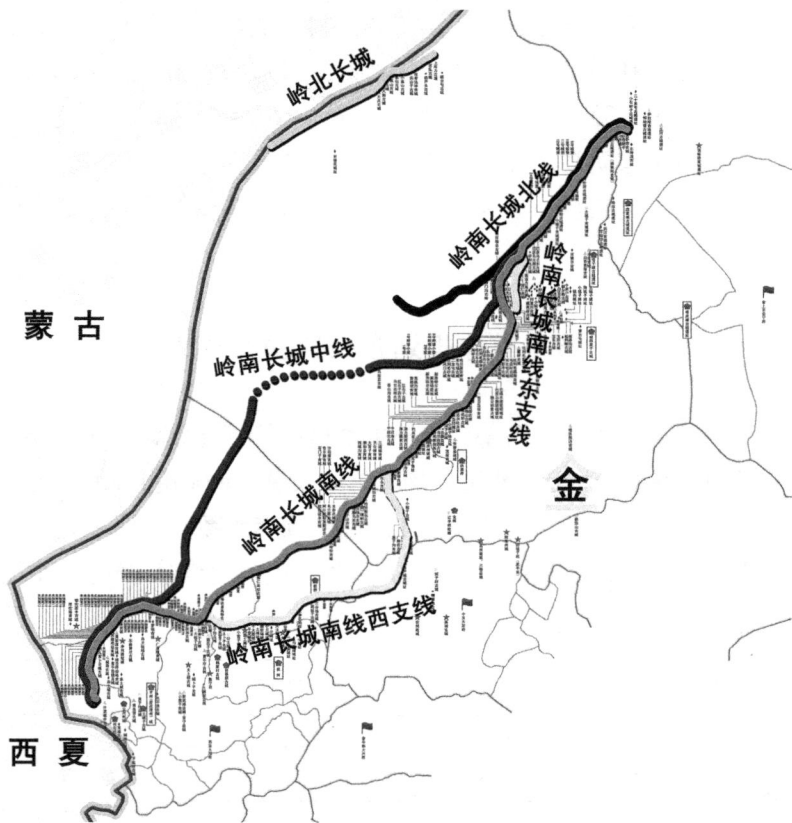

图3-2　金界壕各段名称示意图
（图片来源：解丹绘。底图来源：谭其骧. 中国历史地图集（第六册）. 北京：中国地图出版社，1982. ）

一、"延边长城"——女真人的第一条长城

（一）延边长城的初建

公元918年王建创立高丽政权，积极北进。公元922年高丽修建古都平壤，

称西京，并以此为基地继续向北扩展。在公元926年辽灭渤海国后，高丽收留了逃奔高丽的渤海世子及数万户族众。当时的高丽朝对渤海人和女真人讨伐招安，控制范围迅速扩张。辽的利益受到高丽的冲击，两国之间摩擦不断。公元936年，朝鲜半岛在高丽朝的统一之下。辽代时期，"高丽将领土北界，由前朝新罗时的坝江（今大同江）向北扩张至清川江流域[①]"。

同时，女真部落在完颜部的带领下也逐步成长壮大，在后几代的首领不断扩张下，图们江女真部落也归属到了女真的大联盟之中。临疆的高丽已经看到女真人日渐强大的势力，与女真不断发生冲突。于是，高丽靖宗十年（1044年）筑定州城（今朝鲜咸镜南道咸兴西南35里的定平）的同时，在曷懒甸的南部，即今朝鲜咸镜南道，修筑了长城[②]，史称"曷懒甸长城"。

女真联盟南下时，"曷懒甸诸部尽欲来附[③]"。高丽对女真的扩张感到紧张，"恐近于己而不利也，使人邀止之[④]"；1102年，女真部落首领穆宗盈歌遣使赴高丽，不久便发生争夺曷懒甸的战争。1104年，高丽派林干率兵对女真联盟发起战争，大败，失去定州、宣德二城。曷懒甸女真人正式纳入女真部落联盟中。

1107年，高丽由陆地、水面分五路对曷懒甸发动全面进攻。女真人没有准备，战败。高丽在此曷懒甸建九城，准备长期固守[⑤]。女真人为了防止高丽的再次入侵，也同样采取了防御措施。

据《金史·世纪》记载，高丽攻占曷懒甸之部分地区后，从1108~1109年，乌雅束先后派斡赛、斡鲁率女真军收复失地。《金史·斡鲁传》记载："高丽筑九城于曷懒甸……斡鲁亦对筑九城与高丽抗，出则战，入则守，斡赛用之，卒城高丽"。延边长城和高丽所筑曷懒甸长城南北相对。

据史料推测，在1108年，斡鲁、斡赛筑九城和长城。当时康宗乌雅束，即金太祖完颜阿骨打的长兄，袭辽节度使。金延边长城修建位置正是于金建国前生女真人的居住地，当时称作"曷懒甸"，因曷懒水（今海兰江）而得名。

（二）延边长城的增建

金章宗自1189年执政以来，金北部疆域不断出现侵扰，周边游牧部落先后叛金，1196年北边广吉刺击败金兵，契丹德寿据信州起义。这些导致金章宗开始增强北部边防工程。居于金东北部的高丽国也是防范的对象。

---

① 杨昭全，孙玉梅. 中朝边界史［M］. 长春：吉林文史出版社，1993.
② 此处高丽所筑曷懒甸长城和俗称的"高丽长城"非同一物。"高丽长城"在曷懒甸长城西侧，在辽金时已经处于女真辖属范围之内的；其是高（句）丽为了防御唐朝的进攻，在唐太宗贞观五年（831年）到贞观二十年（648年）修筑的千余里长城。
③ （元）脱脱. 金史［M］. 北京：中华书局，1975.
④ （元）脱脱. 金史［M］. 北京：中华书局，1975.
⑤ 孟古托力. 女真及其金朝与高丽关系中几个问题考论［J］. 满语研究，2000（01）.

金章宗泰和元年（1201年），金朝开始对延边边墙的增建。其增建并没有对以前的延边边墙进行整修和加建，而是在以前的边墙外侧增建了壕堑。

《大金国志》卷20《章宗纪》记载：泰和元年冬，"浚界壕，深广各三丈，东接高丽，西达夏境，列屯戍兵数千里，防其复至"。夏境指西夏国，"东接高丽"就是指此处的边壕，但它并没有与漠南边壕（金代东北路、临潢路、西北路与西南路边壕）直接相连接，并不是字面的意思。

（三）延边长城形制

延边长城合计长约103千米，其中珲春段长约25千米，和龙、龙井、延吉段合长约78千米。此长城长度计数为现遗址可见部分的长度，早已毁坏、无迹可寻的段落不在计算之中（图3-3）。

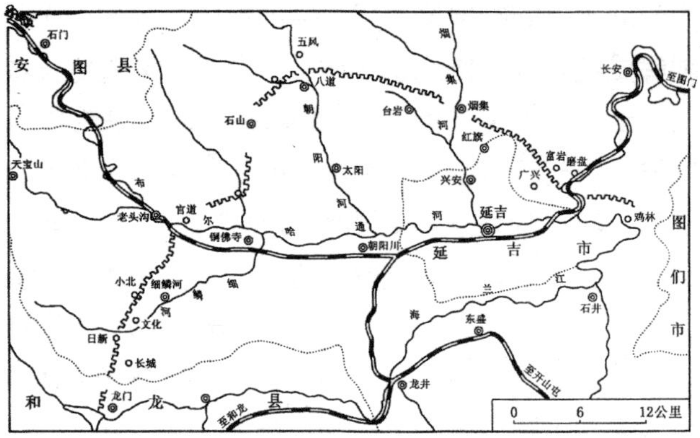

《珲春古城考》记载："边壕，珲春北境东自中俄分界之分水岭起（拉字界牌北）有边墙一道。向西北行

图3-3　金代延边长城分布图
（图片来源：吉林省文物志编委会编. 龙井县文物志，1984。）

每隔十里有土筑堡垒一，或双垒并峙，高约丈许。其基广一丈五六尺，又自勇智乡洛特-加龙省河子山起，并见边墙蜿蜒，堡垒接续，至兴仁乡至水湾子随山高下，值高山之顶，常有巨垒建其上。更向西北，在德惠乡方面，又有壕堑，深约六七尺三四尺不等，堑左犹存边墙行迹。由密江屯迤西，至珲春与汪清分界之黑滴达，循图们江岸山岭西南，筑有石墙，高及丈许，远至汪清界之孤山子北，凉水泉子街始尽。又石头河窟窿山顶亦有土筑边墙，迤逦而西，至延吉县境。上述墙堡，是否互相联属，以年久湮没，若断若续，难以指认。或谓金源之兴，与高丽争界，此实当交战之中，古垒纵横，即其遗迹云。"[1]

珲春县段长城"东从哈达门村西山经过涌新、涌川，再经镇郊的车大人沟等地方，直至英安乡关门咀子西山，大致东西向横跨三个山岭、三个沟[2]"。平地上的边墙均土筑，保存较好的涌新东山边墙，其基宽8米，残高1～1.5米。在山顶上边墙是土筑或石垒的，一些地方利用山险，不筑墙体，只建若干堡垒[3]。边墙附近设有烽燧和瞭望台，皆建在临近的山顶，用土垒或石垒，有的地方双垒并峙：大者直径约30米，高约2～3米，有的外绕一道围墙。小者直径15米，高2米多。

---

① 魏声和. 珲春古城考.《吉林省文物志》编辑委员会. 珲春文物志. 1984.
② 吉林省文物志编委会. 珲春县文物志. 1984.
③ 吉林省文物志编委会. 珲春县文物志，1984.

　　在今和龙、龙井、延吉市北部山区的这一段长城大多修筑在山脊上或山脊的一侧，有部分地段穿越山岭、峡谷和河川。"西自和龙县八家子镇丰产开始，经和龙县的西城、龙门乡，再往龙井县的细鳞河乡、桃源乡、铜佛乡、朝阳乡、八道乡、延吉市的烟集乡、龙江县的长安镇磨盘村（城子山山城附近），东至长安镇鸡林北山，总长一百余千米。古长城多已湮没，如今断续不连，在古长城左右两侧，筑有数十座墩台，当是瞭望台或烽火台[①]"。和龙县的两段边墙均作南北走向，墙体有土筑、石筑，以土筑为多，基宽3米，残高0.6~2米，边墙附近有多处烽燧。

　　边墙外的壕堑位置走向大体平行，长壕是连续不断的，与边墙的距离有近有远，现遗迹的宽度仍在6~7米以上，深度可达2米左右，其形制与金漠南边壕类似。当地居民仍称之为"边壕"，其经过的山体称作"边壕岭"。

　　在边墙旁边筑有边堡，其位置与边墙有远有近。边堡的修建时间应早于边墙。但由于时间久远，延边长城的边堡没有具体的调查数据。

（四）延边长城的实际防御作用

　　延边长城的作用主要体现在金建国前与金中后期。

　　金建国前夕的作用是为了解除疆域东侧辽附庸国高丽夹击的隐患，占领具有军事战略性要地的曷懒甸地区，更好的对辽实施攻击而采取的战争防御手段。

　　女真人早已认识到曷懒甸在军事战略上的重要地位，首先是统一鸭绿江部女真，其次是从东面进击辽朝东京的基地，也是控制高丽的战略喉咙。延边长城的修建，完颜部完成了初步的军事战略构想。

　　由于多数人有恐辽情绪，出兵援曷懒甸的女真成为女真部落的心忌。大都认为"不可举兵也，恐辽人将以罪我"，阿骨打却言："若不举兵岂止失曷懒甸，诸部皆非吾有也！"[②]

　　斡赛领导的女真军与高丽军在曷懒甸展开一年多的争夺战，延边长城在战争中发挥了重要的军事防御作用。最后高丽撤离九城，退出所占故地，曷懒甸回归女真联盟。至此，以完颜部为首的女真联盟成功完成了东围辽东京的军事战略，同时高丽也在南半岛望而却步。

　　在金中后期，金朝统治者对延边长城进行增建。延边长城主要作用是为了防御金东部疆域周边的附庸国叛乱扰边，尤其针对高丽。高丽国一直以农业经济为主要支柱，国家发展较为稳定，虽然表面为金的附庸国，但金对其一直都不信任。在延边长城增建后，金东部防御能力得到加强。

① 延边博物馆编写组编. 延边文物简编［M］. 延吉：延边人民出版社，1988.
②（元）脱脱. 金史［M］. 北京：中华书局，1975.

二、以上京会宁府为防御中心的建设时期

以上京会宁府为防御中心时期，主要在金海陵王迁都之前，历经金太祖、太宗、熙宗三个帝王。此时期的界壕防御工程较为粗糙，壕浅墙低，且无马面，军事聚落没有形成层级，军事聚落数量少。

（一）岭北长城

1．女真对辽的反抗

金太祖完颜阿骨打于1115年称帝建国，在1116年金收辽东京，1120年袭辽上京，1121年攻克中京、西京，1122年袭辽燕京大胜，至此辽五京皆被金占领，1125年二月，辽帝被金俘获，辽亡。

天辅六年（1122年），金攻打燕京，"大败辽兵，袭取居庸关。时萧德妃、耶律大石①等往西逃盾，金太祖令婆卢火追击②"。1123年耶律大石与金军战于奉圣州（今涿鹿），兵败被俘，后逃奔夹山。后耶律大石自立为王，置北、南院官属，北走可敦城（今蒙古哈达桑东北），借力诸部族，得精兵万余，厉兵秣马。

天会七年（1129年）婆卢火上奏说："大石（即耶律大石）之得北部二营，恐后难制，且近群牧，宜列屯戍。"③太宗拟诏"以二营之故发兵，诸部必扰，当谨斥候而已④"。这种强大复辽势力的存在，一直为金北疆的心腹之患，它促使了金决定在北疆域修建长城军事防御工事。

对于这段长城修建的位置需要推敲。从当时的金的疆域范围上考虑，金在灭辽后接管了辽的大部分疆域，其北部疆域已达外兴安岭，故位于呼伦贝尔的岭北长城应为金初之旧疆⑤。另一方面，天会三年（1125年）迁乌古、迪烈二部及契丹迁入金内地，而此时泰州屯田已有五年⑥，属于金内地。故金在北疆防御辽复兴力量时也必定将其划入界壕之内⑦。因此，这段长城即今位于呼伦贝尔的金岭北长城。

《金史》记载："金之壤地封疆，东极吉里迷、兀的改诸野人之境，北自蒲与路之北三千余里、火鲁火疃谋克地为边，右旋入泰州婆卢火所浚界壕而西，经临润、金山……"其中"泰州婆卢火所浚界壕"就是金岭北长城⑧。

---

① 耶律大石（1087~1143年），字重德，西辽政权建立者，军事统帅。辽保大四年（1124），劝阻天祚帝勿出兵收复失地无效，自立为王，后建西辽。
②（元）脱脱．金史·婆卢火传·卷71［M］．北京：中华书局，1975.
③（元）脱脱．金史·忠义传·卷121［M］．北京：中华书局，1975.
④（元）脱脱．金史·忠义传·卷121［M］．北京：中华书局，1975.
⑤ "旧疆"就是指后期塔塔儿被灭之后，蒙古占据的呼伦贝尔地区。
⑥《金史·婆卢火传》中记载：天辅五年（1121），"摘取诸路猛安中万余家，屯田泰州"。
⑦ 李丕华．蒙古高原边墙考//辽金契丹女真史研究．2004.
⑧ 艾冲著．中国的万里长城［M］．西安：三秦出版社，1994.

孙文政在《金东北路界壕边堡建筑时间考》中认为婆卢火所浚岭北长城应始于天会七年（1129年），其具体时间上应在婆卢火任泰州都统期间[1]，婆卢火跟随太祖、太宗灭辽败宋[2]之后，天眷元年（1138年）死于乌古迪烈地之前。岭北长城的修建时间也势必在1129～1138年之间完成的。

2．岭北长城位置与形制

岭北长城分布在大兴安岭以西的草原地带，遗迹"东起自额尔古纳市上库力村附近，西行至根河口折向南行，至陈巴尔虎旗红山嘴越过额尔古纳河伸入俄罗斯境内，再自满洲里市北进入中国境内，西行至新巴尔虎左旗北部伸入蒙古国境内，终止于乌勒吉河与鄂嫩河发源的沼泽地带，全长约700千米，在中国境内长约256千米[3]。"它沿着内蒙古自治区呼伦贝尔市西部的沿根河南岸西去至额尔古纳河[4]（图3-4）。

岭北长城在结构形制上主要是单壕单墙结构。据调查，界壕遗迹保存不好，现多已颓坍。从保存较好的线段或已坍毁的墙体土方量看，壕墙为夯土而成，有

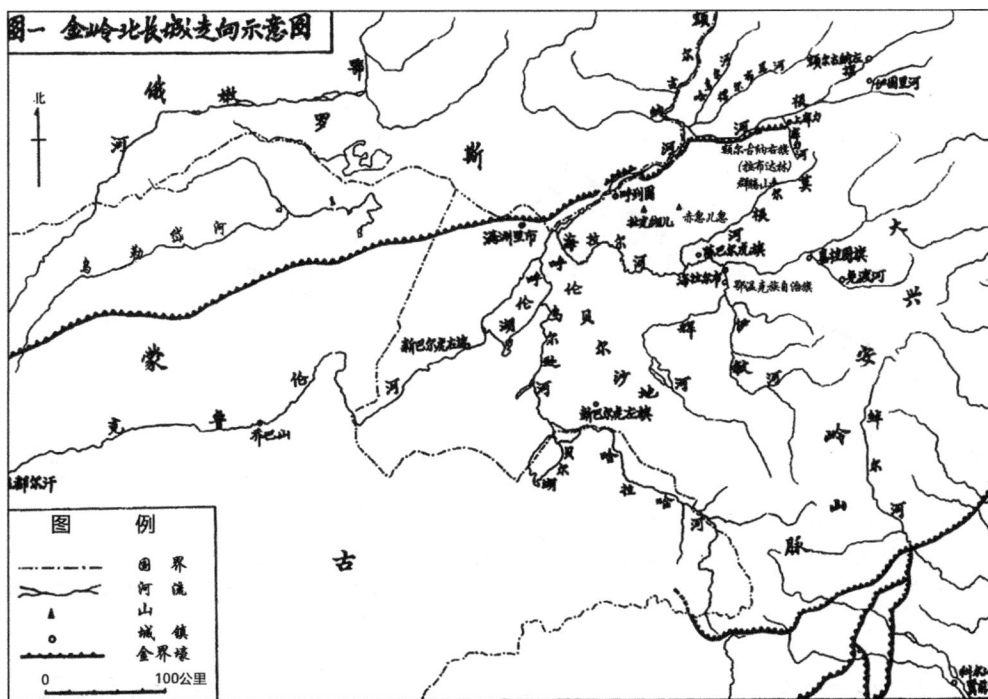

图3-4 金岭北长城分布示意图

（图片来源：米文平，冯永谦. 金岭北长城考. 辽海文物学刊，1990（01）。）

---

[1] 1121年婆卢火任泰州都统。
[2] 婆卢火于1122年，跟随阿骨打攻取燕京。
[3] 内蒙古文物地图集国家文物局. 中国文物地图集·内蒙古自治区分册［M］. 西安：西安地图出版社，2003.
[4] 冯永谦. 东北亚研究——北方史地研究［M］. 郑州：中州古籍出版社，1994.

四层夯土层，每层10厘米；壕深加墙高至少超过4米，高的可达6米以上；墙体上筑有马面，高出墙身，伸出墙外，以加强防御。

沿界壕内侧每隔适当距离均筑有边堡。边堡多依主壕筑成方形或长方形上城，大者每边长120~180米，小者每边长30~50米不等，各边堡之间距离一般为10多公里，有的20多公里（图3-5）。

岭北长城同岭南长城有一些不同点：界壕较岭南界壕规模略小，墙较低，壕较浅，个别地段经千百年风沙湮塞，界壕几乎已不可见。边堡较小，有些边堡内城作方形，外城呈圆形，平面形状略如铜钱，此类型应属早期军事聚落的特征。界壕边未发现较大的城址，只有一些小型城址，置于界壕内侧，远者可在10千米或20多千米处[①]。

3. 岭北长城的实际防御作用

岭北长城是金王朝建造的地理位置最偏北的军事防御工程，它贯穿今中国内蒙古自治区、俄罗斯赤塔省和蒙古国东方省和肯特省之地。金岭北界壕，是防御北边游牧骑兵侵扰边疆的第一条长城军事防线（图3-6）。

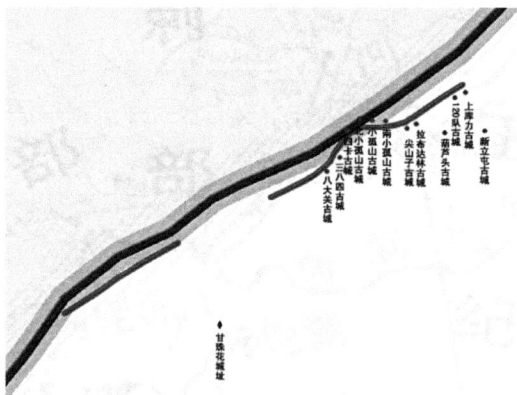

图3-5 金岭北长城的界壕与边堡
（图片来源：解丹绘制。底图来源：谭其骧. 中国历史地图集（第六册）. 北京：中国地图出版社, 1982.）

图3-6 金岭北长城的空间分布与防御中心
（图片来源：解丹绘制。底图来源：谭其骧. 中国历史地图集（第六册）. 北京：中国地图出版社, 1982.）

作为以上京会宁府为防御中心的第一道防线，岭北长城在建造水平和防御力上都是比较差的。界壕、边堡的形制都属早期类型：其壕墙比较低矮，单线布置，夯实而成，马面规律性布置；边堡布置比较随机，且边堡防御设施单薄，城池边长多在50米左右，较大者边长为100米左右；城墙上无马面、瓮门，部分有角台和护城壕；有比较特殊的铜钱式城池平面形式（表3-1）。

---

① 冯永谦. 东北亚研究——北方史地研究［M］. 郑州：中州古籍出版社, 1994.

金岭北长城边堡列举　　　　　　表3-1

编号	堡名	现今行政区	旗县位置	形制与规模
1	八大关古城	内蒙古呼伦贝尔市	陈巴尔虎旗巴彦哈达苏木八大关村北200米	平面呈方形，边长50米，南墙正中开门
2	甘珠花古城	内蒙古呼伦贝尔市	新巴尔虎左旗吉布胡郎图苏木甘珠日村	平面呈正方形，边长约240米，城门不清
3	上库力古城	内蒙古呼伦贝尔市	额尔古纳市上库力乡上库力村西3公里	平面近方形，南北长57米，东西58米，存高1.7米，坍宽10米。东墙开门。无马面，四角有角台
4	120队古城	内蒙古呼伦贝尔市	额尔古纳市上库力古城西南9公里120队东6公里	平面近方形，南北长35米，东西36米，南墙开门。墙外有壕沟，无马面，西面开门
5	新立屯古城	内蒙古呼伦贝尔市	额尔古纳市新立屯东南1公里，上库力古城正南18公里	平面呈正方形，边长33米，南、北墙各开1门，宽5米。墙外侧有壕，宽约10米，深约0.4米。无马面
6	拉布达林古城	内蒙古呼伦贝尔市	额尔古纳市拉布达林镇西部	平面呈正方形，边长50米，东墙开门
7	葫芦头古城	内蒙古呼伦贝尔市	额尔古纳市拉布达林镇葫芦头村北3.5公里	平面呈方形，边长37米，东墙开门。无马面
8	尖山子古城	内蒙古呼伦贝尔市	额尔古纳市拉布达林镇牧场四队西约1公里	平面为外圆内方的重城。外城直径120米，内城南北长57米，东西宽56米，四角有圆形角台，东墙正中开门，无马面
9	北小孤山古城	内蒙古呼伦贝尔市	额尔古纳市黑山头镇东北11公里	平面近方形，南北长43米，东西宽45米；南墙开门。无马面
10	小孤山古城	内蒙古呼伦贝尔市	额尔古纳市黑山头镇东北10公里	平面呈长方形，南北长107米，东西宽87米，东墙开门。无马面、角台。有护城壕
11	南小孤山古城	内蒙古呼伦贝尔市	额尔古纳市黑山头镇东10公里	平面呈方形，边长46米；东墙正中开门，宽8米，四角有角台，夯筑土墙。无马面，有角台
12	四卡古城	内蒙古呼伦贝尔市	额尔古纳市黑山头镇四卡村西100米	平面为外圆内方的两重城。外城直径约120米，内城边长52米，南面开门。城内东北隅加筑子城，平面呈长方形，南北长32米，东西宽25米。无马面，有角台
13	三八四古城	内蒙古呼伦贝尔市	额尔古纳市黑山头镇四卡村南10公里	平面大致为外圆内方的两重城，但外城已不清楚，内城平面呈方形，边长28米，东墙正中开门。与四卡古城形制相近

（数据来自内蒙古文物考古所与《中国文物地图集·内蒙古自治区分册》资料。）

塔塔尔和王吉剌（后称广吉剌、弘吉剌）两大部族，在辽时就已是由许多部落组成的部落联盟，其范围正处于岭北和岭南两道界壕边堡之间。金灭辽后，招服各部，塔塔儿复成为金的臣属，塔塔儿部在叛金之前，一直担负着金岭北界壕的戍防任务。塔塔尔与蒙古有世仇，蒙古部落经常来寇金的北边[①]。

1132年，由于蒙古俺巴孩汗被塔塔儿人送于金，蒙古为报此仇率骑兵"连战十七次"，与塔塔儿大战十三次，与金直接对战四次[②]。

在这段持续的战火中，岭北长城为守卫金边、保护塔塔儿部安全做出重大贡献。由于岭北长城结构较简单，壕墙单线分布，不如岭南长城高大，无大屯兵城，因此在敌人大规模入侵时，会经常被突破，岭北长城也就成为反复争夺的多事之地。

（二）岭南长城北线

1. 蒙古部对金的叛与降

《建炎以来系年要录》中记载了金蒙四次对战的时间：绍兴五年（1135年）"是冬金主亶以蒙古叛，遣领三省事宋国王宗盘提兵破之[③]"；天眷二年（1139年）呼沙呼北攻蒙古，败于海岭；皇统三年（1143年）蒙古复叛，"金主亶命将讨之。初鲁国王昌既诛，其子萨罕图郎君者率其父故部曲以叛，与蒙古通。蒙古由是强。取二十余团寨。金人不能制[④]"；皇统六年（1146年）宗弼率兵攻打蒙古；皇统七年（1147年），金蒙和议[⑤]。《续资治通鉴》载："金人与蒙古始和，岁遗牛、羊、米、豆、绵、绢之属甚厚。于是蒙古长

图3-7　金岭南北线长城空间布局
（图片来源：解丹绘制。底图来源：谭其骧. 中国历史地图集（第六册）. 北京：中国地图出版社，1982.）

鄂罗贝勒自称祖元皇帝，改元天兴，金人用兵连年，卒不能讨，但遣精兵分据要害而还"。[⑥]这个"要害"，为当指金岭南长城之北线长城（图3-7）。

孙文政认为，由于当时金兀术率兵攻蒙古不能克，将兵退回到弘吉剌部居住

① 孙文政. 金东北路界壕边堡建筑时间考［J］. 东北史地，2008（03）.
② 孙进己. 中国考古集成·东北卷·金（1-2）［M］.北京：北京出版社，1997.
③ （宋）李心传. 建炎以来系年要录·卷96［M］. 北京：中华书局，1956.
④ （宋）李心传. 建炎以来系年要录·卷148［M］. 北京：中华书局，1956.
⑤ 冯恩学. 金代长城的战争观［M］//长城国际学术研讨会论文集. 长春：吉林人民出版社，1995.
⑥ （清）毕沅. 续资治通鉴·卷127·宋记［M］. 上海：上海古籍出版社. 1987.

地以南，选择要害地方屯戍，所以，东北路泰州境内十九堡，临潢路旧设二十四堡，应为皇统七年（1147年）金兀术在"要害"所筑①。

宗弼"遣精兵分据要害而还"是发生在1147年，也就是说在此时间之前，金岭南长城北线长城已经完成，即金岭南长城北线是在金熙宗时期完成的。

2. 岭南长城北线的位置与形制

金岭南长城北线的具体位置是从莫力达瓦旗后七家子村嫩江西岸起，经北边强村，又西行至冷家沟村折向西南，此后的一段长城中为内蒙古自治区和黑龙江省的分界线，即阿荣旗、扎兰屯市与甘南县、碾子山区、龙江县的边界。后长城继续向西南进入扎赉特旗，过淖尔河西南行，经科尔沁右翼前旗，进入东乌珠穆沁旗，向西北方向进入蒙古国境内，最后止于贝尔湖（捕鱼儿海子）西南岸边②（图3-8）。

图3-8　金岭南北线长城东段界壕遗址（齐齐哈尔市）
（图片来源：解丹摄于2012年）

北线长城走向为东北至西南，跨越洮儿河、归流河、霍林河，一直伸向内蒙古自治区的东乌珠穆沁旗。河流是金长城防守上的薄弱环节，但也同时为金长城聚落布局提供了天然的优良环境，是军需物资运输的必经之路。

这段长城分东西两部分，东侧因后期长城规划时再次使用，进行了改良和加建，其形制与西侧完全不同，故此时期修建的北线长城需要从这段长城的西侧段来分析。

在庞志国《金东北路、临潢路吉林省段界壕边堡调查》中，简单介绍了这段部分界壕的形制：总体为单壕单墙结构，壕宽2～3米，壕墙宽4～5米，墙现高0.5～1.5米，壕墙上无马面。

北线长城的边堡设置也是十分单薄，据现考古资料，西部段只发现10处边

①《金史·世宗纪》记大定二十一年（1181）三月东北路泰州境内有十九堡，临潢路旧设二十四堡。
② 冯永谦. 金长城修筑年代辩［J］. 东北史地，2008（03）.

93

堡，其中2处记载明确（表3-2）。堡城呈方形，间距为20千米左右，边堡边长皆约
为170米。其形制与南线长城沿边戍堡相同，唯一区别为城墙三面各有马面一处。
其他边堡没有详细记载，估计遗迹较差，或相对较小。由此可以看出北线边堡为
早期建造，建造时间与界壕同时，或稍晚些建造，但晚于岭北长城之边堡修建时
间，且早于世宗与章宗时期。由于北线长城东部段经多次修筑，故在后文中说明。

金岭南北线长城边堡列举   表3-2

编号	堡名	现今行政区	位置	形制与规模
1	特门沟古城	兴安盟科右前旗	科尔沁右翼满族屯满族乡特门牧场南侧	平面呈方形，边长178米，南墙设门，东西北三面墙中部各有马面一个，四角设角楼，城西南外有壕沟
2	金银沟古城	兴安盟科右前旗	科尔沁右翼前旗索伦镇金银沟屯西1.5公里	平面呈方形，边长172米，南墙设门，东西北三面墙中部各有马面一个，城西、北墙外有壕沟

（数据来源：内蒙古文物考古所与《中国文物地图集·内蒙古自治区分册》资料。）

虽然不排除考古的未完全性，但足可证明这段长城修筑较为简单，界壕边堡
的防御性较差。

3. 岭南长城北线的实际防御作用

岭南长城北线形成了以上京会宁府为防御中心的第二道防线，宣告金长城以
上京为中心的长城整体防御规划的完成，最终形成了双层防御线来护卫京都。

蒙古与金之间的战争，一直延续到金皇统七年（1147年）双方达成和议为
止，但和议对蒙古部并没有多大的约束力，北患还是日甚一日。同时蒙古部不断
兼并草原诸部族，势力日益变大。

北线长城的修建为防御蒙古的不断侵扰提供了军事工程保障，使其不敢恣意
发动大规模侵略。从金史的战事记载中也可以看到，在熙宗后期，蒙古军的侵扰
行动并没有太多提及。从另外一方面，北线长城的修建，缓解了由于金上京军队
数量的减少而造成的防御压力。

皇统元年（1141年）宋金再次签订和约，以淮水为界，陕西、河南等地复
为金所占。和议签订后，女真贵族采取各种措施以加强对汉族人民的统治。为了
统治的稳定，熙宗皇统五年创屯田军。"凡女真、契丹之人，皆自本部徙居中州，
与百姓杂处……凡屯田之队，自燕山之南，淮陇之北，皆有之，多至六万人，皆
筑垒于村落间[1]。"这是发生在金熙宗皇统年间的时期，金将北边的猛安谋克南

———————————
① （宋）宇文懋昭，崔文印. 大金国志校证 [M] 北京：中华书局，1986.

移，虽然稳定了疆域内南方的稳定统治，但同时削弱了北疆的军事实力，对于这一点，金很可能通过修筑北边防御工事来弥补。

因金占辽地，早在修建边壕以前，临潢路和东北路就有许多辽代堡寨的存在，辽代临潢、泰州地近上京，一向是边防重地[①]。

金上京会宁府是金朝发源的龙兴之地，对于上京的防御，金朝给予了最大的重视。虽然此时的金界壕是单墙单壕形式，且军事聚落数量较少，但其双层防御线的布局也足以证明其防御的重要性。即使继海陵王之后的君主都以中都为防御中心，但对上京的防御自始至终都没有放松，因此北线长城的东段至少经过两次以上的重修或新建。

金岭南长城北线的建造形制与岭北长城相仿，其界壕、边堡的形制都为早期类型，边堡布防密度类似，防御设施简单。不过相较岭北长城，其边堡密度有所上升，防御设施局部增强，但是工程质量却没有岭北长城好。

三、以金中都为防御中心的建设时期

自贞元元年（1153年）海陵王迁都后，金北部疆域的防御中心南移，需要修筑新的界壕以形成对防御中心的包围态势。这一过程主要为海陵王时期和金世宗、章宗两个时期，这两个时期是金长城防御体系完整建立起来的重要阶段，在修建新的长城的同时也在重新修补旧界壕边堡，使其北部疆域的防御纵深加大。通过考古资料的显示，世宗、章宗时期修筑的界壕和边堡的质量较高，大部分为双壕双墙结构，墙体夯实，界壕较宽深。壕内边堡数量较多，且多有高大城墙和马面结构，军事聚落层次丰富（图3-9）。

图3-9　金岭南北线长城位置与防御中心示意图

（图片来源：解丹绘制。底图来源：谭其骧. 中国历史地图集（第六册）. 北京：中国地图出版社，1982.）

（一）岭南长城中线

在女真人大量迁居中原，北方汉族起义逐步受到镇压的情况下，金海陵王再次发动了侵宋战争，他签发诸路猛安部族及州县渤海丁壮充军，凡女真、契丹、奚家三部之民，尽签发之。

---

① 这里所说的边堡不是直接附于边壕墙垣上的戍堡，戍堡是与边壕同时修建的。

驻守北边的契丹人害怕北方蒙古人侵扰，要求留下一些人保卫家小也被拒绝。这就使金国内部的矛盾尖锐化，先后爆发了契丹人民和汉族人民的起义，这些起义又进一步促使女真统治集团内部矛盾尖锐化。金世宗起兵辽阳，金海陵王的侵宋战争迅速失败，海陵死于兵变中。

当时起义的各族人民有契丹人撒八、窝斡的起义，有汉人单州杜全、大名府王九郎、济南府耿京、太行陈俊等的起义。由于耶律窝斡起义坚持时间较长，且在女真统治的腹心地区，因此以往史籍对之记述较多。但耶律窝斡盛时不过十余万，而汉族起义军仅耿京一支就达数十万，且汉族人民起义此起彼伏。

海陵王时期，主要兵力被用于南宋，北边的蒙古、乌古迪烈乘机南侵，北疆局势动荡。此时非常有可能在北边修壕筑障来进行防御。且由于金都城的南下，金长城防御中心出现转变，其整体防御布局必须随之调整，从而出现了现今金长城遗址中的岭南中线段。

冯永健在其文《金长城修筑年代辩》中估计这条中线长城可能是在海陵王前后时期修筑的。本书认为岭南中线长城的修建年代是在海陵王迁都之后，即贞元元年（1153年）之后。其原因有三：第一，岭南长城中线按照金西北部疆域范围的逐步变化的防御形势而调整，其修建年代应为熙宗时期的岭南长城北线和世宗时期的岭南长城南线的修建时期中间。第二，按照防御范围来看，岭南长城中线的防御重心已经南移，这与金国都南迁应该是一致的，应该发生在金海陵王时期。第三，由于南方用兵而导致北方动乱而且兵力不足，种种原因也促使金长城防御工程的开始（图3-10）。

（二）岭南长城中线位置与形制

岭南长城中线东北端自扎赉特旗额尔吐北面从主线上分出，沿大兴安岭东南麓西南行，经科尔沁右翼前旗，至科尔沁右翼中旗突过大兴安岭，向西跨入蒙古国境内，辗转进入我国境内，折向西南，经苏尼特左旗、右旗，至四子王旗鲁其根中断；自鲁其根以西，经达尔罕茂明安联合旗，至武川县上庙沟终点，长约235千米的地段已改筑为金界壕南线：总计在中国境内全长约1545千米[1]（图3-11）。

对此段长城的研究相对较少，不论是从界壕布局、形制，还是从边堡的设置与形制。这与遗址较少，且保存不够完整有很大关系，这段长城在《文物考古地图集·内蒙古卷》中，并没有将东西两段连接起来，其中间连接段有一部分是在今蒙古国境内。

庞志国在金东北路、临潢路吉林省段界壕边堡调查中，调研了这段界壕，界壕主要分布于盆地和山麓之间，主要结构为单壕单墙，界墙多是土石混筑，或

---

① 内蒙古文物地图集国家文物局. 中国文物地图集·内蒙古自治区分册［M］. 西安：西安地图出版社，2003.

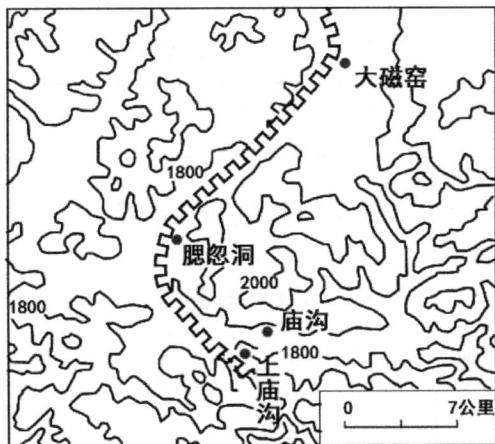

图3-10　金长城西端终点

（图片来源：贾洲杰，金代的长城，文物编辑委员会编：中国长城遗迹调查报告集，北京市：文物出版社，1981。）

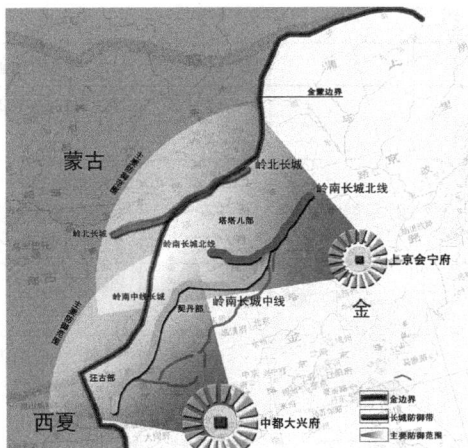

图3-11　金岭南中线长城位置与防御中心示意图

（图片来源：解丹绘制。底图来源：谭其骧．中国历史地图集（第六册）．北京：中国地图出版社，1982.）

是土堆筑，不见马面，基底残宽8～10米，上部残宽1.8～12米左右，残高为0.5～2.5米之间。

界壕内侧的边堡布局相比北线具有明显的规律性，且数量有所上升。由于中线长城的东西两端在后期都经过多次补修，故从中间长城段的边堡来探讨其特征，具体边堡见下表（表3-3）。

在这段长城中界壕内侧出现了接壕堡，堡多为方形，边长在30～70米，西侧为壕墙，其他三面筑墙，一面辟门。形制简单。接壕堡后方的边堡也为方形，边长多为200米左右，城墙转角有角台，一面辟门，无瓮门，其他三面中央设马面。堡内有内城，城墙外侧有护城壕。

金岭南中线长城边堡列举　　　　　　　　　　表3-3

编号	堡名	现今行政区	现今位置	形制与规模
1	一号附壕小堡	通辽市	霍林郭勒市	与三号附壕小堡类似
2	二号附壕小堡	通辽市	霍林郭勒市	与三号附壕小堡类似
3	三号附壕小堡	通辽市	霍林郭勒市	平面呈长方形，长46米，宽34米。西墙为壕墙，其他三面墙较低矮，墙底宽3米，上宽2米，残高0.8米。东墙中部开门
4	一号边堡	通辽市	霍林河矿区之西边缘	平面呈长方形，东墙190米、南墙192米、西墙187米、北墙191米。东墙中部开门，其他三面中部为马面，转角有角台，堡内有内城，堡外有护城壕
5	二号边堡	通辽市	霍林河矿区之腹心地带	平面呈方形，东墙205米、南墙203米、西墙202米、北墙201米。东墙中部开门，其他三面中部为马面，转角有角台，堡内有内城，堡外有护城壕

编号	堡名	现今行政区	现今位置	形制与规模
6	西风口古城	通辽市	霍林郭勒市西北15公里	平面呈方形，边长约100米，南、北墙中部开门
7	哈日努拉古城	兴安盟	科尔沁右翼中旗哈日努拉苏木哈日努拉防火站西3公里	平面呈方形，边长180米，南墙开门
8	军马场古城	兴安盟	科尔沁右翼中旗农牧场西3公里	平面呈方形，边长190米，南墙开门
9	二龙屯古城	兴安盟	科尔沁右翼中旗吐列毛杜农场二龙屯西300米	平面呈方形，边长190米，南墙开门
10	伊新二号	兴安盟	科尔沁右翼前旗	方形土筑，西门一个。城内有高方台址。城西南角处有两个房基址。东墙长30米，西墙长30米，南墙长30米，北墙长30米
11	伊新一号	兴安盟	科尔沁右翼前旗	长方形土筑，西门一个。似有马面。城东南角外有一圆坑，城内东北角有一圆坑。北城墙内有五个房基残痕。东墙长70米，西墙长60米，南墙长27.5米，北墙长37.5米
12	乌拉盖古城	锡林郭勒盟	东乌旗乌拉盖苏木政府驻地西南约10公里	平面呈方形，边长180米

（数据来自内蒙古文物考古所与《中国文物地图集·内蒙古自治区分册》资料。）

四、以金中都与上京为防御中心的建设时期

（一）岭南长城南线

金长城的岭南长城南线就是通常按照东北路、西北路和西南路来划分的金长城部分。其位置与走向在世宗时期已经确定，而章宗时期主要是修筑了南线内支线和补修南线和边堡（图3-12）。

《金史·李愈传》载："泰和二年春，上将幸长乐川……愈复谏曰：'北部侵我旧疆千有余里，不谋雪耻，复欲北幸，一旦有警，臣恐丞相襄、枢密副使阇母等不足恃也'。"[①] 由于蒙古族势力强盛，金王朝军队退守到大兴安岭的东、南部，

图3-12 金岭南南线长城位置示意图
（来源：解丹绘制。底图来源：谭其骧. 中国历史地图集（第六册）. 北京：中国地图出版社，1982.）

———————
① （元）脱脱. 金史·卷96·李愈传 [M]. 北京：中华书局，1975.

构筑了新的界壕，于是金逐渐放弃了岭北长城和塔塔儿旧居的牧地。而当时临潢、泰州地区是阻卜（即鞑靼）侵扰最严重的地区，所以界壕从这里修起，即东北路与临潢路界壕，随后又修筑了西北和西南界壕。整个修建过程不是连续的，历经几十年的时间。虽然现在仍无法判断金世宗时金长城的详细修筑过程，但从《金史》记载的一些事件中看出一些端倪（表3-4）。

金史中世宗时期金长城修建事宜相关记载　　　　表3-4

时间	位置	原因	事件
大定初	西北路		《金史》中记载："初，大定间修筑西北屯戍，西自坦舌，东至胡烈么（幺），几六百里。中间堡障，工役促迫，虽有墙隍，无女墙副堤。"
大定五年（1165年）	东北路	临潢、泰州地区是阻卜（即鞑靼）侵扰最严重的地区。在担任宁昌军节度使之后，完颜宗叙最先提出东北路开壕戍边	起初世宗已同意，在泰州、临潢境内筑边堡七十，但在金廷讨论开壕事上存在很大分歧。《金史·李石传》记载："北鄙岁警，朝廷欲发民穿深堑以御之，石与丞相纥石烈良弼皆曰：'不可古时筑长城备北，徒耗民力，无益于事。北俗无定居，出没无常，惟当以德柔之。若徒深堑，必当置戍，而塞北多风沙，曾未期年，堑已平矣。不可疲中国有用之力，为此无益'[1]。由于反对意见，世宗已同意宗叙奏请的开北边壕事未能实现
大定十七年（1177年）	全线	虽然由于御史大夫和丞相纥石烈良弼等大臣极力反对而未有成行，使开壕事暂时停止。直至1177年世宗重新接纳了宗叙的建议	"今以两路招讨司、乌古里石垒部族、临潢、泰州等路、分置堡戍，详定以闻，朕将亲览"[2]。这次修筑的规模较大，涉及到三个招讨司和临潢府，是金世宗时最大规模的修筑界壕边堡
大定二十一年（1181年）三月	东北路、临潢路	北边的蒙古、乌古迪烈乘机南侵，到大定二十一年（1181）时，金朝不得不再论北边开壕防御一事	"世宗遣大理司直蒲察张家奴等往视其处置。于是东北路自达里带石铺子，至鹤午河地分，临潢路自鹤午河堡子至撒里乃，皆取直列置堡戍。评事移剌敏言'东北及临潢所置，土背樵绝，当今所徙之民逐水草而居，分遣丁壮营毕，开壕暂以备边，上令无水草地官为建屋，及临潢路诸堡皆以放良人戍守。'四月，遣吏部郎中奚胡失海经画壕堑，旋为沙雪埋塞。不足为御"[3]。开壕的大致过程，首先是派蒲察张家奴到东北及临潢路察看，经过会议，后于四月派奚胡失海主持修筑东北路及临潢路的界壕边堡工程。由于多风沙，到了冬天所挖界壕多被沙雪埋平，起不到防御的作用。经研究，在所开界壕处，"沿边筑二百五十堡，堡日用工三百，计一月可毕，粮亦足备，可为边防久计"[4]
大定二十八年（1188年）			《金史》志第六：大定二十八年命规措界壕于唐、邓间

（数据来源：内蒙古文物考古所与《中国文物地图集·内蒙古自治区分册》资料。）

① （元）脱脱.《金史》·卷86·李石传［M］. 北京：中华书局，1975.
② （元）脱脱. 金史·卷71·宗叙传［M］. 北京：中华书局，1975.
③ （元）脱脱. 金史·卷71·婆卢火传［M］. 北京：中华书局，1975.
④ 孙进己，支运亭. 中国北方各族人物传（金代卷）［M］. 沈阳：辽海出版社，2001.

　　随着蒙古势力的不断增强和契丹等游牧民族的武力反抗，金朝疆域北边叛乱日益增多，金王朝无力对黑龙江上游实行直接有效的统治。大定年间，北方就流传着这样的民谣："鞑靼来，鞑靼去，赶得官家没处去。"[1]

　　在这样的边境形势下，世宗大定时，金王朝把乌古迪烈招讨司迁至大兴安岭东面的泰州城，沿大兴安岭及其支脉布置防务，开设了三个招讨司，以镇抚其北部疆域。并在西北疆的嫩江至大青山段修建界壕和军事聚落，屯重兵防守。

　　于是金岭南线长城在世宗时成形，章宗时期又对金岭南长城南线进行了大力的修补和加建支线。从现今的考古调查显示，章宗时期未对金岭南长城北线与中线进行修补，显然已经放弃了对南线以外的疆域（表3-5）。

　　明昌四年（1193年），塔塔儿部扰金内地，金丞相完颜襄在成吉思汗和王罕等诸部军队的支持下，灭塔塔儿部。塔塔儿部的灭亡，立即使金长城直接暴露于外，蒙古对金的侵扰也更肆无忌惮了。在漫长的长城防线上，金有限的常驻守军根本无法阻挡游牧骑兵的闪电进攻。

金史中章宗时期金长城修建事宜相关记载　　　　　　　　表3-5

时间	位置	工程主持	事件
			《蒙鞑备录》记载"章宗又以为患，乃筑新长城在静州（净州）之北，以唐古纠人戍之。酋首因唐古纠叛结即刺都纠、木典纠、咩纠、后典纠等俱叛，金人发兵平之，纠人散走，投于鞑人。"
明昌元年（1190年）		完颜安国	《金史》卷94《完颜安国传》载：章宗明昌元年（1190年）前后"北阻迫近塞垣，邻部欲立功以夸雄上国，议邀安国俱讨之……承安二年（1197年），以营边堡功，召签枢密院事。赐虎符还边，得以便宜从事。时并塞诸部降，谕使输贡如初。"
明昌	岭南长城南线	完颜襄	《金史》列传第三十三：初，明昌间，有司建议，自西南、西北路，沿临潢达泰州，开筑壕堑以备大兵，役者三万人，连年未就。御史台言："所开旋为风沙所平，无益于御侮，而徒劳民。"上因旱灾，问万公所由致。万公对以"劳民之久，恐伤和气，宜从御史台所言，罢之为便"。后丞相襄师还，卒为开筑，民甚苦之
		完颜襄	《金史》卷94赞曰："迹襄之开筑壕堑以自固，其犹元魏、北齐之长城欤？"
明昌三年（1192年）			《金史》本纪第九：（明昌）三年……四月……戊午，诏集百官议北边开壕事。……五月……癸酉，罢北边开壕之役
明昌末年（1196年）	岭南长城南线		字术鲁德裕"监察御史，迁少府监丞。明昌末，修北边壕堑，立堡寨。以劳，进官三阶"

① （宋）孟珙. 蒙鞑备录·征伐. 内蒙古史志资料选编·第3辑. 内蒙古地方志编撰委员会总编室编印，1983.

时间	位置	工程主持	事件
承安三年（1198年）	岭南长城临潢府—北京路	完颜襄	《金史》列传第三十二：时议北讨，襄奏遣同判大睦亲府事宗浩出军泰州，又请左丞衡于抚州行枢密院，出军西北路以邀阻镁，而自帅兵出临潢。上从其策，赐内库物即军中用之。其后斜出部族诣抚州降，上专使问襄，襄以为受之便。赐宝剑，诏度宜穷讨。乃令士自赍粮以省輓运，进屯于沶移剌烈、乌满扫等山以逼之。因请就用步卒穿壕筑障，起临潢左界北京路以为阻塞。言者多异同，诏问方略。襄曰："今兹之费虽百万贯，然功一成则边防固而戍兵可减半，岁省三百万贯，且宽民转输之力，实为永利。"诏可。襄亲督视之，军民并役，又募饥民以佣即事，五旬而毕。于是西北、西南路亦治塞如所请。无何，泰州军与敌接战，宗浩督其后，杀获过半，诸部相率送款，襄纳之。自是北陲遂定
承安三年（1198年）	岭南长城南线西南路	仆散揆	《金史·仆散揆传》明昌四年以后，仆散揆"复以战功，升西南路招讨使，兼天德军节度使。……复出御边，尝转战出塞七百里，至赤胡觌地而还，优诏褒谕。……会（其妻）韩国大长公主薨，揆来赴，上谕之曰：北边之事，非卿不能办，乃赐战马二，即日遣还。揆沿微筑垒穿堑，连亘九百里，营栅相望，烽候相应，人得恣田牧，北边遂宁"。《金史·仆散揆传》亦载：揆升西南路招讨使后，"沿微筑垒穿堑，连亘九百里，营栅相望，烽候相应，人得恣田牧，北边遂宁"。因其功而召"拜参知政事"。仆散揆是章宗承安四年二月升参知政事的，其筑垒穿堑之功当成于承安四年之前
承安三年（1198年）	岭南长城南线西北路	独吉思忠	"各路边堡墙隍，向以起筑忽遽，并无女墙副堤'为由，要求增补，并于承安五年完工"。承安五年九月"尚书省奏：西北路招讨使独吉思忠言，各路边堡墙隍，西至坦舌，东至胡烈幺，几六百里。向以起筑忽遽，并无女墙副堤。近令修完，计工七十五万，止役戍军，未尝动民，今已工毕。上赐诏奖谕"。《金史·独吉思忠传》载"思忠增灌，用工七十五万，止用屯戍军卒，役不及民。上嘉其劳，赐诏奖谕。"独吉思忠，是章宗承安三年（1198年）出任西北路招讨使的，修西北路防御工程之举当在其上任后
承安五年（1200年）		张炜	《金史》列传第三十八《张炜传》：炜出为同知镇西军节度事，转同知西京转运使事。是时（承安五年），大筑界墙，被行户工部牒主役事
承安三年（1203年）三月壬申	岭南长城东北路	宗浩	赴东北泰州主持修筑东北路界壕边堡；九月壬辰（1203年11月2日），诏右丞相宗浩还朝时已修完

（数据来源：内蒙古文物考古所与《中国文物地图集·内蒙古自治区分册》资料。）

完颜襄主要负责修筑临潢路段界壕，并于承安三年（1198年）完工，仆散揆主要负责修筑西南路段界壕，于承安三年（1198年）修筑完工，独吉思忠要负责西北路段界壕，并于承安五年（1200年）修筑完工，而东北路在宗浩主持下于泰和三年三月壬申（1203年4月16日）修筑完。

至此，金长城较大范围的新筑与修补已经完成，其空间布局已经是现在呈现给世人的模样。

（二）岭南长城南线位置与形制

金岭南长城南线，兴筑首于金世宗时期。其东北端起点在莫力达瓦达斡尔族自治旗七家子村南，即北线起点之南3.5公里，西行15公里北边墙村与北线相合，自此西南行至科尔沁右翼前旗满族屯乡，长约500公里地段全部作为岭南北线的补筑，南线长城的大部分地段被改造为双壕和双墙。南线自满族屯西南行，经多个旗县后西行至克什克腾旗达里诺尔，再由此地折向西南行，经过五个旗县后折向西北行，至四子王旗鲁其根与北线相合，再折向西南行，经达尔罕茂明安联合旗至武川县上庙沟村终止。章宗时期不仅对岭南长城南线进行了修补，还增加了副堤和副壕（图3-13）。

图3-13　金岭南南线长城（包头市）
（来源：解丹摄于2018年。）

金长城南线的修建质量最高，经章宗时期的多次修补，其界壕形式多为双墙双壕形制。由于修建时分为四路建设，故每部分都略有不同。而且在南线的东部和西部两端都是修复既有长城，故其形制需要以之前的界壕边堡为基础。

五、支线的修筑与最后的修补

（一）岭南长城南线支线

在金长城整体规划基本完成后，为了局部防御加强，仍在南线长城内侧构筑了新的界壕，即岭南长城南线内支线与东支线。

（1）南线内支线是从林西县凌家营子分支出来，再西南行，经克什克腾旗、翁牛特旗、赤峰市松山区，伸入河北省围场和丰宁县境，再进入多伦县西南部，经正蓝旗、太仆寺旗、康保县（河北省）、化德县，至商都县冯家村与南线主线会合。

界壕形制为单壕单墙结构，壕墙残高1～2米左右，底宽4～10米，顶宽2～7米。墙体为夯实而成，有马面，间距约250米左右（图3-14）。

界壕旁边堡平面多呈正方形，边长150～250米左右，城墙一面开门，部分堡城城墙上设马面，除开门一面，其他三面各有一马面，城四周有角台，无瓮城（表3-6）。

图3-14　乌兰察布市化德县杨家地村北金界壕遗址

（图片来源：李剑平摄。）

金岭南南线西支线边堡列举　　　　表3-6

编号	城址	现今行政区	现今位置	形制与规模
1	小兰城址	河北省	位于张家口市康保县郝车倌乡小兰城村西10米	平面呈正方形，边长200米。城的东、西、南3面有城门的迹象。城墙为夯土筑成，夯层厚10～12厘米。城墙残高0.5～1米，底宽5米，顶宽0.5米，城东侧为敖包山，西为小圆山，北500米
2	大土城址	河北省	位于张家口市康保县阎油坊乡大土城村西南约500米，北1000米	平面为正方形，边长200米。城门在南面中央。城墙残高1～1.5米，下宽6米，顶宽1米
3	骆驼场城	河北省	位于承德市丰宁县草原乡东500米处，北200米	平面为正方形，边长196.4米。夯土筑成，夯层厚14～40厘米。城四隅均有角台遗址。四面城墙中部各设1个马面。城内西北角有1个小城，边长40米
4	兰城址	河北省	位于张家口市康保县兰城子乡兰城子村南	平面呈长方形。东西250米、南北150米、城墙残高0.3～1.5米，夯土层厚10厘米。南墙中央设1门，宽4米
5	平原城址	河北省	位于张家口市康保县丹清河乡平原村西北500米处	平面呈正方形，边长150米、城墙残高0.9～1.2米，下宽5米、上宽1米
6	小城址	河北省	位于张家口市沽源县牧场小城子村西500米处	平面近方形，南北177米、东西170米。城墙残高0.2～0.5米

（数据来源：刘建华《河北省金长城》。）

（2）南线东支线从自扎赉特旗吉日根从主线上分出，西南行经科尔沁右翼前旗，至突泉县北岗村与南线主线相合。长城界壕的形制与岭南中线类似，单壕单墙结构，无马面，土筑或土石混筑。边堡分为大小两种，小者边长20～50米，呈方形，开一门，或守界壕或守大堡，与界壕间距100～300米，非附壕小堡。大者边长为120～170米，呈方形，开1～2门，城墙上多设有马面，且数量为每面1～3个，城墙四角有角台，外有护城壕，但多无瓮城（表3-7）。

金岭南南线东支线边堡列举 表3-7

编号	堡名	现今行政区	现今位置	形制与规模
1	新宝力高古城	兴安盟	科尔沁右翼前旗好仁苏木新宝力高村南2公里	大小三座城堡，呈倒"品"字形布局。三城平面皆呈方形，南城南北170米、东西165米，南墙开门，无瓮门，门两侧各有三马面，其他三面中央有一马面。北侧两小堡，边长分别为30米、40米，无角楼、马面、瓮门
2	好仁古城	兴安盟	科尔沁右翼前旗好仁苏木中心学校内	平面近方形，南北180米、东西170米，南墙开门
3	好仁南古城	兴安盟	科尔沁右翼前旗好仁苏木好仁村南700米	平面呈方形，边长120米，东、南墙开门，其他方向城墙中央各有一马面，有角台和护城壕。堡内有一内城
4	和平屯古城	兴安盟	科尔沁右翼前旗好仁苏木和平屯西2公里	南、北两城相邻。北城平面呈方形，边长42米，南墙开门。南城平面呈方形，边长30米，南墙开门。两城相距21米
5	古迹古城	兴安盟	科尔沁右翼前旗古迹公社古迹大队古迹屯西南	方形，土筑，门在南，有角楼。城边长东179米，西150米，南176米，北170米
6	根基沟古城	兴安盟	科尔沁右翼前旗古迹乡根基沟村南500米	平面呈长方形，南北23米、东西21米

（数据来源：内蒙古文物考古所与《中国文物地图集·内蒙古自治区分册》资料。）

　　章宗之后就停止了对金长城大规模的修补或新建，仅过了不到三十年，金王朝就走向了灭亡之路。故推测支线的修建时间应为南线主线修筑之后。在金朝迁都南京开封之前，还在对金长城局部进行修缮。历史记载中没有过多记载，但可以从蒙金战争中著名的"乌沙堡之战"可以看出金对长城界壕边堡的修缮是一直持续的。

（二）战争的号角

　　自1206年蒙古国建立到金太宗六年（金天兴三年，1234年），攻灭金朝。约120年的帝国在蒙古大军24年的进攻中覆灭。在对金正式进攻之前，成吉思汗进行了充分的准备。

1．消除金周边军事力量的威胁

　　1206年春，蒙古族首领铁木真经过数年的战争，统一了长期分裂、战乱频仍的漠北各部，同时建立了蒙古国，被尊称为"成吉思汗"。蒙古部主铁木真

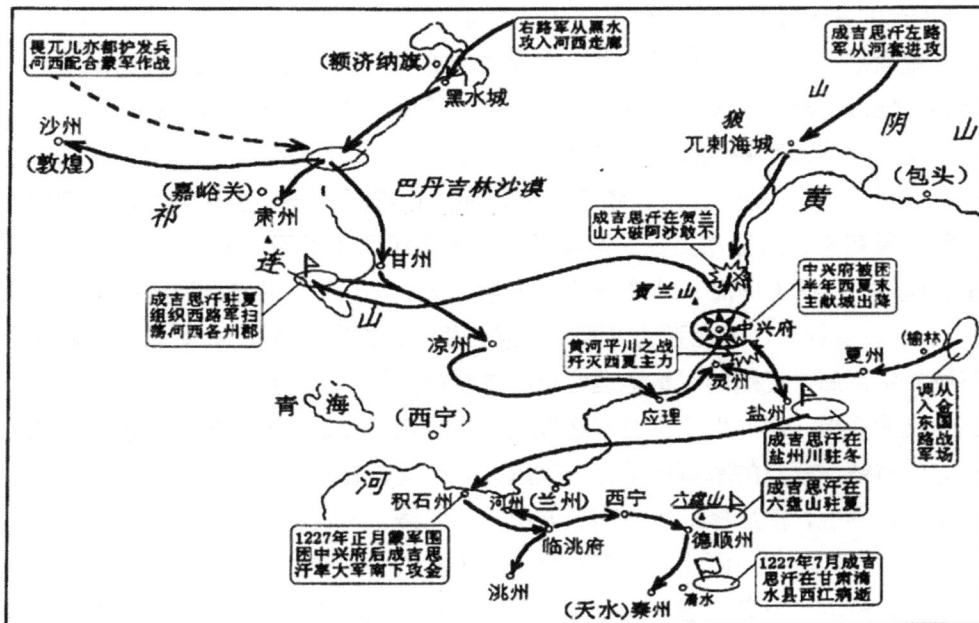

图3-15　蒙古灭夏经过示意图
（图片来源：巴特. 蒙古族古代战例史. 北京：金城出版社，2002。）

兼并漠北各部后期，把目光转向与蒙古毗邻、经济富庶的西夏。占领西夏，不仅可以解除金的藩属西夏对蒙军的牵制，也可获取大量财物补充军需，增强实力[1]。

　　1205年3月，蒙古对西夏进行了正式攻击。在1209年西夏第三次被蒙古攻击时，向金求助无果，西夏与金关系破裂。蒙古消除了攻金的侧后翼威胁。之后蒙古又对西夏进行了多次进攻，最终西夏在1227年灭亡（图3-15）。

　　2. 对金长城防御工程的窥探

　　随着接连不断的胜利，成吉思汗决定对金朝用兵。首先，成吉思汗利用各种渠道和手段，获取金朝军事情报，对金长城的概况进行了解。

　　金长城工程浩大，战线之长，必为蒙军所知。但蒙军要知道长城真正威力以及军事部署才能有备而战。故蒙古对金朝边疆的契丹军以及纥军长期示好，诱降为金国守卫长城北部地区的汪古部，使汪古部地区成为蒙军攻金的作战基地，并且蒙古招纳金军戍边将士，从中了解到金长城军事力量及部署情况。

　　显然，这些前期准备促使蒙军选择了金西北部为首要的进攻点。太祖五年（1210年），蒙古国断绝了与金国的岁贡关系，正式同金朝对抗。

---

[1] 中国长城学会. 长城百科全书［M］. 长春：吉林人民出版社，1994.

（三）金长城最后的修补——乌沙堡与乌月营

金后期，蒙金战场早已推移到金国内地的泰州和临潢路长城的外围地带。独吉思忠任西北路招讨使时，在抚州境内修补岭南长城南线中的西北路。

抚州隶属西京路大同府，是金国的北大门，金边境置兵"要州"之一。《金史》地理志载："抚州，下，镇宁军节度使。辽秦国大长公主建为州，章宗明昌三年复置刺史，为桓州支郡，治柔远。明昌四年置司侯司。承安二年升为节镇，军名镇宁。"在《辞海·地理分册》的解释为："抚州，金置，治所在柔远（今张北），辖境约当今河北张北以西，内蒙古集宁市以东地区"。在金长城防御重心下移到中都后，抚州的军事地理位置的重要性凸显出来。到金朝章宗时，遂发展到一定的规模，州的地位也在不断提高，从桓州的支郡，即刺史郡，而升为独控一方的节镇。抚州的军事作用也越来越大。因此，在抚州及北部（今内蒙古锡林浩特）边界上，前后修筑了岭南长城中线、南线、南线内支三道界壕。

乌沙堡位于抚州西北，一直是金人防御蒙古的重要戍堡。它用周近的乌黑沙石建成，故取名为乌沙堡，扼守着蒙古南下的咽喉地段，有其特殊的军事战略地位[①]。从上述记载中看到，"会边将筑乌沙堡"，意思是在界壕汇合处修筑乌沙堡，那么乌沙堡正是金岭南长城南线西北路上的一个戍堡，且在南支线与主线的西侧交汇处附近，在其后方距离不远处设有边堡，乌月营，统辖乌沙堡之戍堡，兵力和供给主要集结于乌月营。

《续资治通鉴》载："大安二年（1210年）九月，会边将筑乌沙堡，欲以逼蒙古。""大安三年（1211年）二月，金人复筑乌沙堡。""大安三年（1210年）三月，金主乃命平章政事独吉思忠、参知政事完颜承裕行省事于抚州……以备边事"，"八月，金独吉思忠、完颜承裕缮乌沙堡。"

汪古部落居住在阴山一带，本一直守护金西南路长城。"蒙古初用兵时，得汪古部长阿剌忽失的斤之助。汪古部为金守御长城之北，兹叛金，引蒙古军入[②]。"元太祖六年（1211年）二月，成吉思汗亲统大军南下，进至金长城北部的汪古部驻地（今内蒙古巴彦淖尔市、乌兰察布市一带），命部队集结休整，另派轻骑刺探金军实力。四月，金帝闻报，大为恐惧，遣使乞和失败，遂命平章政寻独吉思忠、参知政事完颜承裕领兵堵御。七月，成吉思污兵分两路扣边，东路军由成吉思汗亲自率领，直趋金长城要冲乌沙堡、乌月营[③]。"大安三年八月，蒙古哲别遣阿哈以轻兵奄之，拔乌沙堡及乌月营，思忠等败走"[④]（图3-16）。

① 胡明. 金抚州境内之界壕与乌沙堡［M］//张家口泥河湾历史文化研究会编. 张家口历史文化研究，第1期，2004（04）.
②（瑞典）多桑者.冯承均译. 多桑蒙古史·上册［M］. 上海：上海书店出版社，2003.
③ 乌月营地理位置说法不一，一说为今河北张北西北，一说为今山西大同东北、内蒙古兴和附近。
④（清）毕沅. 续资治通鉴［M］上海：上海古籍出版社，1987.

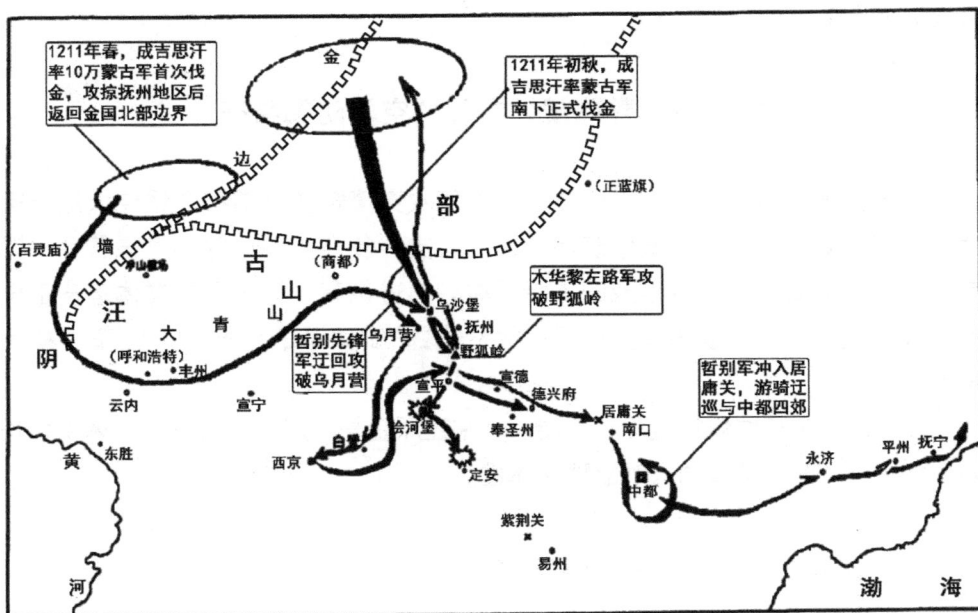

图3-16　蒙古军与金军于乌沙堡及会河堡之战经过示意图
（图片来源：巴特著. 蒙古族古代战例史. 北京：金城出版社，2002。）

　　胡明在其文《金抚州境内之界壕与乌沙堡》中认为，乌沙堡应该在金商都冯家村附近，蒙古军乘胜再取乌月营[①]。陆文海在其《成吉思汗传》这样写到："金将修筑的乌沙堡、乌月营真是别具匠心。乌沙堡坚固可守，并有暗道与乌月营相连。乌月营则为支持乌沙堡的基地。成吉思汗几次指挥军队强攻乌沙堡，均没有得手。于是经过观察后，发现了堡与营之间的秘密，遂派哲别率军迂回，袭击乌月营。哲别不负众望，一举攻下了乌月营。因乌月营失守，乌沙堡便失去了防御作用，金兵遂退兵东走，蒙古军占领了乌沙堡。"

　　在乌沙堡战斗中，蒙古大军利用汪古部人作为路线向导，绕过长城最西端，攻击乌沙堡。乌沙堡作为西京的屏障，蒙古军只要突破它就可向南越过长城，直临西京。在成吉思汗破乌沙堡后，长驱南下，势如破竹，七天即抵达西京，兵临城下。

　　金苦心经营的长城屏障，由于汪古部的指引，蒙军绕行而失去作用，而战争的失败直接导致界壕无兵戍守，而只利用疆域内纵深布置的军事聚落来进行局部防御。

　　乌沙堡之战的失败并不偶然，它是金政治腐败、军队涣散的必然结果，同时预示着金灭亡的临近。可以这样说，金长城防线的失败几乎是必然的，其防御力

[①] 韩志远. 略论金抚州地区在蒙金战争期间的战略地位及元武宗在中都建元中都的军事原因[J]. 文物春秋，1998（03）.

失效原因更多的是人为因素。

第二节 整体规划布局的空间防御特征

在《金史》的多处记载中已显示，在每次穿壕筑垒之前都会派专人进行实地勘察和规划。虽然金长城修筑历史长，且支线复杂，但这并不意味着金长城是按照军区需要独自修筑而成的。金长城必然遵循着一个大型的群体建筑工程的总体规划设计，在其规划中体现了金长城防御体系的全面性、完整性和系统性。

在此通过金长城修筑过程和其特点，来还原金长城规划之初衷，并体现金长城规划在整个西北疆域的宏观战略整体性。

一、整体规划布局与地理环境的关系

（一）金边境的地理形胜

《金史·地理志》载，"金之壤地封疆，东极吉里迷兀的改诸野人之境……逾黄河，复公历葭州及米脂寨，出临洮府、会州、积石之外，与生羌地相错。"[①]

金灭辽后，占领了辽的大部分疆域，因西辽的产生而无法收复西北部，故金的北部疆域比辽代时小了很多。但由于对北宋的攻击，南部疆域比辽时更向南。在金最盛时期，疆域南以淮水、秦岭与南宋为界，东至日本海，东南与高丽接壤，西邻西夏、吐蕃、略如北宋旧界，北边东段抵外兴安岭。

金的疆域像一个鱼形，头（东北）大尾（西南）小（图3-17）。由于其"鱼腹"的位置，即东北、东南都沿海，除了需要防范高丽外，主要是防御来自西北、西南与南方的军事力量。而金朝一直坚持"南攻北守"的军事政策，其大量精良部队都屯于西南和南方，且由于南宋长期消极的军事策略，而西夏国力较弱，故金在西南和南疆大多都处于强者态势。而金整个北部疆域较长，又经常调兵攻宋，常造成兵力不足，历史中时常出现的叛乱也可以侧面反映这一问题，于是金北部疆域成为金代防御的重点。

金的东北疆域并不是无险可守，金东北部北侧有外兴安岭做屏障，内有乌苏里江、额尔古纳河和黑龙江等河流做阻挡。在"鱼头"的脊背，即东北部的西侧，有呼伦贝尔沙地和嫩江做阻挡，整个大兴安岭做屏障。大兴安岭是中国东北地区的重要山脉，为蒙古高原和东北平原的界山。山体呈东北——西南走向，北起黑龙江省西北部黑龙江沿岸，经内蒙古自治区，南到西拉木伦河谷地。大兴安岭山体呈不对称状，西坡和缓，东坡陡峻，宽度不大。大兴安岭东西两侧由于山

---

① 文物编辑委员会. 中国长城遗迹调查报告集［M］. 北京：文物出版社，1981.

图3-17　金代疆域图（金皇统二年）

（注：图中深色线条为金界壕地理位置

图片来源：解丹绘制，底图来源：谭其骧. 中国简明历史地图集（第六册）. 北京：中国地图出版社，1982。）

地的阻挡作用，东南坡降雨量增多，气温也较高，相反西侧处于少雨地带，气候表现为干冷[①]。它成为西北游牧民族进入的巨大屏障，易守难攻，且在地形上山多险固，遍布茂密的森林，这种温带的森林对横冲直撞的蒙古骑兵的防御是十分有效的。

　　但东北疆域的西北部仍是防御重点，沙地对游牧骑兵的防御力并不强大。而且由于金朝时期受到全球第三次冰冷期的影响，虽然河流在汛期可以发挥障碍的作用，但其冰期更长，仍需要戍守。所以金在西北防御中的起点是从东北嫩江开始的。

　　金西北疆域主要处于现蒙古国和内蒙古地区，为蒙古高原地带，地形地貌多以高原、山地、丘陵、平原和沙地为主，气候特征为温带大陆性季风气候。海拔

————————

① 中国长城学会. 长城百科全书［M］. 长春：吉林人民出版社，1994.

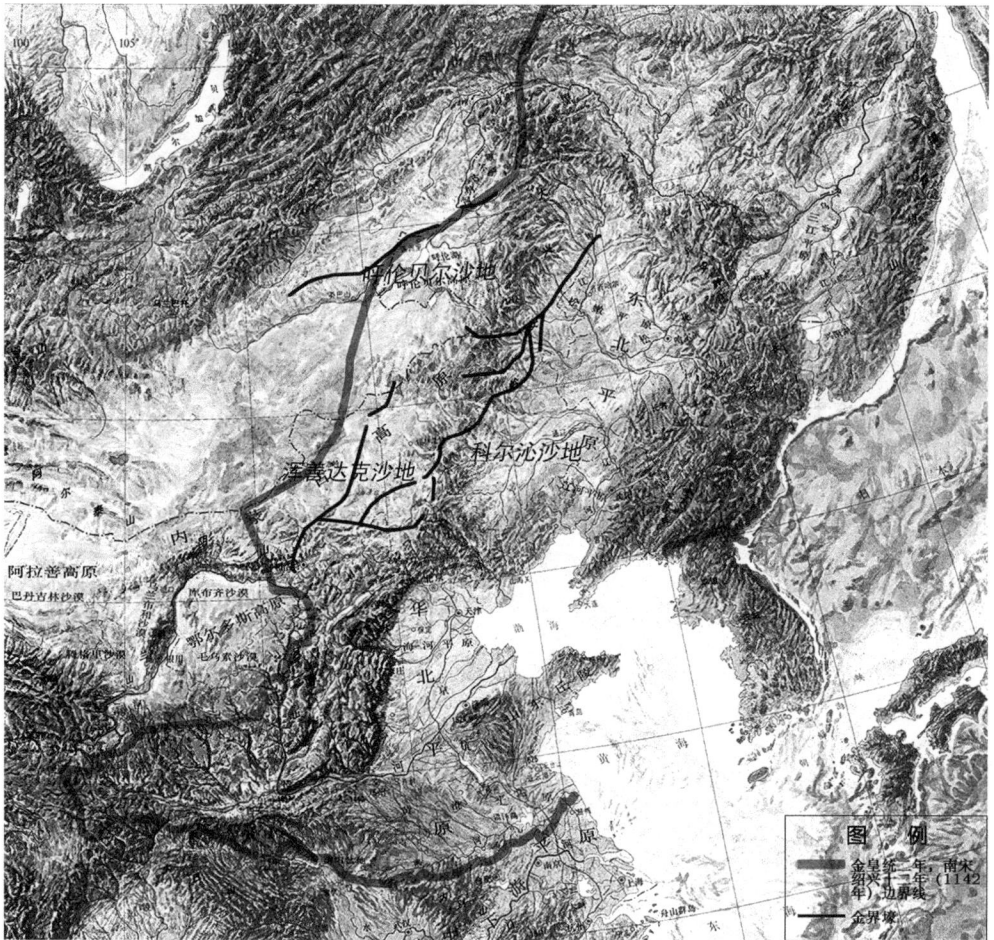

图3-18　金界壕遗址的地貌环境

（图片来源：张伟亚绘制，底图来源：崔文宏. 中华人民共和国地势图. 西安：西安地图出版社. 2001.）

高度大部分在1000～1300米，地势由西向东缓缓倾斜。地面开阔坦荡，起伏和缓，地表结构单一。高原大部分地区风沙地貌较为发育，不利于构筑各种防御工事，具有易攻难守的特点[1]（图3-18）。

　　西北疆域内的大兴安岭山势已经从北高走向南低，且其西北处已靠近金内地。同样在历朝历代作为天险的阴山，大部分位于西夏境内，且并不靠近边境，金西北几乎无险可依。这样的环境是游牧骑兵发挥威力的理想场所，蒙古高原自古就是游牧民族互相角逐的大舞台，其军事势力常常震撼欧亚。

　　沙漠，成为西北唯一的自然防御手段，主要有浑善达克沙地、科尔沁沙地和呼伦贝尔沙地。这些沙漠从西到东几乎连成一片，成为浩瀚的沙海。内蒙古的沙漠不仅面积大，而且沙丘可以高达到500米。沙漠的面积之大，以及沙丘的流动，

----

① 胡阿祥，彭安玉，郭黎安. 兵家必争之地［M］. 海口：海南出版社，2007.

给当时以骑兵为主的战争中，造成了巨大障碍。在《战争地理学》中指出："松散的沙粒加上斜坡的急剧变化限制了通行的能力。沙漠地的侵蚀比在温润地区的侵蚀往往产生更陡峭、棱角更多的山坡和河岸"，从而"造成了越野运动的障碍并规定了运动道路的方向[①]。"

但经常生活在沙漠中的游牧民族，对于沙漠是了如指掌的，在军事战斗中可以规避风险。

金在西北疆域的薄弱防御，促使其不断在西北方修建界壕。在金存在的120年中，大部分时期都没有停止对金长城的修建和修复。

纵观金代，由于其边防军中十分明显的"游牧性格"，金并没有很好的利用疆域内的山川险要，只有在金中都小范围的防御中可以见到，但也多因受汉族影响。

（二）金长城的总体规划中对自然地理环境的利用

《金界壕考》中说："塞外多风沙，以埋塞为患。故世宗朝屡遣使经划，卒不能决。章宗时边患益亟，乃决开壕之策，卒于承安三年成之。其壕堑起东北，迄西南，几三千里可谓近古史上之大工役。"[②]王国维在这段话中就言明，首先塞外风沙过大，壕堑很容易就被毁坏。其次，世宗时期多次派人去为金长城的规划进行实地探查，但是由于地形和气候的原因，朝野意见不一，最终还是无法决断。虽然王国维在金长城建造的时间上有失偏颇，但肯定了在金修建长城之前曾多次派人实地勘察，有着周密的规划过程。

按照现在的行政区划，金长城主要分布在内蒙古自治区东北部与中部，局部分散在黑龙江、河北和蒙古国。金长城界壕的位置位于历代长城的最北边。

其岭北长城位于金早期疆域最北处，沿额尔古纳河走向，北临外兴安岭屏障，东为大兴安岭起点，来防御西南入侵的敌人。界壕将呼伦贝尔沙地囊括其中，对进入的骑兵造成再次的阻挡。

其岭南长城东起嫩江中游，沿大兴安岭走向，经过锡林浩特高原和浑善达克沙地，后与阴山山脉相连而西向，直达黄河河套东部。在这段长城中，以嫩江为起始点，将科尔沁沙地含入其中，穿过多条内蒙古高原上的河流，与浑善达克沙地结合，以黄河北岸作为界壕的终止点。

东北路、临潢路界壕边堡之地形多以山地为主，西北路、西南路界壕边堡则多以平原、沙地为主。自然地理环境也造成了金长城各段特征不同。在金界壕的整个规划走势中，可以看出长城在地形地貌利用方面的特点。

① 胡阿祥，彭安玉，郭黎安. 兵家必争之地［M］. 海口：海南出版社，2007.
② 王国维. 观堂集林·卷15·金界壕考［M］. 北京：中华书局，1959.

1．山

金长城在规划中没有可以依靠的高大山体，但在高原环境下，存在很多山地，尽管这样，金长城并没有依山就势，即使需要通过山梁时也都会选择较低的山坳。在山坳上的壕墙，多采用石筑或土石筑，壕墙高度比在平原上要低，壕沟深度也浅。这种规划方式是与金军作战特点和其防御"游牧性"决定的。这一点在文中第二章已详细介绍 。

2．水

在金长城规划中通过多条河流，尽管河流汛期会对长城造成一定破坏，但其优势更为显著。首先，在水源附近，金长城军事聚落可以更好的被供给，方便军事聚落内戍兵防守和长期屯田；其次，多条南北贯通的河流发展成为运送物资的交通要道，以应对北方对粮草的不时之需；再次，利用南北贯通的河流有效的将敌人控制在一定的范围内，并将大防御区域分为小区域来进行布防，当发现敌人时可以集中兵力攻击。在建筑处理上，河流通过处多将壕墙断开，并在河流两侧设堡戍守。

3．沙漠

从整体规划上看，金长城已将不适合农业生产的地区划分到界壕的北侧，在实际考察中经常可以发现，界壕内外环境迥然。但在金边界内部的沙地，在金长城规划中也给予了很好的利用，这点在金岭南长城南线中有很好的体现。

金岭南长城南线经过浑善达克沙地，为了充分利用沙地的优势，长城将大部分沙地位于内外两线的中间，这样，在防御上不仅有长城的工程防御还有地理环境对敌人进攻的制约，这样的设计使长城防御发挥更大最用。在对呼伦贝尔沙地和科尔沁沙地的利用方法是一致的，都将其置于界壕内部，作为界壕内的防御手段。

金长城在整体规划上，体现了因地制宜的规划特点，使用地理特征来针对敌方作战特点而相应设计的优秀理念。

二、整体规划布局与国家防御格局的关系

金长城的规划布局随着金代疆域的变化而改变。金初期，随着南方疆域的扩大，为便于控制国家局势，金将都城南迁，这样北方军事防御重心也必须南移，导致金长城需要在规划中重新调整布局。金中期，随着北方军事势力的增强，金北疆界逐步南移，导致原有界壕暴露在外，失去防御能力，金对金长城进行了新的规划布局并修建了新的防御工程，利用部分原有界壕形成网状布局（表3-8）。

金长城阶段性形成的时间与修建长度介绍　　　　　表3-8

防御中心	各段长城名称		修建年代	新建长度	改造长度
上京 （会宁府）	岭北长城		太宗时期 1129~1138年	约700公里 （国境内256公里）	—
中都 （大兴府）	岭南长城	北线	熙宗时期 1147年以前	约875公里 （国境内645公里）	—
		中线	海陵时期	国境内约1170公里	约375公里
		南线	世宗、章宗时期	约1200公里	约735公里
	支线	南线东支线	章宗时期或之后	约125公里	—
		南线内支线		约705公里	

（数据来源《中国文物地图集·内蒙古自治区分册》，界壕长度数据皆为平面距离。）

（一）定都会宁府——以上京会宁府为中心形成的防御格局

上京路一直作为金的龙兴之地，在海陵王南迁之前，上京路是金代的国都，作为全国的经济、文化、政治中心。通过金太祖、太宗、熙宗这三个时期集中修筑后，上京会宁府已经是当之无愧的金都城，皇城、宫室通过几次扩建后已经初具规模，社会稳定，并在此集中了金朝大部分的女真贵族阶层。

大兴安岭作为上京最好的自然防御，山体浑圆高大，且森林密布，对游牧骑兵的攻击造成有效阻挡。大兴安岭东西两侧，由于山体的阻挡，东南坡降雨较多、温度较高，西侧却少雨干冷，大兴安岭成为了自然的农牧交错带。此时金西北方长城军事防御工程的规划，必然是以金都城——上京会宁府为中心（图3-19）。

除了自然防御，在金国之初，统治者在西北疆域修建了第一道人工防御工程——金岭北长城。岭北长城东起大兴安岭西侧，经内蒙古自治区呼伦贝尔盟额尔古纳左旗（古称根河城）境之根河南岸，向西行，经满洲里过俄罗斯直至蒙古境内肯特山南麓。作为早期作品，金岭北界壕的工程质量并不好，防御能力也很有限，界壕结构简单，为单壕单墙，且壕浅墙矮，有马面；戍堡分布无规律和层次，显然缺乏防御体系的整体性概念；在金熙宗时期，统治者在塔塔儿与上京城之间修筑了第二道长城，金岭南长城北线，其工程质量没有比岭北

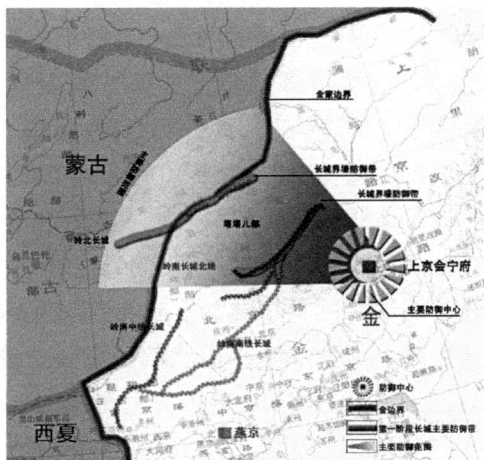

图3-19　以上京会宁府为中心的防御格局
（图片来源：解丹绘制。底图来源：谭其骧. 中国历史地图集（第六册）. 北京：中国地图出版社，1982.）

长城好，建筑形式与岭北长城类似。金岭南长城北线与金上京城更近，成为金西北疆第一道防御工程的后备力量，为敌人进攻造成更大的困难。

这种自然防御与双层人工防御工程的总体规划格局在金南下迁都时被打破，带来了金长城新的发展。

（二）迁都大兴府——以中都大兴府为中心形成的防御格局

金占领宋燕山府（今北京地区）后，把它改为南京。1141年，宋金"和议"，淮水以北全部划归金朝版图。此时，抗金将领岳飞被害，金在华北的统治也已经转入稳定。燕京四通八达，物产丰富，与居于东北部的上京相比，不仅可以巩固海陵王的统治，也有利于与中原地区的经济交流。

金天德元年（1149年），完颜亮杀金熙宗而即帝位，天德五年（1153年），金正式迁都燕京，改名中都，改析津府为大兴府。金迁中都后不仅使其政权体制实行封建化，还增加了汉族士人参政，使金朝成为多民族联合的政权，标志着金的历史发展到一个新的阶段[①]。

金中都（今北京地区）位于华北平原西北部。从地理位置上看，北京南接华北平原、西临黄土高原、北接内蒙古高原，处于中国三级地势阶梯交接处[②]。东南部是一片逐渐低缓的平原，其西部和北部是连绵不断的山脉，对于西北方游牧势力的防御相当于一道天然的屏障（图3-20）。

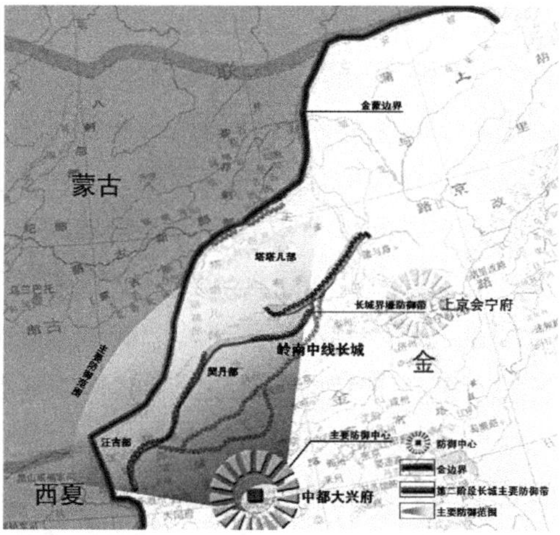

在中都北部，是层峦叠嶂的燕山山脉。在历史上由燕山山脉形成的重要关口，数量极多且早已如雷贯耳，如居庸关、张家口、喜峰口、古北口、东方口、黄花城、独石口等。燕山山脉山峰大多在1000米以上，且峰谷参

图3-20 以中都大兴府为中心的防御格局
（图片来源：解丹绘制。底图来源：谭其骧. 中国历史地图集（第六册）. 北京：中国地图出版社，1982.）

差，河谷狭窄。山间有多处断陷盆地，如承德、遵化、迁安、抚宁、迁徙等，都是战略防御的军事要地。燕山山脉是内蒙古高原和东北地区进入华北平原的必经之地，成为华北平原北部的重要屏障。在蒙金战争中，成吉思汗六年～十年（1211～1215年），蒙古先后三次围攻金中都，其主力军队都是翻越燕山山脉，"以丰利（今张北县西）、宣德（今宣化）、居庸关和古北口、擅州（今密云）、顺

---

① 齐吉祥. 北京地理与历史［M］. 北京：中国林业出版社，2008.
② 齐吉祥. 北京地理与历史［M］. 北京：中国林业出版社，2008.

州（今顺义）为主要进攻路线^①"。在燕山山脉之北有坝上高原区，是内蒙古东南边缘的一部分，横亘在北方高原与华北大平原之间，海拔在1200～1500米，是阻止北方骑兵入侵的又一道防线。

在中都西侧，是河北平原与山西高原天然分界线的太行山山脉，海拔在1500～2000米左右，由五台山、恒山、中条山及太行山组成。由于它是在古老地块上断裂上升形成的块状山脉，断崖明显，加之河流切割，形成许多深切峡谷，地势十分险峻，古人称之谓"陉"。这些"陉"，自古以来成为山西高原通往华北平原的重要通道，也是穿越太行山的交通要道，最为著名的有军都陉、飞狐陉、蒲阴陉、井陉、太行陉、白陉、滏口陉和关陉，古称"太行八陉^②"。

金中都地区交通发达，北出居庸关可达蒙古高原，北经古北口或东出山海关可通向东北平原，向南可沿太行山东麓大道通往华北大平原。这种优越的地理位置使金中都成为三大地理区块之间往来的重要交通枢纽以及物资与文化的交流中心。

由此可以看出，金中都在自然军事防御上和社会经济发展上比金上京的优势大很多，为金朝稳定统治做出了很大贡献，当然对于都城的南迁，在西北边疆的人工军事防御也是势在必行的。

在海陵王迁至新国都后，原上京会宁府遭到废弃，其在防御上的重要性也随之降低。由此相应出现的是金长城防御体系的中心随着迁都也发生了南移，金在西北疆域上重新进行了长城防御规划，出现了金岭南长城中线，其防御中心南移且防御范围更广，金长城规划完成了防御中心的转移。

岭南长城中线的遗址保存差，且中间部分不在我国境内，主要分布于盆地和山麓之间，主要结构为单壕单墙，界墙多是土石混筑，或是土堆筑，不见马面，界壕内侧的军堡数量少，分布规律性不强，出现层级性。可以看出，海陵王执政时间短，出现了长城的修建仓促，工程规模小，建筑结构简单，质量差等问题。

随着海陵王统治结束，金世宗即位，正式在大定十三年（1173年）恢复上京名号。由此上京也在政治地位上发生显著的变化，从一般的府州城市上升为金朝陪都，且与其他陪都不同，是金政权特别重视的"国家兴王之地"。金京都的再一次变迁导致了金长城整体空间布局的再变化。

（三）重建会宁府——以中都大兴府和上京会宁府同时为中心的防御格局

上京会宁府本是金祖先发祥兴王之地。但在宫室宗庙被毁之后，会宁府的发展几乎处于停滞状态，直到世宗即位才结束了十几年的大萧条。世宗重建太祖庙，并恢复上京名号，重修了宫室；而更重要的是上京会宁府政治地位的变化，由一般的府州城市上升为金陪都。所以上京会宁府在金疆域内的军事地位也随之

---

① 中国长城学会. 长城百科全书［M］. 长春：吉林人民出版社，1994.
② 中国长城学会. 长城百科全书［M］. 长春：吉林人民出版社，1994.

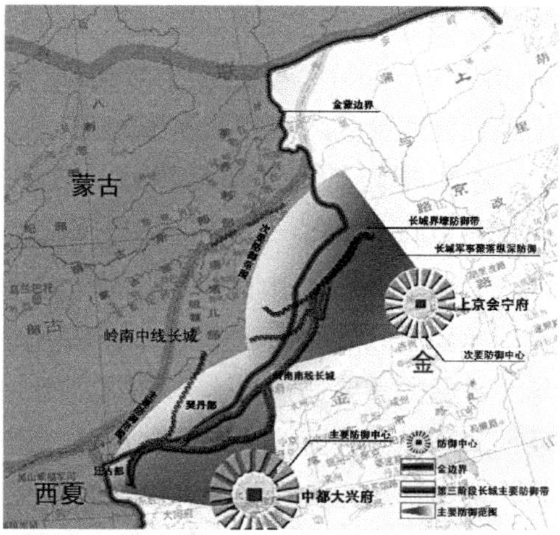

上升，从而形成了以中都大兴府和上京
会宁府同时为主副中心的防御格局（图
3-21）。

在金中后期，北方势力崛起，不断
骚扰边境，金边境防御力明显不足，北
疆域也在不断缩小，这样的情况在章宗
后期表现得尤为明显。通过金世宗和章
宗两代对长城的新建、补建和重修，为
西北疆域的长城防御体系的完整作出了
重要贡献。这个阶段修筑了新的长城，
金岭南长城南线，并重修旧界壕与边
堡，将中线作为第一道防御线，南线作
为第二道且最为重要防御线。金朝统治
者完全放弃使用岭北长城，将部分中线
长城仍作为防御工程，与南线工程成为

图3-21　以中都大兴府府和上京会宁府同时
为中心的防御格局

（图片来源：解丹绘制。底图来源：谭其骧．中国
历史地图集（第六册）．北京：中国地图出版社，
1982.）

一个网状的防御体系。新修建的南线长城，又因多次补修和修缮，其防御工程质
量较高，界壕多为双墙双壕结构，壕堑深壕墙高大，马面规律布置，壕内军事聚
落的纵深性和层次性更为突出。

在章宗时期，金长城军事防御体系已经建立完成，在整个军事防御的规划中
充分利用了自然因素，通过对防御中心的自然防御和人工防御的两种措施来进行
防御保障；利用界壕防御工程体系来达到范围大、跨度广的边疆带形防御；利用
军事聚落防御工程体系来达到界壕防守、兵力管理部署的疆域内纵深性局部防
御。自然与人工的结合，外带与内点的结合，最终构成了金长城军事防御体系的
完整性、系统性和层次性的空间布局。

三、整体规划布局的游牧特征表现

1．长城空间布局方面

以实际出发，因地制宜，构造特殊、简单而实用，不仅长城规划布局上使用
网状结构，而且在界壕与边堡的空间布局上也采用多重设置与多层次空间布局，
来针对游牧草原骑兵的突袭达到很好的防御效果。

2．长城对地形的选择方面

金界壕与边堡的布置大都沿河流、山脉走向，而多从山麓下部筑壕。尤其是
界壕的走向一般都就低不就高，就平不就陡。未见如明代万里长城那样蜿蜒于山
脊而高耸于山巅者。在边堡的设置上，多采用"直列"的方式，沿界壕内侧等间

距的匀质设堡，当然由于地势的原因，有局部位置的边堡无法匀质布置。在军事聚落中屯兵堡的设置中，有一部分的堡寨是利用地形的制高点来设置的，但这样的"制高点"也无非是些山坡而已。金界壕的这一特点，明显区别于战国、秦汉以及后世明代长城。

3．界壕结构形制方面

主要是挖壕堑，以防战马冲越。掘壕取土在内侧筑墙，根据调查所见，界壕现虽已颓坍，有的且较严重，但从保存较好的线段或已坍毁的墙体土方量看，壕深加墙高至少超过四米，高的可达五米以上。界壕形制为壕墙结构，分单壕单墙与多壕多墙。

壕墙不用砖，少用石，多为土垒或版筑。主墙上筑马面，间距规则，形体高大。高出墙身，伸出墙外，可使戍卒居高临下利于射箭，以加强防御。一般情况下，边堡城墙外也挖有壕堑。

4．军事聚落配置方面

通过军事管理层级形成了不同级别的军事聚落，明显分为三个不同层次，纵深布局，各司其职。而其层级在一般情况下也决定了城池的大小和防御能力。界壕与边堡相互配合防御，成为前线界壕的强力后盾，将长城防御纵深化。对于军事聚落的内容，在后章节中具体介绍。

金长城通过界壕防御工程体系、军事聚落防御体系和信息工程传递体系来实现自身防御的整体性和系统性，并通过设置军区的方式对长城军事防御体系进行分片分层级的管理。和前代长城相比，金长城的界壕防御工程更为严密，纵深设置的军事聚落防御更为体系化，信息传递工程更为制度化和专业化。

第三节 整体规划布局的建造特点

金长城是依据金北部疆域的自然防御的基础上，在受敌人攻击范围内，建立起来的多层次、网状防御体系。规划过程中防御中心的转移而导致金长城规划布局的较大改变，对金长城最后的网状结构起了最决定性的作用。

一、对原有人工防御工程的利用与改造

金长城在未建之前，金疆域内已经有许多前朝防御工程遗迹，其中包括燕、赵长城，秦、汉长城，北魏、北齐长城，以及在金上京、北京、西京路等北部疆域内留存较好的辽代城堡。在金岭南长城南线的规划中已经发现了这一问题，并在修建过程中利用了原有的长城墙体和墙体旁边的戍堡。

李逸友在《中国北方长城考述》中，对金界壕利用原有长城的情况进行了简要说明：在金岭南长城南线内支线部分，自赤峰二龙进入围场县境内后，在桃山以东一段基本上利用了燕秦长城进行改造；在从多伦至正蓝旗黑场子种畜场一段以及以西至商都县二吉淖尔之间的一段，皆为北魏长城改造而成；武川县境内的界壕也都为汉代长城所改造，自阿路康卜至二份子村东之间的一段，也为汉代长城改造而成；自武川县二份子乡以南至后石背图村后的金岭南长城南线西南路也是利用汉五原郡外长城北线改造而成的。

但前朝长城的规划防御特点与金长城不同，其主要通过山川险峻来筑墙造势，而与"就低不就高"、喜欢在平原驰骋的金长城有着很大的区别，故并不是所有的遗址都被金所利用、改造。

在这些界壕段被利用改造的同时，也将原有长城内部分布的戍堡加以利用，对秦汉堡和北魏时期的堡址都选择性的进行修复、改造，使之成为金长城的军事戍堡。

金的北部疆域正是辽代经济发展较为发达的中部地区，在辽时金多次南下掳掠了大量农业人口迁入北方从事农业生产，伴随农业人口的迁入，不断的新置州县城址出现。这些城址中的一部分，与金长城军事聚落防御布置匹配的城址都被金长城所利用起来。

二、各个阶段的工程构筑特征

在各个时期内修建的长城都呈现出独有的构筑特征，通过这些特征，我们不仅可以了解金长城建造技术的发展、修建时序，也可以依据其特点分析其整体布防特征。具体各段特征见下表，需要说明的是，这里的特征是选取长城某段中比较有代表性的形制来归纳的，存在着局部不符的情况（图3-22、表3-9）。

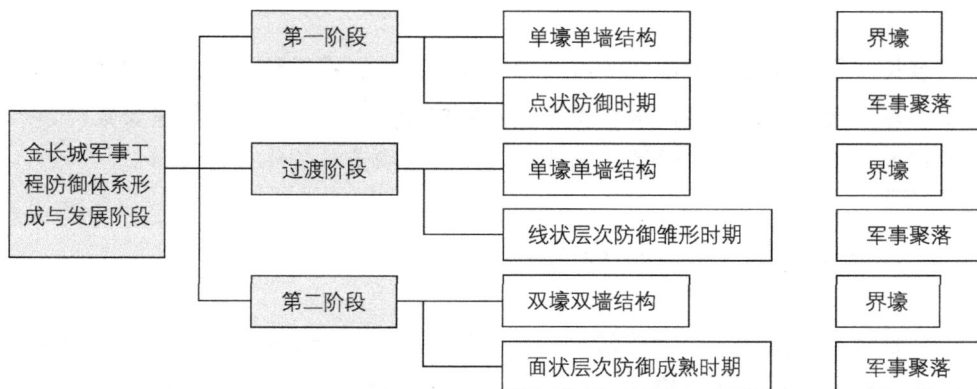

图3-22　金长城军事工程防御体系形成各阶段中界壕与军事聚落发展情况
（图表来源：解丹绘制。）

118

金长城各段界壕、边堡特征分析　　　　表3-9

长城分段	界壕构筑时期	界壕特征	备注	边堡构筑时期	边堡特征[①]	备注
岭北	太宗	单壕单墙，壕深0.5～1.5米左右，宽4～6米；壕墙存高0.5～1米左右，底坍宽7～8米。马面高于墙0.1～0.3米，间距20～50米不等。壕墙有夯实痕迹	单壕单墙有马面	太祖	平面为方形或铜钱形，城墙边长在50米与150米左右两种，城墙有角台，无马面、瓮门；外侧少有护城壕。各边堡之间距离一般为10～20千米左右	军事聚落无明显层次性，只有功能区分；军事聚落防御能力较低；城池设置角台、无马面、瓮门。局部有护城壕
岭南北线	熙宗	单壕单墙结构，壕宽2～3米，壕墙宽4～5米，墙现高0.5～1.5米，壕墙上不见马面，为土石混筑	单壕单墙无马面	熙宗、世宗、章宗	平面为方形，边长在170米作用，城墙有角台，无马面、瓮门。堡间距20千米左右	
岭南中线	海陵王	单壕单墙结构，壕堑底宽约3～4米，上宽约7～8米，深约3米；壕墙基宽6.5～10米，顶宽3米左右，现高0.5至3.5米。壕墙设马面，土筑或土石混筑	单壕单墙有马面	海陵王、世宗、章宗	设有附壕小堡，与内侧的边堡呼应。平面为方形，边长30～50米，西墙为界墙，开一门。后方的边堡也为方形，边长多以200米左右，城墙有角台，一面开门，无瓮门；三面各有马面一个。堡内多有内城，堡外有护城壕	军事聚落初现层次性，防御能力提高，城池设置角台、马面、护城壕，无瓮门
岭南南线	世宗、章宗	双壕双墙结构，各段形制稍有不同。壕墙用版筑夯筑，残高3米，宽4米左右，壕宽约5～6米，有马面，间距200～500米，有烽燧	双壕双墙有马面有烽燧	世宗、章宗	平面为方形，边长为170米左右，城墙一面辟门，外设瓮门；三面各有马面2个，四面有角台，间距5～15公里。城外有护城壕	军事聚落防御层级发展完全，防御能力极大提高。各层次军事聚落依照功能不同防御能力也各异。边堡分为大小两种，小者防御力较低，城墙较矮，无角台、马面、瓮门及护城壕等防御设施。大者，以上防御设施几乎都齐备
南线东支线	章宗或之后	与岭南中线形制类似。单壕单墙结构，无马面，土筑或土石混筑	单壕单墙无马面	章宗或之后	边堡分为大小两种，小者边长20～50米，呈方形，开一门；大者边长为120～170米，呈方形，开1～2门，城墙上多设有马面，且数量为每面1～3个，城墙四角有角台，部分边堡有瓮门，城外有护城壕	
南线内支线	章宗或之后	单壕单墙结构，壕墙残高1～2米左右，底宽4～10米，顶宽2～7米。墙体为夯实而成，有马面，间距约250米左右	单壕单墙有马面	章宗或之后	平面呈正方形，边长200米左右，城墙一面开门，其余三面中间有马面一个，有角楼，无瓮城	

---

① 此处边堡，为金长城军事聚落中最小防御单位，此处不对屯兵城与指挥城做讨论。

三、金长城的勘查

在金长城的空间规划布局中，"皆取直列堡"，由东北向西南，界壕不环山绕险，而是在直向的原则下，跋山涉水，既有河道防洪排险设施，还在重要位置设堡加障。边堡始终保持大体与界壕平行设置的状态，堡与堡之间既保持一定的距离又要考虑戍守将士的生活方便，因而背风向阳，水源丰足。这些充分展示了金长城的智慧。在内蒙古霍林河金堡的考古中曾发现了建堡时筑墙取直的测量工具。

（一）边境相关地图绘制

金代进行过多次边界地图绘制。1127年，北宋亡后，在金的主持下，伪政权楚国与西夏对疆界进行划分，"地名有悬邈者，相地势从便分画[①]"；1141年宋金和议后，以淮河为界，双方进行了边界勘测，宋端明殿学士何铸曾记述了当时边界勘测情况。

但遗憾的是，在金界壕的勘界活动中并没有留下边界图或测绘图，但《金史》中的记载明确了金界壕测绘的事实："遣吏部郎中奚胡失海经画壕堑"。[②]据考证，《陕西五路之图》是唯一传世的金代疆域地图，为金贞二年（1214年）所绘，是《西夏纪事本末》的附图[③]（图3-23）。该图标有方向，上北下南，左西右东。图上山脉、河流、长城、地名等标绘清晰。政区界限用虚线表示，标注或重要地名放在矩形之内。

（二）军事测绘的管理

历史典籍中很少见到测绘一词，但重要的军事工程，军事测绘及现场踏查是必要的，这点从金长城遗迹中也足以证明。在古代主管军事测绘的职官为职方氏，主管军事测绘的部门称为兵部职方氏，其主要职能除了军事工程的需要，就是提供用于谋划、指挥、部署军事行动的多种地理信息产品，提供作战、训练过程中的定位、定向、用图和地形分析等多方面需要的方法和手段。

金代官制因袭宋、辽，机构完善，职掌明确。金朝廷的兵部履行军事测绘管理的职能，如《金史》所记：兵部"掌兵籍、军器、城隍、镇戍、厩牧、铺驿、车辂、仪仗、郡邑图志、险阻障塞、远方归化之事[④]"，其中城防建设、边防驻守、图志编撰、军事地理勘测、远方归化等是明显的军事测绘内容，其职官有尚书、侍郎、郎中、员外郎、主事、令史等；主管水利与军事漕运的都水监，"掌川

① （元）脱脱. 金史·卷26 [M]. 北京：中华书局，1975.
② （元）脱脱. 金史·卷26 [M]. 北京：中华书局，1975.
③ 本书是清代张鉴所著纪事本末体西夏史。《西夏纪事本末》卷首二卷，正文三十六卷，卷首下《西夏堡寨》附有从《范文正公文集》中辑出《西夏地形图》，《陕西五路之图》。
④ （元）脱脱. 金史·百官志 [M]. 北京：中华书局，1975.

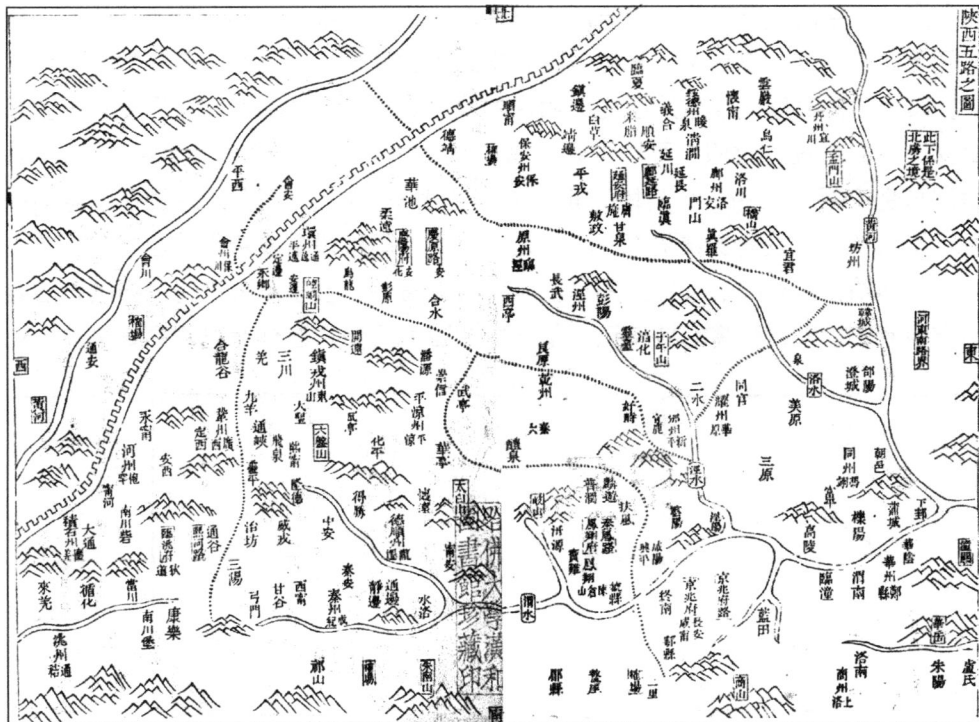

图3-23　金代陕西五路边界图
（图片来源：《西夏纪事本末》附图。）

泽、津梁、舟楫之事。兴定五年（1221年）兼管沿河漕运事①"，即兼管军事漕运
工程及其测量，其属下还有巡视河道负责河防的都巡河官、分治监等；主管军事
工程测量与建设的工部，需要"掌修造营建法式、诸作工匠、屯田、山林川泽之
禁、江河、堤岸、道路、桥梁之事②"，属下有修建都城、宫殿的不同部门，辖兵
匠1065人，兵夫2000人。可见，金代军事测绘管理与唐、宋体制非常相似。

第四节　整体规划布局的防御特点

一、动态的网状防御布局

　　金长城整体规划布局的动态网状防御特征不仅表现在其军事聚落在界壕内
纵深点状分布而形成的网状防御，同时还表现在界壕动态发展上。界壕从单线，
到复线，再列鼎盛时期的网状布局的形成，也将整个网状布局的防御能力提升
到最大。

---

① （元）脱脱. 金史·百官志［M］北京：中华书局，1975.
② （元）脱脱. 金史·百官志［M］北京：中华书局，1975.

　　金长城空间分布较广，修筑历史长，形成过程复杂，各部分遗迹修筑的准确时间无定论，这主要是由于长城主线和支线的数量多且相互交织造成的。总的来说，其修建的时序大致依照了先北后南的顺序。将金长城的空间布局变化与金京都变迁的时间进行对照，可以发现二者是有着联动性的，金长城修筑的早、中、后期与金京都变迁的三个阶段正是对应。在图3-24中的分段详解过程示意图中可以看出各个阶段的长城防御中心正是对应着不同阶段重要京都的位置。

　　金初期，金长城的整体空间布局都是围绕着上京会宁府来进行分布的，随着南方疆域的扩大，金将都城南迁，便于控制国家局势，这样北方军事防御重心也

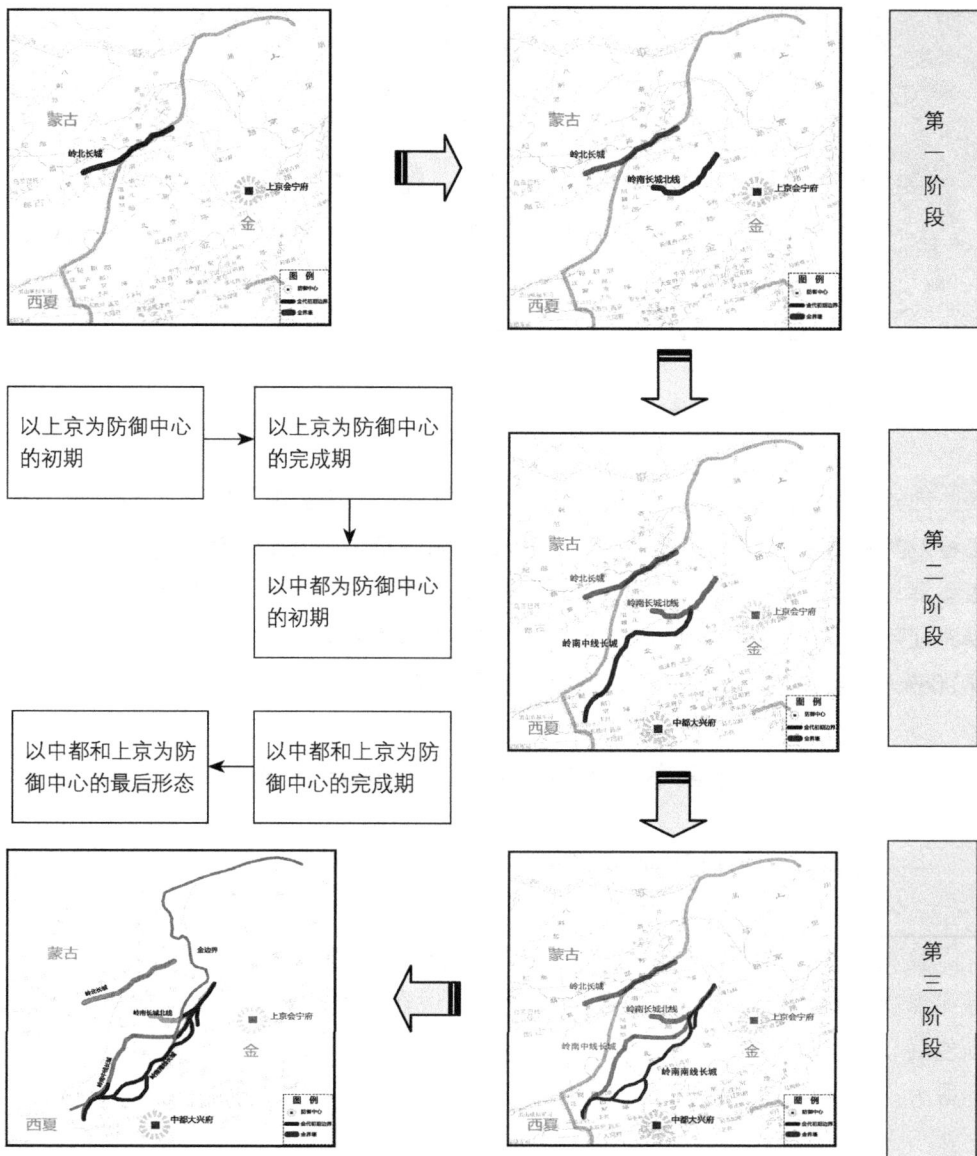

图3-24　金长城空间规划布局与金京都变迁连动关系的阶段性示意图
（图片来源：解丹绘制。底图来源：谭其骧. 中国历史地图集（第六册）. 北京：中国地图出版社，1982.）

必须南移，导致金长城需要在规划中重
新调整布局；中期，金上京恢复其政治
地位，京都格局重新变化，导致金长城
规划的空间布局发生变化；金中后期随
着北方军事势力的增强，金北疆界逐步
南移，导致原有界壕暴露在外，失去防
御能力，金通过对金长城布局的新规划
来修建了新的防御工程，并利用部分原
有界壕，形成网状布局（图3-25）。

　　在两次规划防御中，都采用多层界
壕的防御工程，尤其在后期岭南长城布
局中表现得更为明显。

　　在以上京为防御中心时，从单层阻
断变为多层阻断，外线失守，还有内线

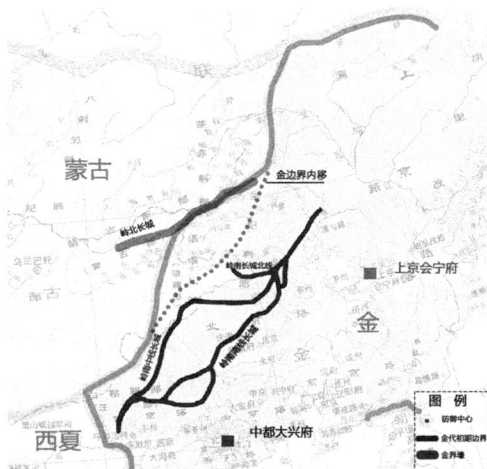

图3-25　金中后期界壕多层网状空间布局
（图片来源：解丹绘制。底图来源：谭其骧．中国
历史地图集（第六册）．北京：中国地图出版社，
1982.）

可防，形成岭北长城与岭南长城北线的双层界壕布局；同时在一些军事要害地带
修建了少量的军事聚落，并利用已有辽代城池进行长城戍边与屯兵。

　　在以中都为防御中心时，逐渐形成了岭南长城北线、中线、岭南长城南线与
南支线的多层、网状界壕布局，从单向横向阻断变为网内多方位阻断，即使敌军
攻破一点，也不能肆无忌惮的长驱直入，有效的防止了骑兵的左右迂回战术。

　　之后在世宗与章宗时期，通过对南线长城的修建和对前期长城的修补，以及
对长城军事聚落防御体系的建设，金长城网状防御工程体系逐渐成熟起来。

　　金长城的网状防御布局从在以上京为防御中心时的双层平行布局模式发展而
来，是总结防御战斗中的失败教训而改进的成果。骑兵作战的特点是反应速度
快，迂回包抄，在网状的规划布局中，可以更好的阻碍敌军的进攻，并对骑兵擅
长的迂回战术进行有效的破解，避免了单线和复线平行分布所存在的一点突破全
线防御失效的缺点。无怪乎蒙军能占领岭北长城，而不敢冲越金岭南长城。金长
城的这一特点，明显区别于战国、秦汉以及后世明代长城。

二、界壕线性防御与聚落纵深防御相结合

　　界壕沿大兴安岭西侧出发，为将防御中心完全包裹在其防御范围内，界壕沿
西北疆域边界线性布置，直至金夏交接处，力求不存在防御缺口。

　　金在西北疆界无险可依，只有通过人工防御工程的方法来有效的防御北方骑
兵的侵扰。而在防御中心南移后，金需要防御的西北范围更大了，直接导致在世
宗和章宗两个时期大规模的修建长城，且工程之浩大，界壕长度更是成倍增长。

　　而且由于北方游牧民族的骑兵踪迹经常无规律可循，且进军速度很快，只有

将全线进行防御，才能有效的防止骑兵的突袭。正是如此的原因，金长城被称之"万里长城"，但反之，如果其长度不够，也就根本不能起到防御的作用了。

同时，长城的修建位置都在靠近疆域边界的地方，人烟稀少，常年屯守的长城，必须有屯兵和供给基地。金长城也是如此，界壕防线需要屯兵驻守，而这一屯兵系统根据边疆军政机构发展成为了长城沿线的军事聚落。在金长城防御体系中，界壕防御工程体系以线性防御特色作为最前沿的防御阵地，而军事聚落防御体系位于界壕工程后方：一部分较为平均的沿界壕线上布置，形成长城线上一个个兵力戍守点，即边堡；另一部分呈南北纵深布局，作为前线作战的人力、物力的供给处，即屯兵堡；还有一部分作为指挥系统，位于长城沿线最内部，即指挥堡。这三大层级的军事聚落数量依次递减，但城池规模依次变大，防御能力变强。边堡与界壕相互配合防御，成为前线界壕的强力后盾，将长城防御纵深化。在金长城防御体系中，界壕防御工程体系以线性防御特色作为最前沿的防御阵地，而军事聚落防御体系则位于界壕工程后方。这样的布局不但可以在沿线形成较为完整的侦查系统，也弥补了兵力过为分散的缺点，也不会发生在敌人进攻时兵力被全部歼灭的危险。

因此，由界壕工程的线性防御与军事聚落的纵深防御相结合，致使金长城的防御能力得到很好的提高。既能满足金长城戍防军针对骑兵的作战方式，又能达到攻而出退而守的目的。

三、全线戍守且重点突出

由于北方游牧民族骑兵的攻击路线经常无规律可循，且进军速度很快，只有全线防御，才有可能阻止骑兵的突袭。金长城覆盖了金西北疆域的整个边界，并沿界壕内侧设置兵力进行全线戍守。但金朝的军力也是有限的，如果平均分配兵力必然造成防御力整体的下降，所以在修筑长城时对经常受侵扰的地区进行了重点布防。所以在金长城空间规划布局中，坚持全线戍守、重点突出的原则。

前面提到了尤其在防御中心南移后，界壕防御范围扩大。在重点防御位置上，界壕防御工程从单壕单墙结构加筑为双壕双墙结构，局部地方有双壕三墙结构，在靠内侧的壕堑更为深且宽，壕墙更为高大，并在内墙上设置马面，马面密度增大。通过这些精心设计，增强局部界壕工程的防御能力（图3-26）。

虽然岭南南线长城为界壕重点防御线，但是在岭南南线长城主线上也并非都是双墙双壕，如东北路界壕北段，又有单与双的区分。因界壕为五条较大河流所横截而分为六段，若将自嫩江起点到济沁河止，基本属于复线的有嫩江起点至霍敏河段、霍敏河至阿伦河段、阿伦河至雅鲁河段。属于单接的仅有雅鲁至麒麟河间的一段。又如内蒙古科右中旗昆都仑公社河北屯的新艾里段为双壕三墙结构。

军事聚落防御工程在空间规划布局中并没有均匀布置，而是在军事要地，集中设置军事聚落，使之互为联防。通过对金长城军事聚落遗址的整理与分析，得到金长城军事聚落的四个密集点：泰州、临潢府、抚州与丰州，这四个节镇州是金西北疆的军事要地，也是军事指挥中心。这四个区域内的军事聚落密度相对较大。整个军事聚落的布局是以这四个节镇州为中心，向西北呈放射状散射。

当然，军事聚落的设置需要考虑军事重要地理位置因素、作战距离的制约、界壕位置的地形限制以及官兵的生活保障等问题。所以在实际工程实施中，也无法做到将军事聚落均匀布局。

故金长城在整体空间规划布局中，无论是界壕还是军事聚落，都坚持了全线戍守、重点突出的防御特点。

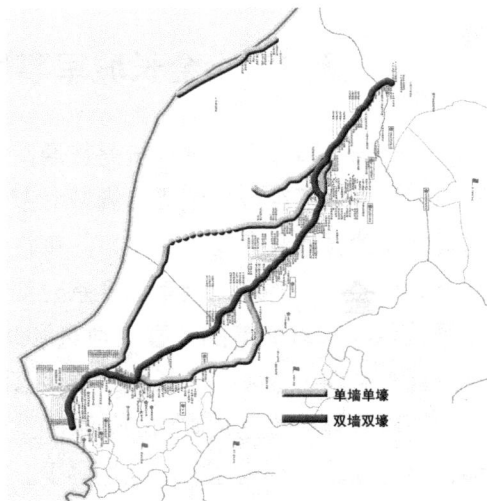

图3-26　金长城界壕中单壕与双壕空间分布的比较

（图片来源：解丹绘制。底图来源：谭其骧. 中国历史地图集（第六册）. 北京：中国地图出版社，1982.）

第四章　金长城军事聚落层级性与时空分布

金长城军事聚落防御系统是贯通南北纵深的防御网，由沿长城线密布、交叉联防的军事聚落组成。金代在疆域北部修建城池数量较少，大多沿用辽代，而这些新修建的城池又多为长城军事防御性堡寨，只在重要扼守位置修建了少量军事聚落。继海陵王时期，世宗和章宗时期完善了以金中都为防御中心的长城军事防御体系，对军事聚落的位置、数量和防御能力都有了新的要求，并统一实施修建。这一时期内也成为了长城军事聚落防御体系形成的重要时期。

长城军事聚落是长城防御体系的重要组成要素，不可缺失。长城的修建位置都在靠近疆域边界的地方，人烟稀少。常年屯守的长城，必须有屯兵和供给的基地，而这一屯兵系统依据边疆军政机构形成了金长城的军事聚落。

本章首先厘清金长城军事聚落防御体系的形成过程，并分析各阶段的军事聚落防御特征；其次，通过金长城军事管理与聚落的紧密联系，对军事聚落的层级性特征进行不同角度的归纳，从而使得金长城军事聚落的空间分布研究更为系统和深入。

第一节　金长城军事聚落形成阶段特征

在金长城整体规划阶段中，军事聚落的形成与界壕的形成并不是同步的，总体上是军事聚落先行，界壕后进。而就军事聚落而言，也经历了从点到线、至面的发展成熟过程。

一、点状防御时期

此时期的军事聚落防御并无"体系"而言，主要是在重要防御地点设置军事聚落进行局部防御，聚落两侧没有护翼联防，后方也没有其他军事聚落支持。各个军事要地的布堡点，都是各自为政，无战略性联系。这样的防御不能有效的抵御敌人的进攻，没有持续作战的能力。

这个时期主要表现在以上京会宁府为防御中心的长城防御体系时期，军事聚落数量较少，且多数使用辽代城池。这也造成了军事聚落选址的局限性。

通过对此时期的军事聚落进行类比后发现，军事聚落自身防御能力较低，堡周长较小，城墙较低，无马面、瓮城与护城壕等防御设施。

二、线状层次防御时期

此时期的军事聚落防御体系由点状防御转变为线状层次防御，由无层次军事聚落戍防转变为多层次军事聚落戍防。主要表现在金海陵王时期，形成了金代修建城池的小高峰。

金长城军事防御中心从上京会宁府转移到中都大兴府后，界壕的整体规划发生了很大的变化，无论在布局，还是在战线长度上都与之前迥然。这无疑迫使了长城军事聚落防御能力的提升。在军事战线长度增长了近三倍的情况下，必须要求军事聚落之间的协同作战能力和左右互防功能，及其后方对前线作战的兵力、物力补给。

在这样的局势下，金军事聚落发生了较大的转变，线性布局和军事聚落层次性凸显。前方的边堡明显分为两种，小堡（障堡）附于壕墙上，作为最前线的作战单位，不仅及时将战斗信息传递给后方，而且阻击敌人进攻；较大边堡（戍堡）位于小堡后方，呈多对一的关系，即多个小堡对应一个大堡，大堡主要为小堡提供战斗后援、屯驻少量兵力和军需物资。

此时期修建了一批军事聚落，其整体防御能力有所增强。其中各层级的军事聚落城池规模有明显的区别，且防御能力也不同。附壕小堡周长较小，一般边长在20～50米之间，墙体较低，辟一门，无其他防御设施；戍堡周长相对大些，一般边长在200米左右，辟一门，有角台、马面与护城壕，防御设施有所增加。

三、面状层次防御时期

金长城军事聚落防御体系在这个阶段完全成熟起来，主要表现在金世宗、章宗时期。且此时期也是金建设城池的最高峰时期。

在这个时期，完全形成了以中都大兴府为防御中心，以上京会宁府为防御次中心的防御格局。在线状层次体系的基础上，金军事聚落层级体系更加完备，形成了边堡、屯军城到指挥堡的层次结构，纵深防御能力得到了很好的增强，从线状防御完全转变为面状防御，使敌人在进攻的路线上阻力重重、左右夹击，这种布防模式体现了金朝军事聚落防御体系的最高水平。

此时期修建了一批新的军事聚落，也修补了许多早期的金长城军事聚落，所以形制相对混乱，对研究造成了一定的困扰。但总体上，对军事聚落的防御能力又再一次提升，防御设施加强。很少有接壕堡，边堡不再紧贴界墙修建，而是间隔一定距离，且边长变大，自身防御增强，增加了防御设施，如角台、马面、护城壕，且马面的数量也有所提升。屯军城与指挥堡的防御则更为周密。

金长城的军事聚落形成过程是一个从点状防御，到线状层级防御，至面状层次防御的过程。其防御能力不断加强，聚落层次逐渐清晰。

金长城的兴建是在金初开始的，当时北方占有辽大部分领土，社会仍不稳定，长城的修建也没有大兴土木，规模较小，此时期完成了以上京为防御中心的长城布局；在海陵王时期，国力都主要集中在攻宋战争中，金长城的修建也只是维持北疆的稳定，虽然长城修建范围很大，但防御能力和修建质量却差强人意，此时期完成了以中京大定府为防御中心的长城布局；但在熙宗、章宗时期，社会逐渐稳定，国力主要集中在抵御北部蒙古部族对国土的侵扰上，此时期金长城的新筑和修缮完善了以中京大定府为防御中心的长城规划布局，其防御能力和修建质量都大大提高，结束了金长城的整个修建过程。

在城市发展方面，金初太祖前后时期，由于处于扩张征战之际，北方地区各级政区城市，大体系沿辽旧，新建者甚少。在记录中，金在早期的村寨等同于城堡，也为平居，战时变为城堡，建筑形制大多以木栅的建筑为主，即"其俗依山而居，联木为栅"。寨堡随猛安、谋克制度之推广而散布于金之国土各地。由于猛安谋克制度独具特色，村寨犹如大批的部落武装移民，居于各地。这也证明了在金长城考古过程中，金初的岭北长城和岭南北线长城中的军事聚落数量非常小的原因。

第二节　不同防御阶段下的长城军事管理

在王国维的《金界壕考》中认为，金长城分四路管辖，分别为：东北路招讨司、临潢路总管府、西北路招讨司和西南路招讨司。可是后期有学者提出，如果在金北疆域的军区只有三个招讨司，且招讨司的主要职责中就有界壕的修筑和守护，那么长城界壕的划分也应该分为三路。

本书认为对于金长城的军事管理不能简单的予以划分，首先要按照金长城防御中心的改变，而分为两个阶段来分析戍防管理。而由于两个阶段的长城规划布局的差异性，对长城管理机构的设置也在改变。

一、以金上京为防御中心的阶段

金在灭辽的过程中学习并沿用了辽招讨司的军事管理模式，设置招讨司管理西北边疆存在众多强悍的部族。原属辽的西北民族在金灭辽的过程中都归顺了金朝。辽亡后，当时金设立的招讨司起初并没有修建和戍守长城的任务。

从金初期到熙宗时期，以金上京为防御中心的金长城双层防御体系基本完成，大部分位于金泰州和临潢府境内。这时期形成的长城是由泰州都统司及其下属乌古迪烈统军司（东北路招讨司的前身）来进行修建和管理的（图4-1）。

《金史》中记载：天会六年（1128年），婆卢火上奏修筑岭北长城，"大石之得北部二营，恐后难制，且近群牧，宜列屯戍。"[①] 太宗拟诏："以二营之故发兵，

---

① （元）脱脱. 金史·忠义传·卷121 [M] 北京：中华书局，1975.

诸部必扰，当谨斥候而已。"①

泰州都统司是金初设置的十个都统司之一，泰州都统婆卢火修建了岭北长城。《金史》中记载："天辅五年（1121年），摘取诸路猛安中万余家，屯田于泰州，（完颜）婆卢火为都统，赐耕牛五十。"②《金史》卷四《兵志》中记载："与上京及泰州凡六处置，每司统五、六万人。"

在两条长城中间，即岭北长城和岭南北线长城中间，正是乌古迪烈部居住地。天会二年（1124年）三月"乌虎里、迪烈底两部来降。"③金设乌古迪烈（在辽时称乌古敌烈部）统军司，授其两部首领为节度使进行管辖。乌古迪烈部由乌古、迪烈两部落组成。乌古迪烈统军司的特殊位置，必然要肩负其对长城戍守防御的责任。

皇帝

都元帅（皇储兼）

左副元帅

都统

万户

军帅

猛安

谋克

蒲里衍

什长/伍长

招讨司

部族与乣

图4-1 金初期西北边疆长城军事防御管理体系

（图表来源：解丹据王曾瑜《金代军制》整理绘制。）

虽然在以金上京为防御中心阶段，西北、西南招讨司与长城防守并没有直接关系，但已经存在，更多的是对少数民族的管理工作。太宗初年，西北、西南两招讨司隶属于西北、西南路都统司。《金史》载曰："天会初，帅府以新降诸部大小远近不一，令怀义易置之，承制以为西南路招讨使，乃择诸部冲要之地，建城市，通商贾。"④耶律涂山以所部降，"宗翰承制授尚书，为西北路招讨使。"⑤天会三年（1125年）左右，西南、西北路都统宗翰让耶律涂山和耶律怀义仍为招讨司，并命耶律涂山和耶律怀义二人任西南、西北路招讨使，宗翰伐宋时两人跟随其战。为了加强与西北各个部落的紧密联系和管理，西北、西南路招讨司应运而生在招讨司的管理下，金人与西北诸部时常进行商业贸易，加强了民间和中央的经济贸易上的互相往来。金太宗时期，西南、西北路招讨司先受左副元帅府管辖，天会十年（1132年）后，归都元帅府管辖。

金建国初年还是奴隶制度，实行的是勃极烈贵族会议制度，带有氏族制性质。这时的贵族拥有相当的权势，而皇帝的权利并不集中。随着国土面积的不断增大，为了适应统治，金朝不断改革官制，在熙宗废除勃极烈和勃堇制度后才逐渐转化为封建中央集权制的形式。

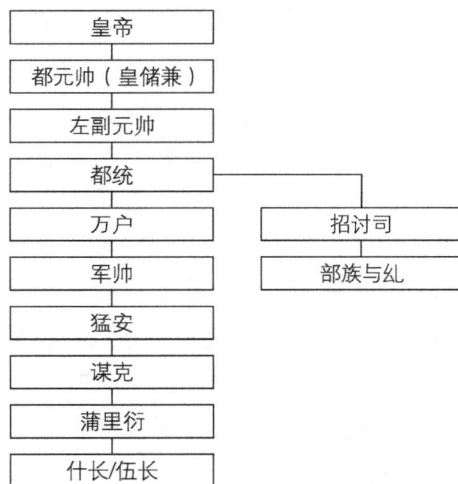

---

① （元）脱脱. 金史·忠义传·卷121 [M]. 北京：中华书局，1975.

② （元）脱脱. 金史·婆卢火传·卷71 [M]. 北京：中华书局，1975.

③ （元）脱脱. 金史·太宗纪·卷3 [M]. 北京：中华书局，1975.

④ （元）脱脱. 金史·耶律怀义传·卷81 [M]. 北京：中华书局，1975.

⑤ （元）脱脱. 金史·耶律涂山传·卷81 [M]. 北京：中华书局，1975.

二、以金中都为防御中心阶段的重要转变时期

海陵王时期，由于长城防御中心的改变，长城出现了新的规划布局，从而相应调整了长城戍防的管理，原本与长城无关的西北、西南招讨司，由于长城的修建而赋予了新的任务。且这两个招讨司的地位逐步提高，在金史中也多次将三个招讨司并列提起，如在金海陵王贞元元年（1153年），"命西京路统军挞懒，西北路招讨萧怀忠，临潢府总管马和尚，乌古迪烈招讨斜野等北巡。"[①]在天德二年（1150年），"改乌古、迪烈路统军司为招讨司。"[②]

这个时期北疆的都统司消失，招讨司政治地位逐步上升，在后来与蒙的战事中发挥着越来越重要的军事指挥作用。其中的东北招讨司是由乌古迪烈统军司转化而来。

海陵王天德二年（1150年），去都元帅府设枢密院，枢密院直接领导招讨司各部的军队，战争时枢密院选派的朝廷大员统各招讨司兵马，在边疆镇守的招讨司官员为副使，并协助枢密院选派大员统战[③]。海陵王先后设置的西南、西北、东北三个招讨司正式成为金代长城军事防御体系的戍防军事管理机构。

因为金朝军制的特殊性和海陵王时期防御中心转移的过渡性，此时期的金长城军事管理机构并不能完全按照军区来进行简单的划分。在金北疆完全形成三个招讨司格局的同时，招讨司地位确实不断上升，作为正三品的官员，兼节度使一职（节度使为从三品）。但招讨使与临潢府府尹的品级仍是相同的。各府尹兼兵马都总管，一身二任，是路级的地方军事首脑，而临潢府紧邻长城南线，或者说金长城南线位于临潢府路内，故对于长城的治安必然也在地方军事管理范围之内。

因此，海陵王时期，金长城的军事管理是通过北部的三个招讨司和临潢府总管府分管四部分来完成的。在有大战事时他们的兵力受中央军事机构或中央下派的临时机构来支配，驻地多为临潢府。即便是在后期，临潢府也具有不可忽视的行政职能以及临时军区的地位。如"金明昌中期北边多事，曾于临潢府开设行台尚书省，以节制长城防务（图4-2）。"

临潢府路兵马都总管（属下府）驻临潢府城（今内蒙古自治区巴林左旗东南），与金长城南线紧邻。临潢府路兵马都总管府金初置军帅司，后改设兵马都总管府。因各路都总管府管辖本路的散府（非都总管府）和各州的军事。故临潢府应掌管北京路内散府与各州的军事。当然这其中就包括位于东京路内的东北路招讨司。但由于招讨司的职位特殊，其兵力不受临潢府的管辖。

兵马都总管府下设兵马都总管、同知都总管、副都总管等长官，下设总管判

① （元）脱脱. 金史·海陵纪·卷5［M］. 北京：中华书局，1975.
② （元）脱脱. 金史·兵志·卷44［M］. 北京：中华书局，1975.
③ 王尚. 金代招讨司研究［D］. 长春：吉林大学，2011.

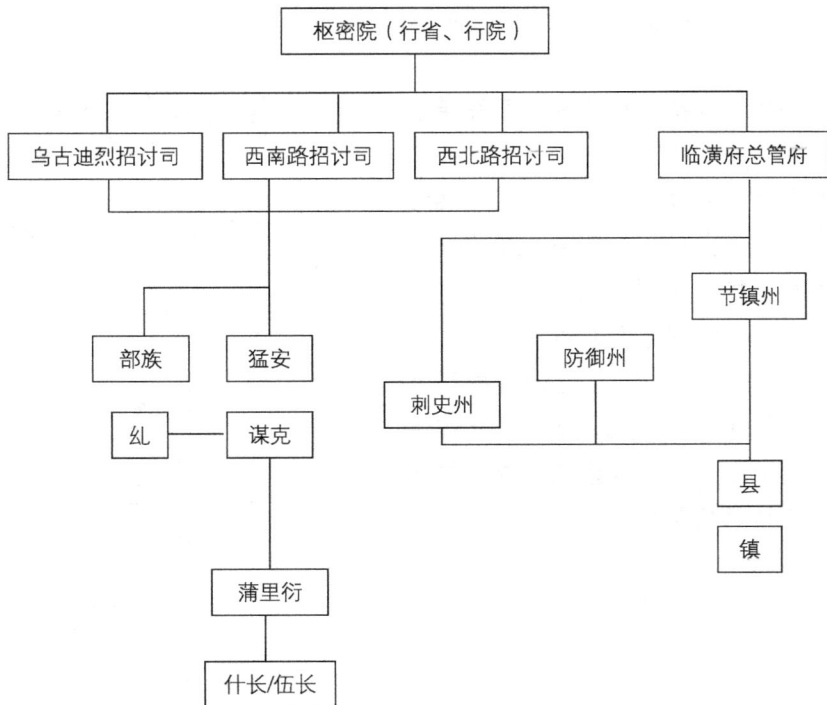

图4-2　金海陵王时期西北疆域长城军事管理体系
（图表来源：解丹据王曾瑜《金代军制》整理绘制。）

官、府判、推官、知法等下级官员。都总管秩正三品，与统军使、招讨使的品级
相当。

　　都总管、同知都总管、副都总管三名主要长官都是由路治所在地的府尹、同
知府尹、少尹分别兼领；五京所在地，以留守带本府尹、兼本路兵马都总管。

　　下辖北京路内且与长城接壤的有：节镇州（全州、兴州、泰州）和刺史州
（庆州）。节镇州设节度使、同知节度使、副使等长官，节度使从三品，同知节度
使、副使分别为正五品和从五品。防御州的长官为防御使、同知防御使事，品级
分别为从四品和正六品。刺史州的长官为刺史、同知，品级为品正五和正七品。
节度使掌管"本镇兵马之事"，以及防御和刺史州的军事，实际上是本路都总管
府下的"军分区"长官。防御使掌管本州岛军事，刺史负责本州岛的治安。平
时，节度使、防御使、刺史都兼管本州岛行政事务；战时，都是统兵官。这是受
女真军政一体传统的影响。按《金史·百官志》"诸知镇、知城、知堡、知寨，
皆从七品。"[1]

　　海陵王时期的官制改革完全确立了金朝中央集权制，且终金之世大体遵循
此制。

---

[1]（元）脱脱. 金史·卷57·百官志三［M］. 北京：中华书局，1975.

三、以金中都和上京为防御中心阶段的完善时期

继海陵王时期，世宗和章宗完善了以金中都为防御中心的长城军事防御体系，长城军事管理体系也大致沿用海陵王执政期间的制度，在对宋战争的设置中，两朝都恢复设置了都元帅府，与西北疆域的军事管理并无关系。

《金史·兵志》中"枢密院每行兵则更为元帅府，罢则复为院。"[1]在金章宗和金世宗执政时期设置了这样的行政机构来统领各路招讨司兵马。当西北疆域发生战争时，"行院"、"行省"指挥招讨司的驻军与各来侵军队开战。行枢密院是"行院"全称，行尚书省就是"行省"的全称。金明昌六年（1195年）"庚戌，命左丞相夹谷清臣行省于临潢府。"[2]金军队在呼伦贝尔地区与蒙古来

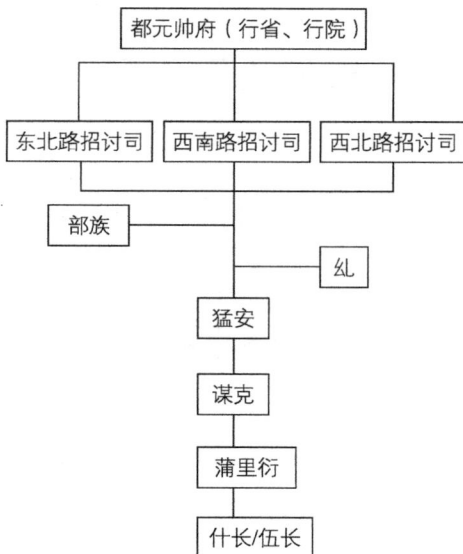

图4-3 金世宗、章宗时期西北疆域长城军事管理体系
（图表来源：解丹据王曾瑜《金代军制》整理绘制。）

侵大军激烈开战。同年的十一月，西北路招讨司胡匹纠（另为胡睹纠）犯上作乱，完颜襄领北京行省事镇压。在边防线上无战事时，招讨司领导金朝西北边疆的军事力量，成为西北疆域的最高军事行政机构。

大定年间以来东北、西北、西南三路的招讨司（图4-3）与山东、河南、陕西三路的统军司，在军事上分别统领金朝南北边疆。

此时期的长城军事管理主要有北边疆的三个招讨司负责，临潢府逐渐退出了边疆军事管理。招讨司守卫西北边疆，为金朝做出巨大贡献。对内主要表现在统领西北居住的各部民众和金朝西北疆域沿界壕驻守的官兵。对外，乃蛮、蒙古、斡亦剌惕、蔑儿乞惕、广吉剌、克烈、塔塔儿、汪古等部，各部之间长期互相战争掠夺，外部各部落在当时附属于金，金朝通过强压软施等各种手段对西北诸部落进行有效统治。

---

① （元）脱脱. 金史·卷44·兵志 [M] 北京：中华书局，1975.
② （元）脱脱. 金史·卷10·章宗纪二 [M] 北京：中华书局，1975.

第三节　金长城军事聚落的层级性

一、军事聚落与管理制度的关系

金长城军事聚落自身的层次性与军事管理的层级性有密切的联系。军事聚落不仅是长城军事管理的功能载体,形成管理形制的层次性聚落,而且还是长城防御功能中重要的屯兵功能载体。

金长城的军事管理是长时期、延续的军事事务,它将长城分为三个区域进行管理,由北疆的三个招讨司以及其下属的军区机构负责。在无大战事时,招讨司主持平时的长城戍防工作,通过其管理的猛安谋克军、部族军以及乣军等,来完成军事管理职能;当有大战事时,中央会指派一都元帅来指挥招讨司兵力,招讨使辅佐之。招讨司统领猛安谋克和少数民族军,在管理层级上多依照猛安谋克的编制制度。这些管理中心都分置在不同层级的军事防御聚落之中(图4-4)。

由于金长城军事机构对长城军事聚落进行层级性管理,军事聚落也就同时具有层级性,由此整个长城军事聚落防御体系具有了层级性特征,且军事聚落内所驻守将的官职大小与军事聚落在聚落中的层级有密切的关联。

金长城的军事聚落的层次化与戍防军队的构成也有非常紧密的联系。作为西北疆域军队管理的招讨司,下属兵力主要由猛安谋克、乣军、部族军等少数民

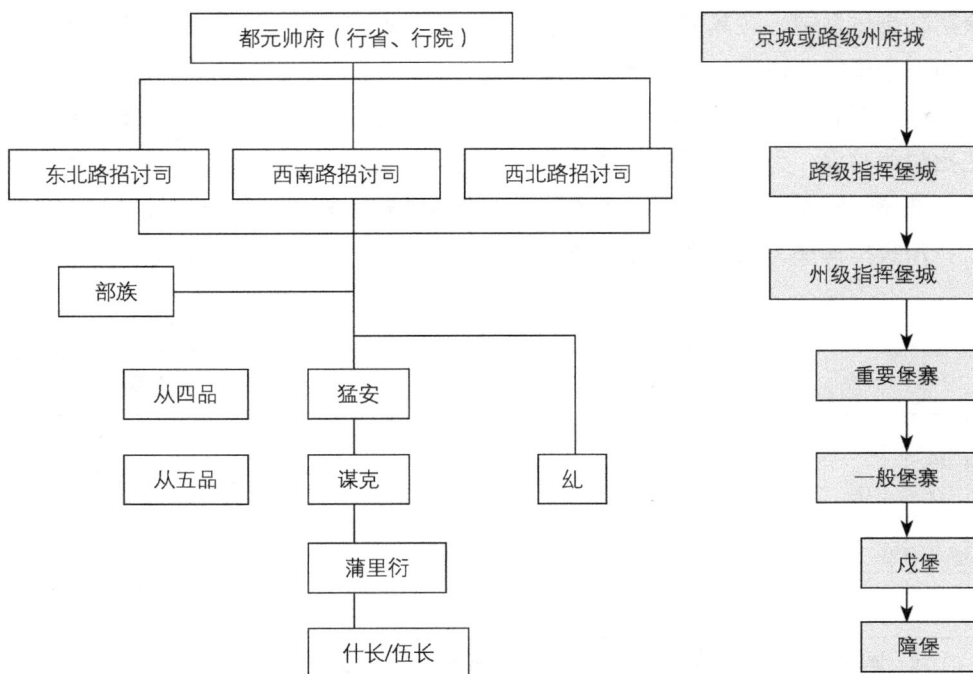

图4-4　金世宗、章宗时期西北疆域长城军事管理体系与军事聚落体系对应关系
(图表来源:解丹据王曾瑜《金代军制》整理绘制。)

族组成。在这些游牧民族中，都有兵农合一的传统，即其行政机构与军事组织是一体的，其军队的编制又与其由血缘组织向地域组织转化后的氏族社会组织形式一致。

虽然现在文史界仍对乣军和部族军的社会组织形式还不是很清楚，但估计他们与女真族的猛安谋克是类似的。猛安谋克制度是女真军事编制、生产单位与地方行政机构三位一体的封建化基层组织。金代军事聚落的层次性主要是由长城的军事管理机构和猛安谋克制度来决定的。

在金长城军事管理中，将乣军与部族军至于三个招讨司管辖来戍守长城，其军队长官由女真人来担任，下属官员则以游牧部族的本族人为主。于是，守边的少数民族部族的基层社会组织对军事聚落的下层层级性有直接的影响。如乣军偏重军事，分布在西南、西北招讨司内较多，部族军偏重生产，分布在东北路招讨司较多，驱军多屯戍在东北招讨司等等。

由于少数民族内部的社会组织形式的不同，也影响了其驻所长城某一段内的军事聚落的屯兵堡与边堡，这两层级的不同；也同时解释了在三大军区中，只有屯兵堡与边堡这两层级中的量化数据有局部的不同。

二、军事聚落管理的层级性

通过对军事管理体系的层次研究将军事聚落的层级性做一分析。在长城军事聚落防御体系中，按其驻守军事聚落官员的行政职能的不同，军事聚落大致可以分为三个层级：边堡、屯兵堡和指挥堡城（图4-5）。

指挥堡城的行政职能与军事职能并重，分路级与州级。路级指挥堡主要指三路招讨司驻地，为长城军事管理最高机构，招讨司将长城分为三个防区，管辖本路诸城堡的驻军，负责本路地段的防守。其城池规模较大，周长一般在4000米以上；州级指挥堡为招讨司直接下辖的部族军节度使、副招讨使所在驻地，每个防

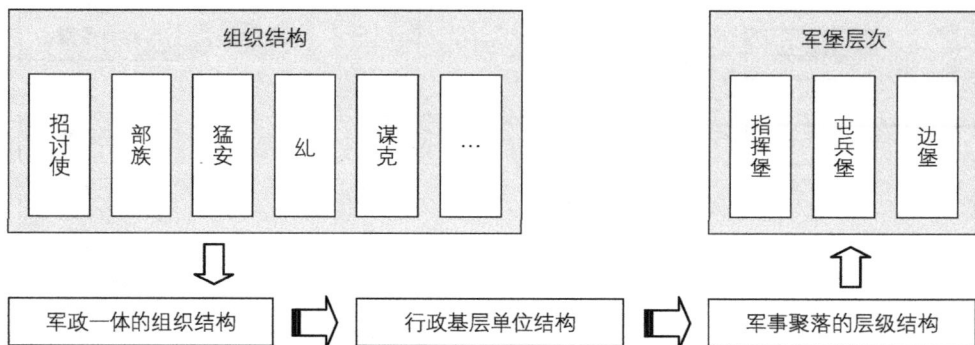

图4-5　军事管理组织结构与军事聚落层级结构的对应性
（图表来源：解丹据王曾瑜《金代军制》整理绘制。）

区内设若干，是次一级的防区和防御单位，管辖下属的各屯兵堡寨。其城池规模仅次招讨司驻地，周长在2500~4000米左右。

屯兵堡寨受命于指挥城堡。几乎无行政职能，以军事职能为主，分为重要堡寨和一般堡寨。作为基层防御单位，是屯兵系统中重要的一级；其主要功能为屯驻兵力，拱卫指挥堡城，并负责所辖长城段的战守事宜，部署本段内界壕边堡屯戍任务。其所驻将领都为猛安、副招讨司、谋克、副节度使、详稳等中级将领，所驻城池规模中等，周长一般为1000~2500米左右。

在屯兵堡寨这一层级中，需要注意的是金代独具特色的猛安、谋克部寨，猛安寨又称千户营。这些寨中有一部分是没有城池建设的，"依山而居，联木为栅"。无战事时以屯田为主。但是这样的屯兵堡寨在现在考古中很难确定下来，所以也就无法进行统计。王明荟在《东北内蒙地区金代之政区及其城市发展》中认为，东北地区及内蒙古自治区两地的猛安谋克村寨达168处，其中在上京路大约有69处，大部分都是猛安谋克形成的聚落村寨，85处在东京、北京、咸平诸路范围内，6处属于西南路招讨司范围，有8处在西北路招讨司范围。

边堡仅具有军事职能，受命于屯兵堡寨；边堡是长城军事聚落防御体系中最小单位，数量最大，可屯驻少量兵力，属前线作战，负责该边堡附近若干里的界壕与马面的瞭守。其所驻将领为谋克、详稳、副节度使、什长等；边堡城池规模最小，一般小于1000米。根据其地理位置和规模又可分为障堡和戍堡。

综合起来，军事聚落可分为三大等级：指挥堡—屯兵堡—边堡；细化后，又可分为六个小等级：路级指挥城堡—州级指挥城堡—重要堡寨—一般堡寨—戍堡—障堡（图4-6）。

城池的级别是由其内屯驻的官兵的级别大小决定的，从统计数据来看，军事聚落的等级与城池的规模是一致的，即军事聚落的等级越高，城池的规模也越大，驻兵人数越多，防守设施更加严密，反之亦然。但也存在不一致的现象，如级别较高的将领所驻城池规模较小等。

这样的原因有三：第一，金代城池多沿用辽代，故在金兵力部署前城池就已经存在，对城池规模的等级要求也就无法达到，辽代城池的建设多仿唐代规制，故金代城池亦如此；第二，金代长城的戍防，多为游牧民族为主的战斗力量。然而，对城池的使用和重视程度，游牧民族与农耕民族是存在差异的。城池的规模等级自然也并没有那么制度化；第三，在战争中，某一城池的级别随着驻将级别改变而变化，并不是一成不变，将领被派遣到某一城池，这一城池的级别会随之升高，正如东北路招讨司的多

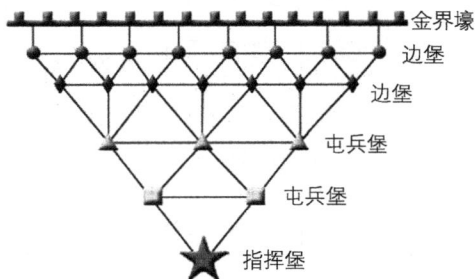

图4-6 军事聚落层级性示意图
（图片来源：解丹绘制。）

次迁移，而导致军事聚落级别的升高与降低。

三、军事聚落分布的层级性

一般情况下，长城军事聚落的层级高低与其层级内军事聚落的城池规模是呈正比关系的，即其军事聚落驻将的职位越高，其军事聚落层级越高，其军事聚落城池规模也就越大，反之亦然。当然，这其中也存在特殊情况，如因战事的需要，将领临时移驻到其他小堡中，或因堡地理位置重要，而长期驻守，等等。

通过对长城军事聚落层级与城池规模的逐个分析，总的看来，军事聚落层级与其城池大小还是有规律可循的。由于金史对长城的记述较少，对其军事聚落谈及的更为零星，一些统计数据只能从今天的遗存中总结。

虽然存在上述情况，但通过此表，仍可以从宏观上了解金军事聚落层次性布局的概况。对金古城的研究相对丰富，对其等级分类的研究也颇多，但是标准不一。大多都是通过古城周长来进行分类的，只是分段标准不同而已。具体分类请参看论文附录四。这些研究的金代古城大部分为金代上京路古城，与金长城军事聚落仍有一定区别。

依据金长城军事聚落之特点及分布，对考古资料数据进行科学统计，通过军事聚落周长进行分类，并列出其与守将官职的对应关系（表4-1）。

金长城军事聚落中军事聚落分类详解   表4-1

功能分类	驻地	守将官职	城址周长（米）	东北招讨司（现考古发现数量）		西北招讨司（现考古发现数量）		西南招讨司（现考古发现数量）	
边堡	障堡	什长、伍长……	<400	209	76	19	2	94	84
	戍堡	蒲里衍、么忽	400~1000		133		17		10
屯兵堡	一般堡寨	谋克、详稳/副节度使	1000~1750	46	35	18	12	9	5
	重要堡寨	猛安、副招讨使、副节度使	1750~2500		11		6		4
指挥堡	州级指挥堡城	节度使、副招讨使	2500~4000	8	5	10	8	9	8
	路级指挥堡城	招讨使、节度使	≥4000		3（同一时期只有一个，其他降为州级）		2（同一时期只有一个，另一个降为州级）		1
合计				263		47		112	

（数据来源：据相关考古资料汇总整理。）

在此，对此金长城聚落层次表进行补充说明：

1．依照边堡、屯兵堡、指挥堡的顺序，金长城军事聚落的数量呈逐级递减的趋势，这正与其军事管理体系相符。

2．在三个招讨司范围内的指挥堡一级的军事聚落数量较为一致，也表现了各军区内部指挥官的人数较为一致。这也侧面证明了，金长城防御体系的管理确实有三个招讨司执行，并非分四路管理。

3．在三个招讨司统领下的三个大军区中，三个层级军事聚落数量的比例都不甚相同。虽然这与当时戍防特点、地理环境因素以及人为因素有很大关系，但三个军区内戍边军队的构成也很容易造成修建的防御工事的规模有较大区别。部族军队、纠军和猛安谋克的基层军事管理是不同的，其军事组织形式也是不同的。这就造成长城军事聚落上级层次——指挥堡数量的类似，下级层级——屯兵堡与边堡的数量相差较大的情况。

4．表中说有的数据统计由考古资料统计而来，但于当时军事聚落设置之实际情况是否与此次统计相符，还需要不断的验证。最终的数据肯定有其不确定性，且辽金两朝的城池断代困难，给最后的统计也带来了困扰。

5．这个按照城池规模的分段数据是通过大量数据统计而来，当然存在局部特殊情况的现象。如在不同军区中，同一层级中军事聚落的规模类似，但其军事聚落的级别却不同；或在同一军区，规模小的军事聚落级别却相对较高。

6．西北路的障堡与西南路的戍堡数量相对较少。这两路在其修建过程中将边堡这一级的堡寨统一处理，并没有分为两个层次，西北路的边堡以戍堡为主，西南路则以障堡为主。

7．在三个大层次（边堡、屯军事聚落、指挥堡）中的小分类，并不是完全固定的，而是依据各个军区各自的军事需要、自然环境等因素来决定其类型。金长城跨越金代整个西北疆域，长度极大，所经过的自然环境也是变化多样，必然要采取不同的修建方式来对待。如在西南路招讨司范围内的边堡，主要以障堡的形式出现，戍堡很少；在东北路招讨司范围内的边堡，主要以戍堡的形式出现，其障堡都分布在军区内部，不作为前线戍守之用。

第四节　金长城军事聚落的空间分布研究

金长城戍防主要由北疆三个招讨司管理，依照三个招讨司管辖范围将长城分为三个大军区。但聚落戍防的空间分布不仅需要遵循军区的范围，更要注重要害区域的重点布置，以及管理防务和指挥调遣兵力的便利性。

从整体空间分布上来看，长城军事聚落虽沿界壕布置，但在空间上主要集中在四个中心点：泰州、临潢府、抚州和丰州（图4-7）。在这四个中心，大多属于总管府和招讨司驻地。其中抚州比较特殊，它本是桓州的一个支郡，作为西北

招讨司的初期驻地，但却是保卫中都的
首要据点。

通过这四个中心，将金长城军事
聚落分为四路来管理，即东北路（以
泰州为中心）、临潢府路（以临潢府为
中心）、西北路（以抚州为中心）和西
南路（以丰州为中心）。其中东北路和
临潢府路为东北路招讨司下辖；西北
路与西南路分别为西北路与西南路招
讨司下辖。

一、东北路

（一）界壕范围与军事聚落空间分布

东北路界壕边堡由东北路招讨司管

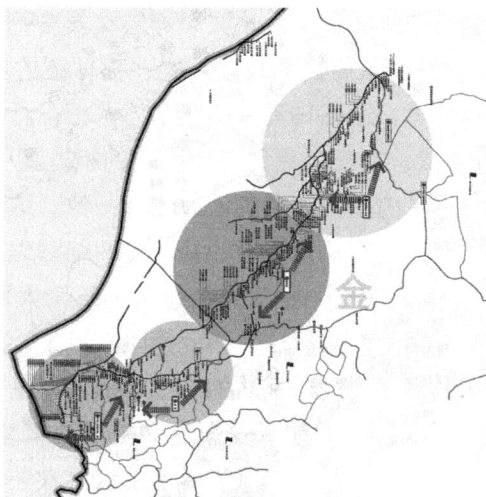

图4-7　金长城军事聚落四大中心位置示意
（图片来源：解丹绘制。底图来源：谭其骧. 中国
历史地图集（第六册）. 北京：中国地图出版社，
1982.）

理，其东北起于纳水（今嫩江）西岸的达里带石堡子，西南行，越过挞鲁古河（今
洮儿河），至鹤五河（今呼林河）畔位于今科尔沁右翼中旗西北的鹤五河堡子止。

在东北路范围内，包含三道长城及一个支线：北线、中线、南线及南线东支
线。其最东端的部分是重合的，西南行到扎赉特旗后分行。南线西行至"达里带
石堡子"与临潢府路界壕边堡相接。北线与中线虽一直延续到现今国境外，但本
书研究范围以现今国境线以内（图4-8）。

1. 在东北路的东部，由于大兴安岭诸支脉与岭的主轴呈垂直方向，而界壕又
大体与岭的主轴方向一致，因此循支脉东南流的河水也恰与界壕呈垂直方向，在
河水经过的地方，界壕往往被冲出一个缺口，露出了横截面[①]。界壕自嫩江右岸开
始，先后穿越诺敏、阿伦、肯河、雅尔根楚、库提、麒麟济沁等河流，由东北向
西南延伸而去，无论地势如何复杂，界壕始终按照西南方向沿着岭的内麓修建。
墙壕多是沿着山根修建的，偎倚山腰。

界壕仅在常年多水的干流和主要支流处，才有较大的中断。如阿伦河干流南
侧，河谷纵宽数百米的地带修建有笔直的界壕，只是界壕在河谷中间的部分没有
在平坦处或岭坡上的壕墙那么高耸。从界壕的不避河谷且在河流处设置戍堡可以
看出河流对当时国防和屯戍极为重要。

东北路界壕边堡为多次修建而成，这更能体现其重要性。在东北起点处有南
北两条界壕，并行15公里后汇合，北侧界壕属早期岭南北线长城，损坏严重，界
壕为单壕单墙结构，壕墙存高2米左右，无马面，内侧无边堡。南侧界壕属岭南南

---

① 黑龙江博物馆. 金东北路界壕边堡调查 ［J］. 考古，1961（05）：253.

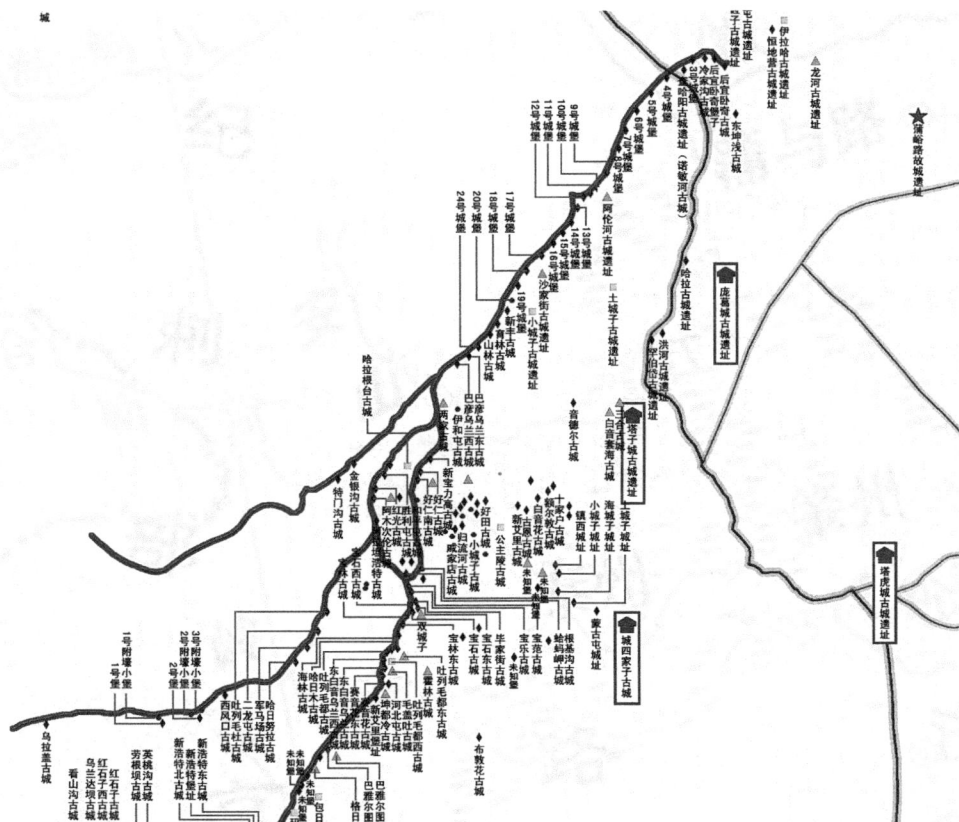

图4-8　金岭南长城东北路界壕走向与军事聚落分布图

（图片来源：解丹绘制。底图来源：谭其骧．中国历史地图集（第六册）．北京：中国地图出版社，1982.）

线长城，界壕多为双壕双墙结构，壕墙最高处可达4米，马面间距在50～130米之间，内侧边堡林立[①]，间距较密，且纵深布局完整（图4-9）。

这一部分的边堡布局十分规律，每隔10公里设一边堡，距界壕500米左右，边堡边长在140～170米，堡城四角都有角台，堡墙一面设门，筑

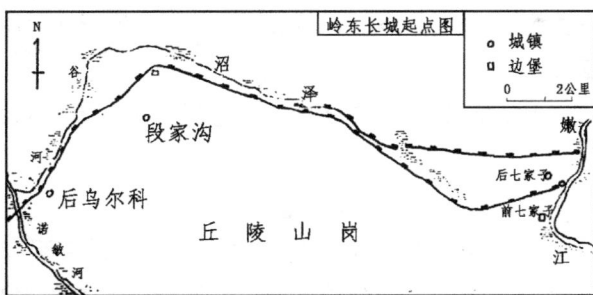

图4-9　东北路长城起点位置图

（图片来源：赵玉明．岭东金代长城调查．内蒙古社会科学（汉文版），1993（01）。）

有瓮城，其他三面都设有马面，一般为每边2个；6～8座边堡设一屯军城。如诺敏河、阿伦河、音河、雅鲁河、乌力根河、塔坨河、绰尔河等重要地段设双堡，隔河相望。河口也经过防洪排洪处理，一些交通道路处设关口。后方的大型屯军城，

---

① 黑龙江博物馆．金东北路界壕边堡调查［J］．考古，1961（05）：253.

以钳轴之势与隔河双堡遥相呼
应。堡间多设烽燧,可谓营栅
相望,烽侯相应[①](图4-10)。

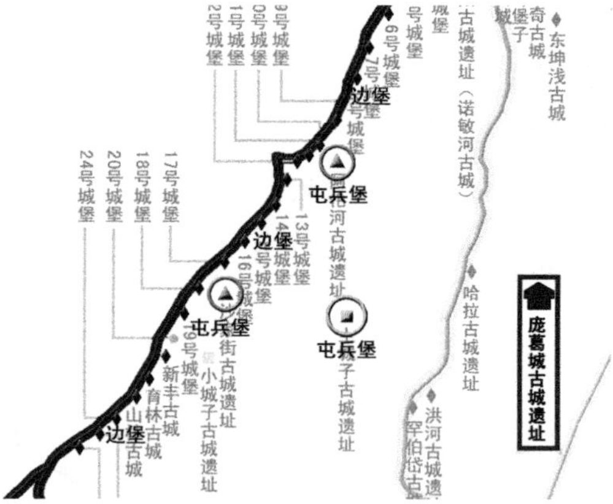

2.东北路的西部为军事
聚落最为集中的区域,与东北
路招讨司驻地也位于此处有很
大关系(图4-11)。

这段长城中北线边堡最少,
中线次之,南线最多,且南线
内侧军事聚落数量极大。由此
也可以看出军事聚落在修建的
各个阶段的数量与质量的区别。

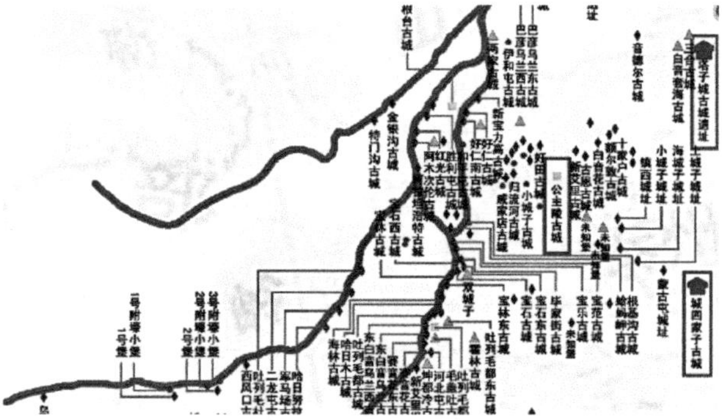

军事聚落层次仍很明显,
但边堡规模大小的堡十分多,
通过分析其城池特征后,发现
少部分城池防御设施较为简
单,为早期军事聚落特征。故
这些城中有很多辽代既有的,
或是金早期建设的,并非都是
世宗、章宗时期建设的。

作为金源之地的上京路,
在金朝中期成为疆域的次要防
御中心。东北路是其第一道军

图4-10 边堡、屯兵堡、指挥堡的关系示意图
(图片来源:解丹绘制。底图来源:谭其骧. 中国历史地图集(第
六册)。北京:中国地图出版社,1982.)

图4-11 东北路长城与东北路招讨司的位置关系图
(图片来源:解丹绘制。底图来源:谭其骧. 中国历史地图集(第
六册)。北京:中国地图出版社,1982.)

事防线,此路的长城修建质量是最高的,其防御能力也是最好的。

(二)指挥中心与驻地

东北路招讨司为东北路的指挥中心,有明确记载的五个治所分别是旧泰州、
新泰州、肇州、庞葛城、金山。驻地治所变换频繁,其原因如下:第一,东北路
管辖范围的变化以及乌古迪烈统军司逐渐向东北路招讨司的转化,东北路招讨司
的治所也随着变化;第二,随着金西北疆域防御中心的转移,东北招讨司的范围
也出现了西迁;最后,金蒙边疆范围在战争期间的不断变化,东北路招讨司治所
随之而发生迁移(图4-12)。

金太宗天会三年(1125年),庞葛城设立。《金史·兵志》记载有"东北路
者,初置乌古迪烈部,后置于泰州。泰和间,以去边尚三百里,宗浩乃命分司于

---

① 吉艳华. 金代东北路界壕(长城)的屯戍[J]. 理论观察,2006(03):168.

金山。"① 东北路招讨司治所一开始的时候在乌古迪烈部设立,乌古迪烈部投降之后,天会三年(1125年)二月"以庞葛城地分授所徙乌虎里、迪烈底二部及契丹民。"② 后"乌古迪烈统军司,后升为招讨司,与蒲与路近。"③ 这时期东北路招讨司也称为乌古迪烈招讨司,现今推测庞葛城是当时的治所所在地,在蒲与路附近,庞葛城大概位置在今天的黑龙江省齐齐哈尔市。

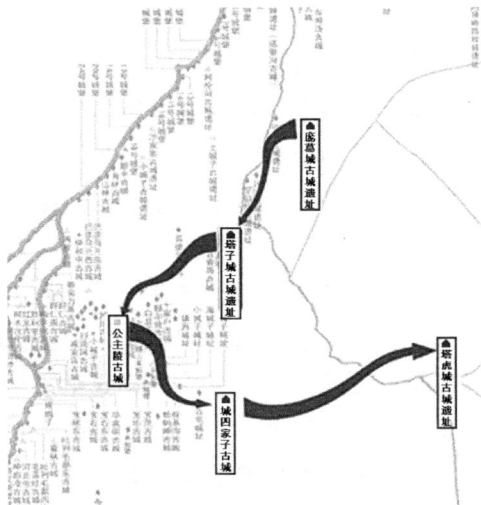

图4-12　东北路招讨司迁移路线图
(图片来源:解丹绘制。底图来源:谭其骧. 中国历史地图集(第六册). 北京:中国地图出版社,1982.)

乌古迪烈统军司初置地驻所在考古界仍没有明确定论。近年有学者认为是齐齐哈尔市西郊、距城区10千米余之哈拉古城(周长1360米),但亦有人反对这一观点。有关庞葛城的记载,《金史·太宗本纪》有一则简短记载:"天会三年(1125年)丁卯,从庞葛城地分授所徙乌虎里、迪烈底二部及契丹民。"驻地的定论还需要有赖于更贴近一些的文献记叙,尤其瞩望于考古学方面的力证④。

世宗大定年间,治所迁至旧泰州。海陵王时期,仍然称作乌古迪烈招讨司。天德二年(1150年),"改乌古迪烈路统军司为招讨司",萧王家奴"改乌古迪烈招讨都监,卒。"⑤ 贞佑元年(1213年)十二月"乌古迪烈司招讨斜野等北巡。"⑥ 撒八叛乱"杀乌古迪列招讨使乌林答蒲卢虎在"⑦。期间乌古迪烈招讨使先后由有斜野、完颜麻泼、乌林答蒲卢虎出任,金大定之后就没有了乌古迪烈招讨司的记载,乌古迪烈招讨司至此改称为东北路招讨司。大定初年,金朝北部地区相继爆发"撒八窝斡之乱"⑧,金北疆统治被削弱。于是统治者将东北路招讨司向东迁到泰州(今吉林白城市东南洮儿河北),即泰州路(这里泰州指的是旧泰州)。《金史·地理志》记载有:泰州"海陵正隆间,置德昌军,隶上京,大定二十五年罢之。承安三年复置于长春县,以旧泰州为金安县,隶焉。"⑨

泰州在金时期有新旧泰州之分,辽亡后,原辽泰州被金代所继承,就称为旧泰州,后降旧泰州为金安县,旧泰州今在黑龙江省齐齐哈尔市泰来县塔子城。大

---

① (元)脱脱. 金史·卷44·兵志[M]. 北京:中华书局,1975.
② (元)脱脱. 金史·卷3·太宗纪[M]. 北京:中华书局,1975.
③ (元)脱脱. 金史·卷24·地理志上[M]. 北京:中华书局,1975.
④ 张泰湘,崔福来. 庞葛城考[M]//东北亚历史与文化. 沈阳:辽沈书社,1991.
⑤ (元)脱脱. 金史·卷81·萧王家奴传[M]. 北京:中华书局,1975.
⑥ (元)脱脱. 金史·卷5·海陵纪[M]. 北京:中华书局,1975.
⑦ (元)脱脱. 金史·卷133·移剌窝斡传[M]. 北京:中华书局,1975.
⑧ 余蔚. 金代迁都所涉之政治地理问题[J]. 文史哲,2013(05).
⑨ (元)脱脱. 金史·卷24·地理志上[M]. 北京:中华书局,1975.

定二十五年（1185年）被罢，承安三年（1198年）复置于长春县，被称为新泰州，今在吉林省白城市城四家子古城①。海陵帝时期在泰州城设立了德昌军节度使一职，由东北路招讨使兼德昌军节度使。大定九年（1169年），夹谷查剌"出为东北路招讨使兼德昌军节度使，仍赐金带。"②

金章宗承安三年（1198年），东北路招讨司驻地迁往金山。当时金蒙关系紧张。承安三年（1198年）在东北路，宗浩率军队大胜合底忻、广吉剌、婆速火和山只昆，"自是北陲遂定"③。因泰州："去境三百里，每敌入，比出兵追袭，敌已遁去。"④达不到追袭敌军，守卫疆域的作用。"宗浩奏徙之金山，以据要害，设副招讨二员，分置左右，由是敌不敢犯。"⑤从此以后的一段时期，东北路招讨司治所再迁至金山⑥，即今内蒙古自治区的大兴安岭。

金章宗泰和八年（1208年），东北路招讨司治所再迁至新泰州。随着金蒙关系缓和。泰和八年（1208年），朝廷"以北边无事，敕尚书省，命东北路招讨司还治泰州，就兼节度使，其副招讨仍置于边。"⑦东北路招讨司又重新回到了泰州，但是此泰州即新泰州，副招讨依旧驻防边疆。新、旧泰州（城四家子古城、塔子城）都在金初时期的岭南嫩江右岸及其支流流域范围内的乌古迪烈部落驻牧地⑧。

金宣宗贞佑二年（1214年），东北路招讨司治所迁往肇州。崇庆元年（1212年）到贞佑元年（1213年）期间，蒙古军队占领了辽东大片地区，东北路招讨司治所被占领，东北路招讨司行政机构随着蒙古逼近而内移。贞佑二年（1214年），宣宗迁往汴梁，乌古论德升言："泰州残破，东北路招讨司猛安谋克人皆寓于肇州，凡征调往复甚难。乞升肇州为节度使，以招讨使兼之。置招讨副使二员，分治泰州及宜春。"⑨

东北路招讨司治所改至肇州，同时泰州和宜春由两名招讨副使管理。金肇州，即辽出河店、前郭县现确定为塔虎城⑩。

（三）各级军事聚落数量规模的比较

东北路军事聚落数量较大、层次分明、遗存较好，为金长城军事聚落之代表。通过对各级军事聚落的数据整理，可以看出东北路军事聚落的设置特征和军

---

① 宋德辉. 吉林省白城市城四家子古城应为辽代长春州金代新泰州[J] 博物馆研究,2008（01）.
② （元）脱脱. 金史·卷86·夹谷查剌传[M] 北京：中华书局，1975.
③ （元）脱脱. 金史·卷94·内族裹传[M] 北京：中华书局，1975.
④ （元）脱脱. 金史·卷93·宗浩传[M] 北京：中华书局，1975.
⑤ （元）脱脱. 金史·卷93·宗浩传[M] 北京：中华书局，1975.
⑥ 有学者认为"金山"为今内蒙古科右前旗的前公主陵城址。
⑦ （元）脱脱. 金史·卷12·章宗纪四[M] 北京：中华书局，1975.
⑧ 孙秀仁. 塔子城古城和辽代大安七年刻石[M]//黑龙江古代文物. 哈尔滨：黑龙江人民出版社，1979年；再论绰尔城（塔子城）历史地理诸问题[J] 求是学刊，1980（04）；泰来风土拾零（署名柳雪）[J] 黑龙江文物丛刊，1982.
⑨ （元）脱脱. 金史·卷122·乌古论德升传[M]. 北京：中华书局，1975.
⑩ 孙秀仁. 关于金长城（界壕边堡）的研究与相关问题[J] 北方文物，2007（02）；孙秀仁. 肇东八里城为元肇州故城考[J] 北方论丛，1980（03）.

力部署情况。

　　东北路障堡较少，估计是早期修建的军事聚落，非世宗、章宗时期所筑。障堡多远于界壕，其功能主要为拱卫屯兵城，做护卫使用。

　　戍堡较多，其功能有二，作为长城界壕内侧前线防御单位，或作为守卫屯军事聚落之小堡。故东北路军事聚落的前线作战是通过戍堡来完成的。边堡与屯兵堡、指挥堡的比例约为32：5：1（图4-13）。

　　路级指挥堡（此处为东北路招讨司驻地）在同一时间内只有一个，其他为州级指挥堡，虽然东北路招讨司驻地迁移过多次，但只有招讨使迁移前后都为州级指挥堡。

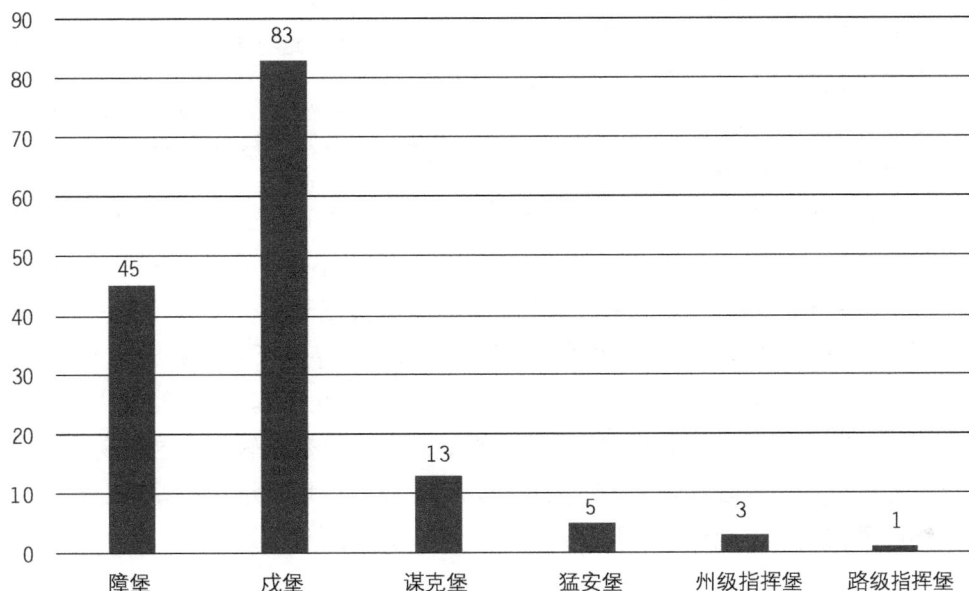

图4-13　东北路各级军堡数量比较（单位：个）

二、临潢路

（一）临潢府路界壕范围与边堡分布图

　　临潢府路界壕边堡亦属于东北招讨司范围内。其东起泰州鹤五河，与东北路长城接，西南行经庆州（今巴林左旗西北），"至达里泊（今克什克腾旗西达来诺尔）南之胡烈钆，与西北路界壕接"[①]（图4-14）。

　　金临潢一路为契丹旧壤及对蒙国防要地，在军事上以临潢府为经营镇抚北边之中心，大定府为军民政治之基地，较他三边之重要不可同日而语也[②]。在金海陵王时期取消临潢府路建置，改为总管府，北京路以大定为首府，但临潢府在军

① 王国维. 观堂集林·卷15·金界壕考［M］. 北京：中华书局，1959.
② 李文信. 金临潢路界壕边堡址［M］//李文信考古文集. 沈阳：辽宁人民出版社1992.

事上仍为重要戍守之地，金右丞相完颜
襄等人，不仅亲自督率军夫修筑壕障，
与鞑靼（蒙古）交战时，多出击于临潢
并在以此为元帅府。

临潢路界壕也分为东西两段，分界
点为南线内支线东北起点。东段长城其
军事聚落布局与东北路类似；西段分为
两段，南线主线与支线，支线内侧堡寨
数量极少，猜测支线界壕在临潢府路防
御中并不常发生战事，故不在重点防御区
域内，故界壕结构简单，边堡修筑也少。

南线主线界壕为双壕双墙结构，壕
壁为黄土堆筑，在沙地、洞口或多石的
地方则用自然石块包砌。以巴林左旗

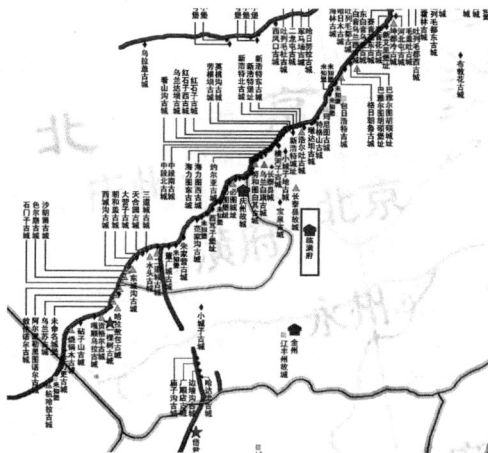

图4-14　临潢府路界壕走向与军事聚落位置
分布图

（图片来源：解丹绘制。底图来源：谭其骧. 中国历
史地图集（第六册）. 北京：中国地图出版社，1982.）

为例，一般内壕宽3～6米，深1米，外壕宽6～8米，深1米左右；外墙宽12～15
米，现已成为一土垄；内壕15～20米，存深0.3～1米不等；内墙宽8～10米，存
高2～5米不等[①]。界壕内侧地势每隔60～80米有一突出马面，每隔4000～5000米
有兵城堡一座，一般为方形，边长数十米至100米不等，可屯兵数十至上百人。
在一些交通要道或险要关隘，边堡规模和密度都有所加大[②]。

主线西段边堡规模相对于东段要大一些，但屯兵堡数量较少，这些变化可能
与自然地形有关，这段界壕地形较为复杂，有草原、山地、沙漠和湖泽。若是草
原边堡规模较大，山地、沙漠和湖泽区则变小，堡间距也较近。

（二）指挥中心与驻地

临潢府路军事聚落的指挥中心，即为临潢府，位于今内蒙古赤峰市巴林左旗
林东镇南。

临潢府，原为辽代契丹建国后在我国漠北草原地区建立的第一座大都市——
辽上京。这里河流密布、水草丰美，是我国北方古代文明的重要发祥地之一[③]。
辽上京一直为辽国政治、经济、军事、文化和交通往来的中心，是当时漠北的繁
华胜地。故《辽史》地理志云："金龊一箭，二百年之基，壮矣"，在辽国是一座
最具凝聚力、向心力和幅射力的大城市。辽亡后，金改称临潢府，为潢府路治
所。1153年海陵王迁都燕京，把原来的辽中京改为北京大定府，将临潢府归属

---

① 项春松. 巴林左旗金代临潢路边堡界壕踏查记［J］. 北方文物，1987（02）.
② 中国历史博物馆遥感与航空摄影考古中心，内蒙古自治区文物考古研究所. 内蒙古东南部
　 航空摄影考古报告［M］. 北京：科学出版社，2002.
③ 项春松. 辽代历史与考古［M］. 呼和浩特：内蒙古人民出版社，1996.

于北京路。

金代的临潢府，较之辽代上京皇都，在历史地位上有着显著的变化，它仅是地外边陲、位临蒙古，成为全国移民垦殖、屯兵戍守的边防重镇。

（三）各级军事聚落数量规模的比较

临潢府路除南线内支线军事聚落较少外，主线的军事聚落布局较有规律，障堡与戍堡同时紧邻界壕内侧，多为接壕堡。在此段长城的东段一部分，军事聚落设置稀疏，可能与地形有关。边堡与屯兵堡、指挥堡的比例约为18：6：1。可以看出临潢府段边堡数量较东北路相对少，但规模加大，屯兵堡数量相对增高（图4-15）。

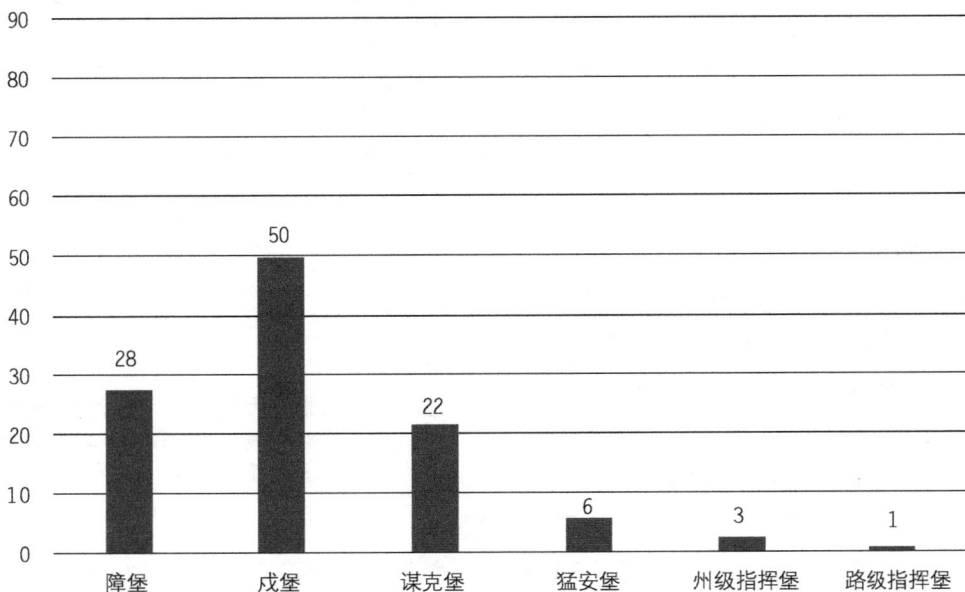

图4-15　临潢府路各级军堡（单位：个）

三、西北路

（一）界壕范围与边堡分布图

金大定初年（1161年），独吉思忠（西北路招讨使）"修筑西北屯戍，西自坦舌，东至胡烈么，几六百里"[1]（"胡烈"在今达来诺尔附近，"坦舌"在今商都县西北部大库伦乡）。西北路界壕即由达来诺尔西南行，过汉克拉后分内外二线：外线过正镶白旗及镶黄旗北境西南行；内线历恒（今正蓝旗北）、抚（今河北省张北），昌（今太仆寺旗西南）三州北境，其终止点在今四子王旗东南部白音花

---

① （元）脱脱. 金史·卷93·独吉思忠传［M］. 北京：中华书局，1975.

嘠查附近的内外界壕汇合处。

西北路段，分南北三条界壕，分别为部分中线长城、部分南线主线和支线，东接临潢府路，西到主线与支线交汇处（图4-16）。

较为特殊的是，西北路对南线主线的军事聚落布局并没有给予重视，其数量较少；但对南线支线却布置了较多的军事聚落。这与临潢府路的军事聚落布局位置正好相反，这应该与本路指挥堡的位置有关，临潢府紧邻南线主线界壕，抚州则紧邻南线支线界壕。

南线内支线界壕为单壕单墙结构，壕墙残高1～2米左右，底宽4～10米，顶宽2～7米。墙体为夯实而成，马面间距约250米左右。

界壕内侧军事聚落布局规律性不强，也可能一些城址并未被考古发现，且已发现的堡城建造时间也比较混杂，有早期、中期与晚期的。

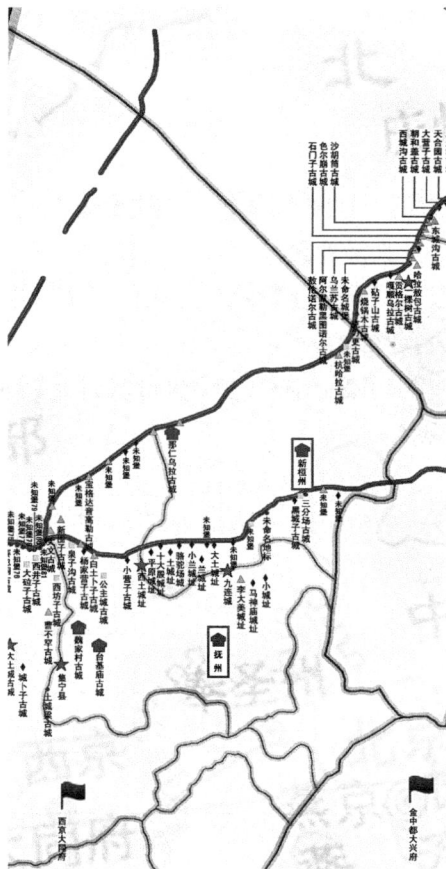

图4-16　西北路界壕走向与军事聚落分布图
（图片来源：解丹绘制。底图来源：谭其骧. 中国历史地图集（第六册）. 北京：中国地图出版社，1982.）

（二）指挥中心与驻地

金天会元年（1123年），立西北路招讨司，寻废，复设于大定五年（1165年）。之后，西北路招讨司西迁，大定十年（1170年），治所由燕子城迁往桓州（今内蒙古正蓝旗四郎城），此后燕子城称为柔远县，隶宣德州。章宗明昌三年（1192），复置抚州刺史，为桓州支郡，治柔远。可知燕子城就是章宗时所设的抚州及其倚郭县柔远（今河北省张北县城）。

《金史》中记载："世宗将如凉陉，子敬与右补阙粘割斡特剌、左拾遗杨伯仁奏曰：'车驾至曷里浒，西北招讨司围于行宫之内地矣。乞迁之于界上，以屏蔽环卫。'上曰：'善。'诏尚书省曰：'诏讨斜里虎可徙界上，治蕃部事。都监撒八仍于燕子城治猛安谋克事'。"[①] 金大定八年（1168年），世宗将曷里浒东川改名金莲川，此川相当于今河北沽源县东的闪电河上游，发源处在大马群山北麓，夏日凉爽，故名凉陉。金世宗将去曷里浒的凉陉行宫避暑，专管防范北边蒙古诸部的西北招讨司反而落在皇帝行宫的内地，所以请求将招讨司迁到边界上，以保

---

① （元）脱脱. 金史·卷89·移剌子敬传［M］. 北京：中华书局，1975.

护皇帝的安全①。可以看出，文中"界上"应该是指界壕上。斜里虎与撒八原来都驻在燕子城，现在是一徙一留；西北路招讨司初始的治所在燕子城，后徙为界上。

明昌四年（1193年）桓州由原来的节镇改为刺史，同年抚州由刺史改为节镇。抚州又布置在军事聚落的中心，故推测，西北招讨司主要是以抚州为治所，在迁出之桓州后继而迁回抚州（图4-17）。

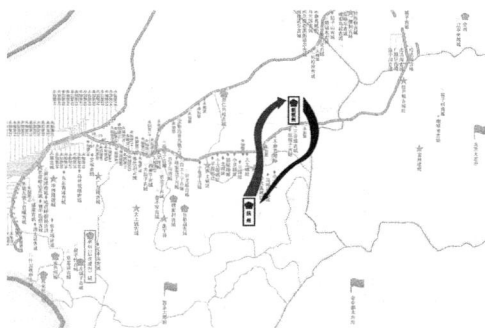
图4-17　西北路招讨司驻地迁移路线示意图
（图片来源：解丹绘制。底图来源：谭其骧. 中国历史地图集（第六册）. 北京：中国地图出版社，1982.）

（三）各级军事聚落数量规模的比较

西北路几乎无障堡设置，以戍堡为主，其一主要特点是州级指挥堡较多，这与戍守军队构成有关，在西北、西南两路的长城戍守军队多为糺军所组成。西北路边堡与屯兵堡、指挥堡的比例约为2：2：1。可以发现其边堡与屯兵堡数量类似，估计部分边堡面积较大，混杂在屯兵堡之中（图4-18）。

西北路聚落分布较无规律，密度总体上为四路中最低。受浑善达克沙地影响，且由于这一地区河流数量较少，多数聚落分布在南线支线的界壕沿线，即沙地南缘，因而聚落密度分布北低南高。

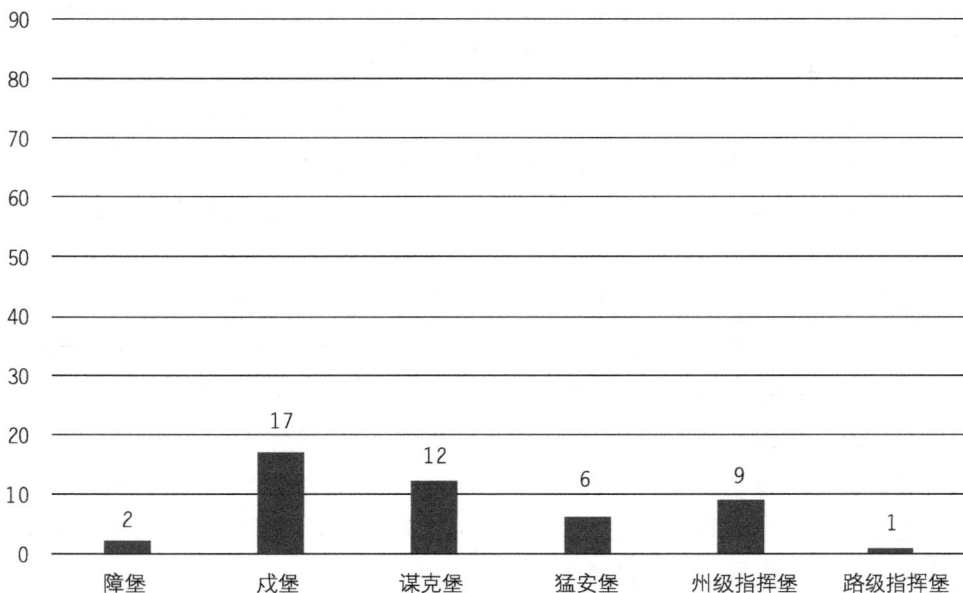
图4-18　西北路各级军堡（单位：个）

② 周清澍. 元蒙史札［M］. 呼和浩特：内蒙古大学出版社，2001.

四、西南路

（一）界壕范围与边堡分布图

西南路界壕起止无
明确记载。赵珙《蒙鞑
备录》云："章宗筑新城，
在净州（今四子王旗西
北）之北"，当指西南路
而言。其西端起点经实
地考察在武川西南大青
山脉中的庙沟，由此东
北行，经净州、大庙西
北，通过朱日和与赛汉
塔拉之间，并与海陵王
时期的金中线长城交汇，
这一段界壕边堡遗迹，
当属于西南路长城（图
4-19）。

西南路东段为南北
两条界壕，北侧为中线
长城，南侧为南线长
城。中线长城界壕内军

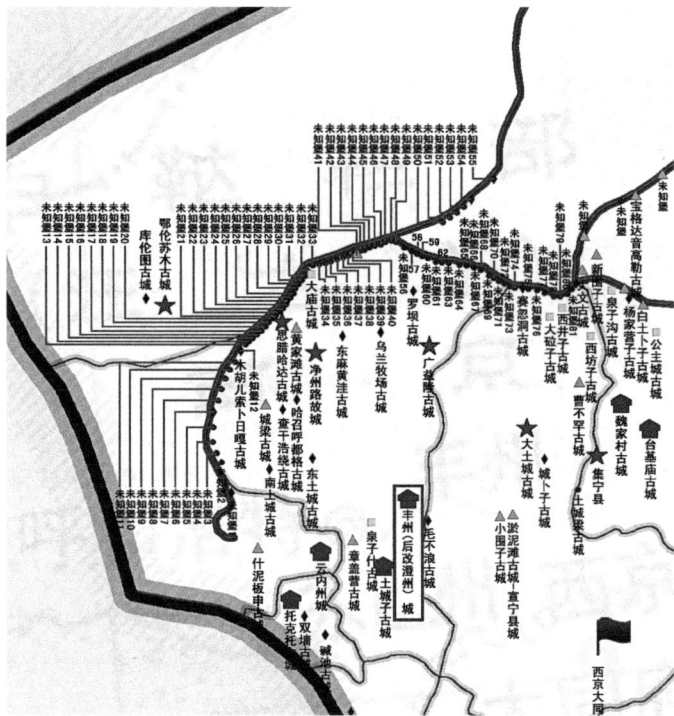

图4-19　西南路界壕走向与军事聚落空间分布图
（图片来源：解丹绘制。底图来源：谭其骧. 中国历史地图集（第六册）.
北京：中国地图出版社，1982.）

事聚落设置较少，界壕结构为单壕单墙，南线则不同，军事聚落数量较多，且
为双壕双墙；西南路西段为中线与南线的汇合后的部分，它经过至少两次的修
筑或修补。整体来看西南路南线边堡设置的密度由东向西逐渐变大，边堡间距
亦增大。

以达茂旗段南线长城为例，界壕外壕残宽12～14米，深1米左右，外
壕墙残宽14～17米，残高1.5米；内壕宽15～40米，深1.5米，内墙宽度为
12～16米，存高2～3米，从外壕的最外边到内墙最内侧，总宽度在45～67米。
内墙附马面，间距250～300米。界壕内平均5～7公里设一障城。在与界壕5～10
公里处，设屯兵城[①]。

这段界壕中壕宽不等，其主要由地形来决定：如为丘陵地带，界壕边堡工程
规模略小，如在草原平地，界壕边堡规模则提升。

---

① 达茂旗文物管理所. 达茂旗境内的金代边堡界壕［J］. 内蒙古文物考古，2000（01）.

（二）指挥中心与驻地

金代西南路招讨司沿袭了辽代制度，最早在耶律怀义初创时，丰州就是西南招讨司的治所所在，以"控制西夏"。金代当时在丰州城设天德军节度使，在《金史》上也有的记载，大定二年（1162年），完颜思敬"授西南路招讨使，封济国公，兼天德军节度使。"[①]完颜仲"迁西南路招讨使，兼天德军节度使，政尚忠信，决狱公平，蕃部不敢寇边。"[②]所以丰州应该是西南路招讨司的治所所在，同时《金史·地理志》也记载了中天德尹兼任招讨使一事。大安三年（1211年）成吉思汗占领西京路，丰州城也是未免遇难，另一种推论是由考古发现的"贞佑钞版"和"丰州之印"推测金末陕西东路遥领丰州[③]。

丰州沿袭辽代旧制，辽、金两代皆以丰州城为西南路招讨司治所，这也说明丰州城具备边疆重镇及战略军事中心的条件。辽时辖富民和振武二个县，金朝时只存富民一县，而将振武县降为镇隶于县管[④]。

（三）各级军事聚落数量规模的比较

西南路障堡较多，以接壕堡为主，同时州级城池较多，这与西南路作为金代西北疆域贸易区有很大关系，这些州级城池是榷场的主要安置地。西南路边堡与屯兵堡、指挥堡的比例约为10：1：1（图4-20）。

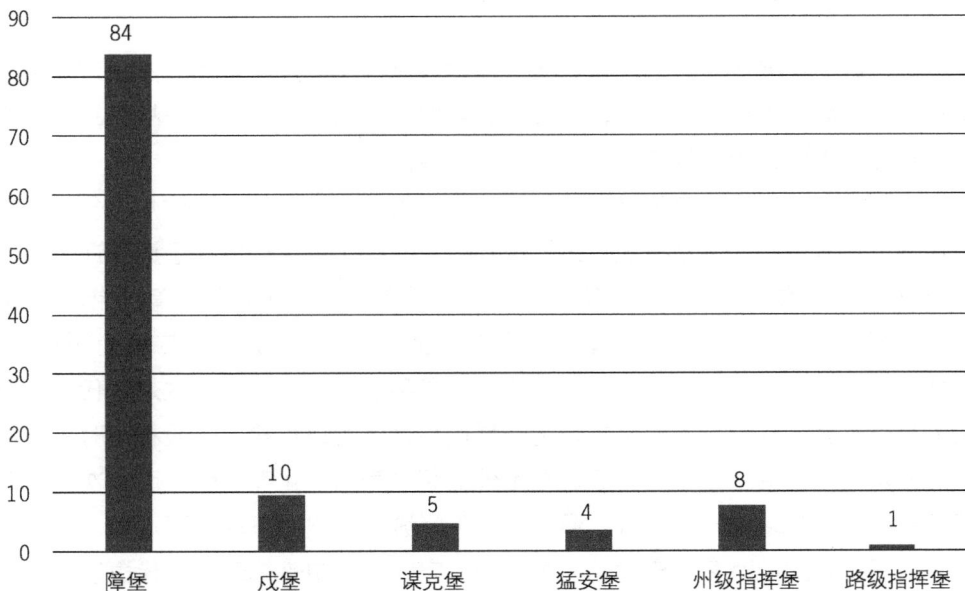

图4-20　西南路各级军堡数量比较（单位：个）

---

②（元）脱脱. 金史·卷70·思敬传［M］. 北京：中华书局，1975.

③（元）脱脱. 金史·卷72·仲传［M］. 北京：中华书局，1975.

④ 王尚. 金招讨司研究［D］. 长春：吉林大学，2011.

①（元）脱脱. 金史·卷24·地理志［M］. 北京：中华书局，1975.

第五章 金长城军事聚落建筑与其防御特征

军事聚落作为金长城戍防屯兵的据点，涵盖着丰富的历史资源和考古资料。对军事聚落的空间分布、历史形成过程、各级城池的建筑特征等问题的研究，是探索金长城军事防御体系的关键所在。但由于金长城军事聚落建筑已经过七百多年的岁月，遗存几乎皆不完整，是研究的困难所在。本章通过对长城聚落层次化、建筑类型化的探索，将金长城军事聚落更为清晰的呈现出来。

本章是由宏观至微观研究的最后一个层次，即由长城全线——规划布局——聚落层级——军事聚落建筑。文中主要探讨了金长城军事聚落中各层级军事聚落建筑本体，城池内部诸要素特征，并对每一类型聚落举例说明；其次，对军事聚落的类型数量、空间分布密度以及与界壕的距离等问题上进行了量化分析统计，同时阐释内在原因；并基于以上分析归纳出金长城军事聚落的防御特征。

第一节 金长城各层级军事聚落城池规模特征及相关例举

一、指挥堡城

（一）指挥堡的防御特征

金长城军事聚落中，指挥堡城属于级别最高层次的军事聚落，主要对其下属军事聚落起到军事统领的作用，通过对长城戍防军队和屯田管理、战略战术的确定、对外交流和边疆贸易等方面，达到边疆稳定的效果。

金代的指挥堡城，除庞葛城、抚州、桓州为新建城址外，其他州城多为沿用辽代城址，其中有些城址在金代进行了加建或改建。故其也体现了许多辽代城池的特征。金代的州分为三种，第一种为节度使州，地方的重要军事重镇，如肇州、泰州、隆州为防御州。节镇州，是在边境要地所设的州；第二种为刺史州，为地方上一般的州，如韩州、信州。州城都是兵权与政权合一，这是金代地方统治的特点；第三种为招讨司，也是金长城最高军事管理机构，一般将当时的边域节度使州城设为治所，并随着蒙古与金代的军事势力变化而变化。而其次级军事管理机构驻地为地方一般州城，通常为路下州城以及州城下辖支郡。

由于辽金建城时多仿唐建制，故在城池空间布局中也体现了唐代里坊制的特点。唐代建城遵循等级制度，大致分三个等级：十六个坊、四个坊和一个坊的面积[①]。州府一级的地方城池内部空间布局，一般有固定模式：城基本作方形，城

---

① 北京大学考古系. 纪念北京大学考古专业三十周年论文集（1952-1982）[M]. 北京：文物出版社，1990.

四面正中开城门，内设十字街，将城内分为四个大区块，每个区块的坊数根据州府的大小而不同，如面积较大者每区又设十字街，被小十字街分割为四个坊，中等者设一个坊。

金军事聚落沿袭了这一传统，在指挥堡城中，城池内道路多为十字形，通向城池四面的城门，同时将城内部分为四个区块。

城内多有发现陶窑和冶铁作坊、石碾等遗存物，说明这些城池除驻扎屯守的官兵外，还有为军事服务的工匠和农牧民。而在古城附近分布着大面积的辽金时代遗址，说明古城内并非是普通居民的主要居住区，城外才是平民的居住之地。

指挥堡城包括招讨司驻地的路级城堡和地方下级州城的州级城堡。指挥城堡的防御能力是最强的，其防御设施也是最完善的。城池的平面一般为正方形和长方形，四面城墙的正中都开有城门，城门外筑有瓮城。城墙上有马面，间距为50米～90米。城的四角建有角楼，城墙外的四周有1～2重护城壕[①]。城池周边有自然水系流过，一来解决饮用水问题，二来可以灌水入壕，进行防御；在指挥堡城周围有屯兵城，起着护卫的作用。

（二）路级指挥堡
路级指挥堡周长一般大于4000米，距离界壕较远，主要由招讨使驻守。

1. 塔子城古城（旧泰州）
塔子城古城（清代称绰尔城），始建于辽代，建制多仿唐代州城。金、元两朝沿用，均为北方重镇。金代时为旧泰州，位于今黑龙江省境内，齐齐哈尔市泰来县西北塔子城镇，当时的东北路招讨司治所旧址。塔子城得名由来已久，由于城外一座砖塔，故名"塔子城"。

1）城池地理环境
塔子城地处嫩江以西平原区，水草丰美，土质肥沃，地势平坦。东距嫩江大约40公里，西北20余公里即至大兴安岭。金长城沿大兴安岭山麓西侧西南走向，城址至长城直线距离约为95公里[②]。

嫩江支流绰尔河为西北向东南流向，在塔子城东北10余公里处折而东流，注入嫩江。塔子城东北方有呼尔达河从塔子城脚下经过。

2）城池防守设施
《蒙古游牧记》（清代张穆著）详细记载了塔子城，大概内容有："城周七里，门四座，建置无考。"塔子城略呈长方形，南北向。周长约4560米，其中东城墙大约1160米、西城墙大约1120米、南城墙大约1120米、北城墙大约1160米。

---

① 王兆春. 中国古代军事工程技术史·宋元明清［M］. 太原：山西教育出版社，2007.
② 黑龙江省地方志编纂委员会. 黑龙江省志·文物志［M］. 哈尔滨：黑龙江人民出版社，1994.

城墙现残高约5米，城墙顶部至墙基斜坡长度大约20米～27米。由于城墙被后世顺向开掘一条深沟（靠外侧），故现墙体遭到破坏无法复原。

塔子城城墙附筑有多个马面，均遭到不同程度破坏，今存19座（东墙4座，西、南、北墙各5座），推测当时每侧城墙约10座，每两座距离70～80米，四座城墙共40座。横剖面呈圆形，直径约5～8米。塔子城四角各有瞭望角楼，呈圆形，比马面大，高出城墙。

城墙外有绕城护城壕两道，第一道壕宽7～9米，外面有一道土垣，宽6～8米、高2～3米；垣外有第二道护城壕，宽7～8米，其外还有一道矮垣土堤，宽7～8米、高1～2米。塔子城在四面城墙中部各设1门，城门之外附筑瓮城。南北两瓮城向东开门，东西两瓮城向南开门。瓮城平面呈圆形，长36～38米、宽40～44米。

3）城池空间布局

塔子城属于州级建制，从考古勘察可以看出，城内有十字街将城池分为四个区块，每个区块内的道路并不清楚。近年来有学者认为城内有纵横街道各5条，大体与现在街巷一致（图5-1、图5-2）。

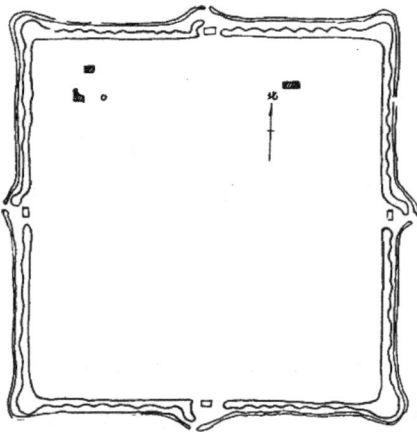

图5-1 塔子城遗址平面图
（图片来源：黑龙江省地方志编纂委员会编纂，黑龙江省志·第五十三卷·文物志，黑龙江人民出版社，1994。）

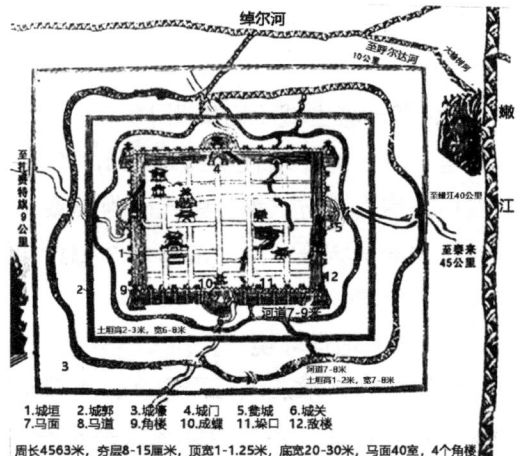

图5-2 塔子城平面复原图
（图片来源：孙文政绘制。）

有一座传说中的"金銮殿"距北墙约百米，在城内西北部。留有4块汉白玉础石，现未知其所。城内西部偏北地区也有几处建筑址，与距"金銮殿"址相百余米处有一建筑址，往南60米有一处面积较大的建筑遗址，即传说的"点将台"，东西方向约45米、南北方向长约70米、高约4～5米。其南也有建筑址，尚存3块雕花汉白玉础石，建筑遗址被夷为耕地。城内其他建筑遗迹已被破坏，大都压于近现代建筑物下面。城内还发现数眼古井和几处室内铺砖地面等遗迹。上述建筑址附近均遗有许多残断砖瓦等建筑材料。

城外附近也有一些建筑址，有的台基遗存明显。城外西南约1公里处曾有座辽代砖塔，已坍塌，近年在原址新建一塔。城外还曾发现几处辽、金、元时期墓葬。城内建筑材料甚多，但由于历经多朝，很多遗物的断代也存在异议。

2．城四家子古城（新泰州）

城四家子古城是座典型的辽金古城，始建于辽代初期，节度使级建制，金朝继续沿用，并先后设都统司、元帅府、节度使、东北路招讨司等。古城因早年包、佟、周、张四姓住在城内而得名。2007年6月，城内遗址出土一青砖，青砖上的文字证实其为辽代的长春州城，金代的新泰州城。这为城四家子古城的定位起到了重要佐证作用。城四家子古城为金代承安三年（1198年）复置于长春县的金泰州，即新泰州，并不是传统说法上的辽泰州和金代的旧泰州。

1）城池地理环境

古城位于吉林省洮南市东北9公里，在洮儿河北岸平坦的平原上。洮儿河经过古城西墙，折转向东，环绕城南垣。古城选址在河道湾流之处，西墙蜿蜒曲折，依据洮儿河流向因势修筑，洮儿河水不仅是古城护城壕水韵重要来源，而且成为环卫古城西方的天然屏障（图5-3）。

2）城池防守设施

城址平面略是方形，方向南偏东

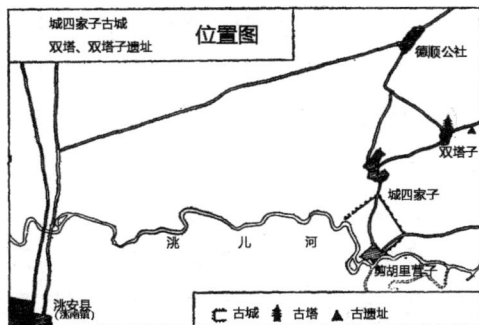

图5-3　城四家子古城地理位置示意
（图片来源：陈相伟等主编. 洮安县文物志. 吉林省文物志编修委员会，1982（12）。）

55°，实测城之周长为5748米。宏伟方整，城墙夯土版筑。

城设有四门。南、北两门正当南、北面城垣正中，唯东、西二门却分别设在东、西两城垣的南段。四门宽度不一，东门宽8米、西门12米、南门15米、北门11米。门外都设有瓮城。东、西瓮城外门口都向南开，而南、北两瓮城门口都向东。城四家子古城四座瓮城以西面的最大，形制也较特殊，其瓮城西墙不是弧形而是直线，或许与面临洮儿河有关①。

四面城墙除两墙被洮儿河水冲去大半，残长为483米以外，其余三面保存较好，其东墙长1340米，南墙1175米，北墙1135米。城墙平均高度至今仍有5米，其顶宽1.5~2米，墙基底宽约20~27米不等。从北墙暴露的断面来看，城墙是用黄、黑两种土质分层夯筑的。有迹象表明，城墙局部经后代补修（图5-4）。

城墙上筑有不等间距的马面。城四家子古城与其他辽金古城不同之处，即这

---

① 陈相伟. 洮安县文物志［M］. 长春：吉林省文物志编修委员会，1982.

座古城的马面不仅仅突出城垣外面，而
且亦凸出城墙内面，以突出墙外面的部
分为大，突出内外两面城垣的马面还是
不多见的，其直径约为20～24米。东
墙共有马面7个，马面之间距为100米；
北墙马面最多，为15个，间距为70米；
西、南两面城墙多为河水所冲，南墙尚
存6个，而西墙只剩2个。南墙马面的间
距类同东墙皆为100米[①]。

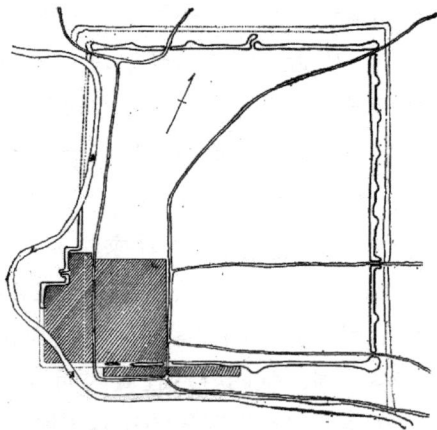

图5-4　城四家子古城遗址平面图
（图片来源：陈相伟等主编. 洮安县文物志. 吉林
省文物志编修委员会，1982年12月。）

城之四角原有角楼建筑，古城的西
北、西南两座角楼都被洮儿河吞噬。东
北和东南二角虽亦遭到部分破坏，但从
其高耸的圆形基台尚可窥见其当年风
貌。东南角楼台址保存最好，直径长达40～44米。

城墙外面残留人工开凿的护城壕遗迹，当年曾引进洮儿河水灌济，至今虽已
干涸见底，但在北、东、南三面局部地段依稀可辨。壕距离城垣20～40米，宽
5～7米。

3）城池空间布局

在城内从南门到北门之间，有一条南北轴线，在其两旁隆现出两排凹凸不平
的土岗，在城之东部也有一大长排这类土岗。此外在城之北部密布有好几处约略
高出地面的圆形土包，成排的土岗和圆包上面散布着大量的建筑材料，如青砖灰
瓦、鸱吻、勾滴、花缘板瓦、陶瓷残片、鸡腿镡等。尤其是黄釉、绿釉琉璃筒瓦
和众多兽面瓦当的出土，这些遗存证明了古时的城四家子古城内既建有街坊房舍
与手工作坊，也筑有鸱兽凌空、雕梁画栋的宫殿式建筑群落。

在古城正中偏东一处高岗之上，在南北长250米，东西宽300米的范围内，发
现有大量的炼渣，伴随着炼渣还有较多的红烧土块和灰烬，迹象表明这里有可能
是一处当年的冶铁作坊区。

值得提及的是在城内出土过石夯多件，形若现代炮弹，方形夯身，椭圆锥体
夯底，顶上有方长卯眼用以按柄，重约6公斤。

城外建筑也很多，较为重要的有位于东门外的圆丘状土包，当地称为点将
台。原是一处建筑，现为道路辟作两半，其间距为3米，两个圆丘土包大小相
仿，路东一个台基长40米，宽14米。根据出土文物及建筑形制来看，当系一座
寺庙建筑。

在古城北二华里八家子村南，发现一处辽金时代的墓群，东西长达十余米。

---

① 陈相伟. 洮安县文物志 [M]. 长春：吉林省文物志编修委员会，1982.

据当地群众反映，早年在这一代挖出过骨灰罐和人骨架，此外还发现有大型砖室墓。调查中在其附近采集到古墓壁画碎片，系用红彩绘于白艇面上，酣畅的线条和鲜艳的色彩至今清晰如新，这一发现值得重视。另在古城南墙外约280米处，发现五处窑址，从形制上看应是简易的土圹窑，这里以烧制砖、瓦等建筑材料为主。此处窑址当与泰州城址的建设密切相关。

3. 塔虎城（金肇州）

塔虎城，东北招讨司驻地，当地过去盛产胖头鱼，"塔虎"在蒙语中有"胖头鱼"之意，因而得名。曾为辽、金时期城址，位于今吉林省松原市前郭尔罗斯蒙古族自治县北部的八郎乡北上台子屯北侧，西北距大安市10千米，城中有长白公路穿城而过，城西是长春——白城铁路，曾为金代东北招讨司驻地。

1）城池地理环境

城址位于嫩江南岸的平原上，地势平坦，水源丰富。

2）城池防守设施

城池略呈方形，正南北方向，四堵城墙各有16个马面。城的四角各有角楼一座，横剖面为圆形，外凸出城角。与马面互为照应。站在角楼上可以遥望两侧城墙，战时观察效果极佳。整个城池周长大约5213米。东墙约1314米，南墙约1278米，西墙约1298米，北墙约1323米。墙高为5～6.5米[①]。

城池四面城墙正中各一门，唯有西门至今保存较好。四个城门外各有半圆形瓮城一座，半径约30米，门在侧面。东门18.5米，南、北城门宽大约25.2米。西门12.3米，南、北城门瓮门偏东侧，东门、西门瓮门偏南侧。城墙为夯土垒筑。

城外有两道护城河，距墙基10米，两河间有一高出河床4～5米的道，宽约8米。外河宽大约11.5米，内河宽大约13.5米，深大约有3.6米。护城河随瓮城外形弯转而过。在角楼外有第二道护城河。东门外有一条当年引嫩江水入护城河的故道，东西方向长大约750米，宽大约30米（图5-5）。

3）城池空间布局

有8处较明显的台地是建筑遗址，

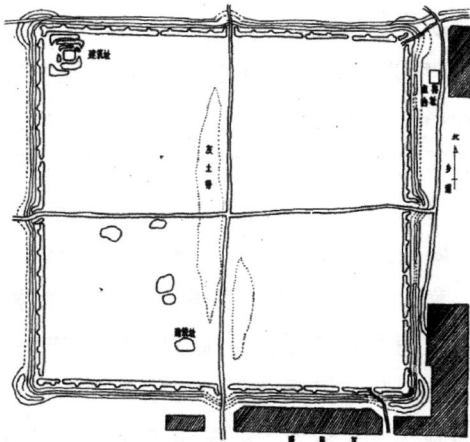

图5-5　塔虎城遗址平面图

（图片来源：吉林省地方志编纂委员会编纂. 吉林省志·卷四十三·文物志. 吉林人民出版社，1991年10月第1版。）

---

① 吉林省地方志编纂委员会. 吉林省志·卷四十三·文物志［M］. 长春：吉林人民出版社，1991.

图5-6 塔虎城内文物（左为陶佛造像，右为瓦当）
（图片来源：吉林省文物考古研究所编．田野考古集粹·吉林省文物考古研究所成立二十五周年纪念．北京：文物出版社，2008．）

上有较多瓦。城池西北角有建筑遗址，东西方向大约33米，南北方向大约32米，高出地表大约2.5米，上有较多残砖瓦砾。建筑遗址表面上见有绿釉筒瓦、兽面瓦当、鸱尾等建筑残部饰件（图5-6）。

城内西南隅有4处遗址，东南角有一高台，城内有少量的陶、瓷片和砖瓦散布。

城内东、南、北三侧遗物较多且分布较集中。在城内的一条公路两侧大量收集有建筑饰件、陶瓷片等，曾在早期考古发掘中出土了北宋铜钱、黑白围棋子和铜、铁、蒺藜等。距南墙、西墙各700米处土丘东侧的一座高台上，发现一处冶铁作坊遗址。

2000年，吉林省文物考古所在城内公路的东西两侧进行了挖掘，并部分解剖了瓮门及城墙。发掘出65座房址，87座窖穴、灰坑，2座炼炉，2座窑址，发现城内道路3段[1]。发掘区集中在城址中心南北古道两侧，有些石构火炕的建筑，有可能是后建的临界店铺、作坊。房址虽存在多组叠压、打破的关系，但形制相近：多为土坯垒筑的单间，少量为二间或三间的结构，多坐北朝南，部分朝东或西；有明确的门道、柱洞、火炕、烟囱，火炕有多种形式（图5-7）。

图5-7 塔虎城中的房屋遗址
（图片来源：吉林省文物考古研究所．田野考古集粹·吉林省文物考古研究所成立二十五周年纪念．北京：文物出版社，2008．）

---

[1] 吉林省文物考古研究所．田野考古集粹·吉林省文物考古研究所成立二十五周年纪念［M］北京：文物出版社，2008．

在塔虎城周边地区后期发现了许多遗址与城有关，在城东北有一座椭圆形土台基距城墙50米，砖砌，石灰勾缝。台基部东西方向尺寸38米，南北方向尺寸30米，高约5米，非常坚固。此台已遭破坏，现仅存土台。此台应是辽代的一座塔基，表面镶有牡丹花和莲花等样式花纹砖，台下出土的铜风铃做工精美，四角呈卷云状，为方柱形。城东和城北发现建筑遗址，在城西、城南、城北多处发现墓葬，均为小型瓮棺。

考古获得的遗迹和遗物向我们展示了金代女真人的建筑方式和平民的生活状态，侧面反映了金代城市的发展和经济的繁荣。

4. 四郎城（新桓州）

四郎城，蒙古语称"库尔图巴尔哈逊"，座落于锡林郭勒盟正蓝旗敦达浩特北两千米处。城址为乌桓游牧故地，故命名为桓州城，始建于金代。桓州城为金代在当时沿边设立的三十八州驻守之一，也是金代的西北路招讨司据地。

桓州亦当为金世宗时新置，为西北路招讨司所在，与丰州同为边防重镇。倚县清塞原为录事司罢置为县。抚州为桓州支郡，有猛安户在此州内，辖四县。倚县柔远先隶宣德州。集宁、丰利、威宁三县皆为镇级改升。昌州曾于金初降为建昌县而隶桓州，章宗时复置而隶抚州，后独立为昌州，倚县宝山以狗泺置。桓州城为金代新建，可谓是最具代表性城址。

1）城池地理环境

城南有大山，东西横亘，中间为闪电河，自西向东流，北为丘陵，起伏不大，城池是古今通往漠北的重要通道，水草丰美，土地肥沃，是一天然的优良牧场，战略位置十分重要。四郎城遗址遗迹保存较为完整，城址平面呈方形，方向75°。[①]

2）城池防守设施

古城呈方形，分内、外两城。城墙四角建有角楼，四面均有马面，间距约为60米。夯土板筑，外部石砌，夯土筑造方式厚度与后期考察的金界壕基本相同。

东西两面城门至今尚可辨认。城墙夯筑不明显，残高3~5米，每隔60左右米有凸出的马面。城中有建筑台基遗迹，为州府官衙所在。

城东、西、南三墙面正中开门，城墙东西方向尺寸1100米，南北方向尺寸1165米。东墙、南墙马面各13个，西墙马面15个，北墙马面16个，马面大者突出墙面14米，马面小者突出墙面8米。西北城墙马面比东南城墙要密，也证实了当时为抵御漠北蒙古骑兵，城池明显侧重防守西、北方向。

角楼位于四角，东南角楼长方形，突出墙面约10米，高出城墙约1~5米。东北角楼呈圆丘状，突出墙面6.2~6.8米。西南角楼无可考证。西北角楼仅存残

---

① 中国考古学会. 中国考古学年鉴·1999［M］. 北京：文物出版社，2001.

基。城东、西、南城门位于城墙正中，呈马蹄形，外加瓮城（图5-8）。

外城的东北角为内城，平面呈正方形，内城东、北两墙与外城墙体合二为一，城墙西、南两侧外有护城河围绕。周长约为1146米，内城开门于南墙中部。

城墙，东西方向尺寸约285米，南北方向尺寸约288米。西墙基宽约6米，残高约3至5米，夯层厚约15米。

城门开门于南墙中部，宽约10米。距城墙外侧20米左右有护城河围绕，河道剖面呈梯形，总长约613米。深1.7米。正对城门处有条宽12米的通道。护城河上推测应该是有桥通往城门。[①]

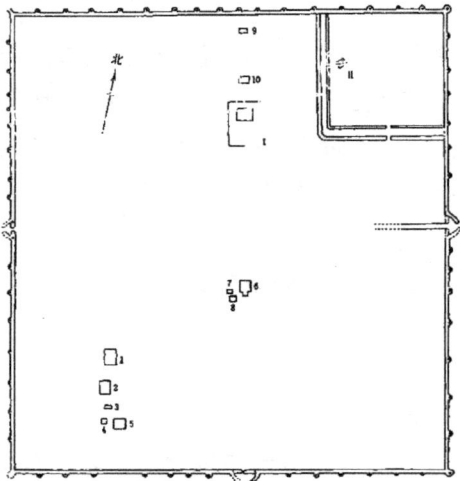

图5-8 四郎城遗址平面图
（图片来源：内蒙古草原地带文物干部考古培训班. 正蓝旗四郎城调查简报. 内蒙古文物考古，1999（02））

3）城池空间布局

在《正蓝旗四郎城调查简报》中详细介绍了城址的考古成果。考古发现位于外城东、西门之间有街道1处，院落基址2处，建筑基址10处。在东门和内城处考古发现有金代遗迹。在外城西南角及中轴线发现大量遗迹。

Ⅰ号院落基址位于城的中轴线上，距北城墙216米，东西向，平面呈长方形，长43、宽30米。北墙中段暴露一柱础石，为灰白色砂岩制成。院落的西墙、北墙较清楚，东墙、南墙不清楚。Ⅱ号院落基址位于内城西部，北墙距城北墙125米，西25米即为内城西墙。院落东北—西南向，平面呈长方形，长19米、宽14米，东南角有院门，宽1.5米。其内房基址长10、宽8米、高0.5米。房址东南角有圆形灶坑，直径0.8米，内有砖和黑炭土。

1～10号为建筑基址。

1号，位于外城西南部，是城中最大、最高的基址。平面呈长方形，南北长40米、东西宽30米、高1～1.5米。地表散布有石片、残砖碎瓦、白瓷片及酱釉牛腿瓶残片等。2号，位于1号南40米。平面呈长方形，南北长36米、东西宽28米、高1米左右。地表暴露有残砖、瓦片及大量碎石片，并采集有"咸平通宝"一枚。3号，位于2号南28米左右，平面呈长方形，长18米、宽10米、高0.5米。地表遗物较少。4号，位于3号南25米，毁坏较严重，平面形状略呈方形，边长约15米。5号，其西15米即为4号基址，平面呈长方形，东西向，长32米、宽25米、高1米左右。地表散布有残砖、碎瓦片等。6号，位于中轴线上，距南门440米。平面呈凸

---

① 内蒙古草原地带文物干部考古培训班. 正蓝旗四郎城调查简报［J］. 内蒙古文物考古，1999（02）.

字形，突出部分应为台阶。台阶长宽均为13米。基址南北长、东西宽、高1米。基址地表除散布有砖、瓦外，还有瓷片、琉璃瓦等。7号，东距6号基址20米，平面略呈正方形，边长12米、高2米。8号，位于7号基址南5米，东西向。平面呈长方形，长16米、宽14米。北墙暴露石砌墙基，宽0.55米。地表散布有砖瓦、石块等。9号位于中轴线上，距北城墙35米，东西向。平面呈长方形，长20米、宽11米。地表散布有灰色板瓦。10号位于9号台基南105米。平面呈长方形，东西向，长25米、宽15米。地表散布有大量板瓦碎片及少量碎砖等。

内城里，有不少大型建筑物台基，还有依稀可辨的街道。古城内散布着大量残砖碎瓦，瓦背为素面反面布纹，砖多是灰色素面，有少量沟纹砖。古城内曾出土过粗瓷双耳罐、铁斧及定窑、钧窑瓷片。

四郎城的整体布局无大型建筑，且基址较少，显然为驻兵、防卫用。四郎城西、北城墙上马面较多且北墙未开门，这与其抵御蒙古骑兵的目的相符。防守侧重为城池西、北方向。

金代防御建筑的显著特征均在四郎城（桓州城）上有所体现，其建筑构造和城址规模也符合当时的防御需要。

5. 丰州

丰州城位于呼和浩特市东郊18公里处的白塔村，建于辽代。丰州城，曾是辽金时期的军事重镇，是金西南招讨司驻地。辽、金两代都曾派天德军节度使镇守过丰州城，所以也有人称丰州城为"天德军城"。丰州城自建成后，辽金元三代沿用，长达450年之久。元末明初，丰州城遭战火洗劫，城民弃走后才变成一座废城[1]（图5-9）。

图5-9　丰州古城及白塔地理位置示意图
（图片来源：解丹拍摄于丰州古城内展览馆。）

1）城池防守设施

丰州城址在大青山南大黑河北岸的冲积平川上。丰州全城平面略呈正方形，南北方向，东西宽约1000米，南北长约1100米。丰州城的城墙全用黄土夯筑，高约10米，西南两墙有明显痕迹，出地面1～3米；而东、北两墙也就仅能隐约看到城墙的位置。

丰州城每面城墙上筑有马面、箭楼、角楼以及护卫城门的瓮城等各种军事设施。随着岁月的流逝，这些当年的设施早已荡然无存。

城池墙体外设马面，间距约为95米；城墙四角转折处设四个角楼，现存东北

---

① 刘蒙林，孙利中. 内蒙古古城［M］. 呼和浩特：内蒙古人民出版社，2003.

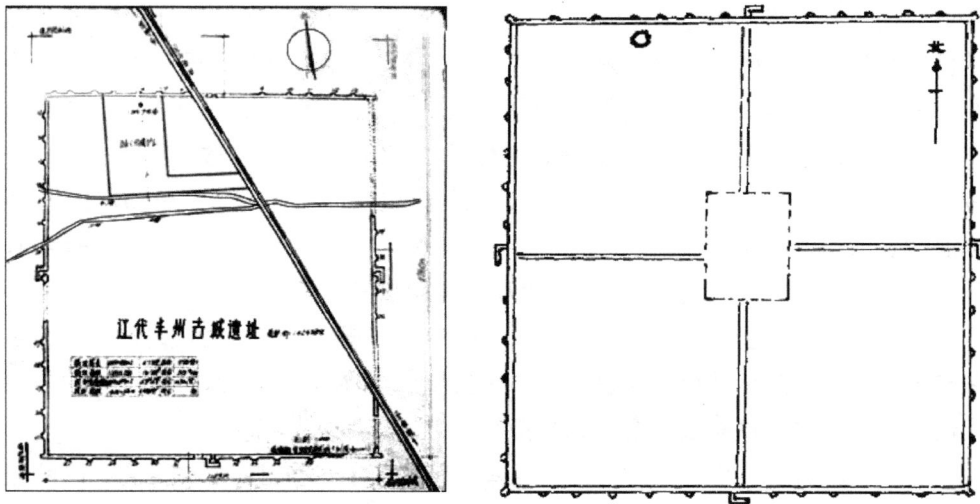

图5-10　丰州古城遗址平面图
（图片来源：左图为解丹拍摄于丰州古城内展览室，右图引自刘蒙林，孙利中. 内蒙古古城. 呼和浩特：内蒙古人民出版社，2003）

角楼基址；东、南、西三面城墙正中开设城门，并筑有方形瓮城。由于近代修筑的铁路与公路正好从北墙中部遗址穿过，所以现在已经无法判断北墙是否有门和瓮城[①]。

2）城池空间布局

城内自四面墙中起，各一条道路至城址中央，形成十字形划分，将丰州城分为四个街坊。当时丰州完全按照唐朝中等城市的建置规模实施，相当于唐代城市中四个坊的大小，以城内中心为准，分出东、西、南、北四条主干大街，通向四座城门。在四条大街的两侧，又沿伸出若干条小街小巷。城区的街巷，横平竖直，构成了一个棋盘式的图形。金代承袭了辽代的城市布局。以后，城坊制解体，封闭式的坊区逐渐被开放式的街巷取代，城市布局出现了新的变化（图5-10）。

据现存的金代石碑记载：金代时，丰州城内已有大小街道数十条之多。四墙起止的十字大街，分别命名为东、西、南、北街（按照方位），当时各种建置的建筑都按规定分散建造于各个坊内。除此之外，还有许多街道是以官署衙门、寺院建筑、人名姓氏以及市场作坊命名的，如以官署命名的街巷有县衙巷、都统临街巷、官察北巷、祁左衙巷等；以寺院命名的街巷有宣教寺巷、大觉寺巷、药师阁巷、大师殿巷、北禅院巷、福田院巷等；以人名命名的街巷有刘公进巷、刘大卿巷、杨延寿巷、张德安巷、康家巷、健家巷等；以市场、作坊命名的街巷有牛市巷、麻市巷、染巷、酪巷等。从这些街巷的名称和数量中可以看出丰州城当时

---

① 翎子. 古城丰州［J］. 实践杂志社，2006（06）.

的繁华景象^①。现存的万部华严经塔就
建在城内西北坊中（图5-11）。

当时的丰州城，不仅城市繁华，而
且城郊的村落也相当繁盛。仅金代碑刻
记载的村落就有高如村、王岸村、薛家
村、桦涧村、乃剌村、捆里乙宝村、长
寿谋克村、六十五村、东长安村、刘家
庄、李家庄、大王庄、郎君庄、南庄、
北庄、南店、北店、张家峪、石堕铺、
泥河子等40余处。从这些众多的村庄中
又可以看出，当时的丰州滩一带，不仅

图5-11　丰州白塔新旧对比
（图片来源：左图引自翎子．古城丰州．实践杂志
社．2006（06）；右图为解丹拍摄。）

村落遍地，人烟稠密，而且还是一个多民族人民友好相处，共同聚居的地方。

在辽金两朝时期，丰州滩的人口不断增长，城池数量也在不断增加。在辽代
时，为了发展贸易与交流，就在丰州城开设了商业贸易市场——"榷场"。榷场
的设立，极大地促进了地方经济的发展。金代时丰州得到进一步的发展，出现了
"牧马蕃息，多至百万和农耕田地，数千余顷"的繁盛景象。丰州在辽时就有人
家12000余户，到金代后，已有人家22680余户^②。

丰州城在金代有了显著变化。由于人口增加和社会经济以及封建制度的蓬勃
发展，丰州城已不是唐代时里坊制限制的城市。城内街巷的名称已带有商业和行
业色彩，反映了当时手工业及商业社会的发展，各种作坊分布于城内，而且按行
业有专门的集市，与现代商业的布局大致相仿，可见金代的商业已相当繁荣。

当然辽金时代的丰州城，也是边境地带的军事重镇。金代末期，连年的战争
使丰州城遭到严重破坏，直到元代建国后，经过数十年的努力，丰州城才再度呈
现繁荣景象。

丰州城内的万部华严经塔，俗称"白塔"，建于辽代。原是丰州城内佛教
寺院的一座建筑，因为最初是用于存放佛教经卷的地方，所以被称作万部华严
经塔。塔为八角形，共七层，砖木混合结构，楼阁式，是典型的中国式佛塔。
在塔内还发现了元初年间的纸币（这应该是世界上已有记录里的现存最早的纸
币之一）。

（三）州级指挥堡

州级指挥堡规模较路级指挥堡小，其周长在2500～4000米左右，由州级官员
驻守。属于小型指挥堡。在界壕以南50～100公里左右兴筑城池。

① 翎子．古城丰州［J］．实践，2006（06）．
② 翎子．古城丰州［J］．实践，2006（06）．

现将遗址较为完好，且具一定代表性的此层次军事聚落举例说明（表5-1）。

州级指挥堡举例说明 表5-1

城池平面	城池形制	文献出处
九连城 	位于沽源县九连城乡九连城村东南约1000米的平坦草原上，呈长方形，东西760米、南北920米、城墙残高1～3米。城墙四周残存圆形马面28个，间距80～100米不等。城四角有角楼基址。城东、西、南三面有门，门宽13米。城内南北对称各有高台基址一座，呈椭圆形，长52米、宽26米。 在城东约500米处有一水淖，称之"九连城淖"。水淖东西宽约1千米，南北长约7.5千米。据《察哈尔省通志·卷四》载："九连城，在县西南，距城六十五里，方形，高三丈，四面各长四百五十步……内有残碑一块，洗净露出元致和元年兴和路宝昌州字样……又载："大盐诺尔，在县西南，距城六十里，半属宝昌，半属蒙古。宽约二里，长约十余里。"张德辉《塞北纪行》中载，"昌州旁有狗泺，因其形似狗而名，金章宗明昌七年于狗泺置昌州，隶抚州，后改属西京路"。狗泺是金朝重要的盐场。大定十一年置盐使司以掌之，二十五年改为西京盐司	刘建华.河北省金代长城.北方文物，1990年第4期，第44页
西土城址 	西土城址位于康保县二号卜乡西土城村周围。城址一面呈拱形，东西最宽处为500米，南北最长处为1100米。从掘土断而可见，城墙约有2米被埋于沙土中，暴露于地面部分高约1.5米。夯土层厚13厘米。在城墙外侧四周设有半圆形马面30个，马面间距为60～80米。南北城墙中部为城门。城内有建筑基址和灰坑，地表暴露有大量的白瓷片、泥质灰陶片、兽面圆瓦当、滴水等。曾出土铁刀、铁斧、铁犁铧、酱釉陶香炉、白釉瓷瓮和北宋铜钱等	刘建华.河北省金代长城.北方文物，1990年第4期，第44页
一棵树古城 	一棵树古城位于达来诺日苏木所在地西南8公里、公格尔河北岸100米、西北距贡格尔堡城11千米、界壕东南14公里处。城址为方形，边长840米，方向185°。墙体黄土夯筑，高2～3米、底宽8米、上宽2米。南墙中部辟有宽15米的门址，并设方形瓮城。城墙上筑有马面，每面墙17个，间距120米。 城内地表平坦，在城内西北部存有一内城遗迹。南北长364米、东西宽340米。西面、北面城墙与外城连筑成一体，东而、南而城墙为黄土夯筑，残高1米。内城东墙中部辟有宽6米的门址。城内东部、南部亦有多处建筑遗址。外城南墙西段有一近300米长的豁口，墙体荡然无存，似为水冲所致	刘志一.克什克腾旗金代界壕边堡调查.内蒙古文物考古，1991年1期，第82页

二、屯兵堡寨

（一）屯兵堡寨的防御特征

屯兵堡寨是离金长城沿线较远，散布在边堡与指挥堡之间和周围，在界壕内范围最为广阔而稍具规模的中型城池，包括猛安堡寨（重要屯兵堡寨）与谋克堡寨（一般屯兵堡寨），主要功能为屯戍军队，并接受上级指挥堡城的指令来进行军事行动，也是辅助职能部门。屯兵堡与界壕、边堡组成联防，坚固程度和规模大小均超过边堡建置，边防军进可击，退可守。

屯兵堡寨在整个长城军事防御聚落中起到了最为重要的作用，它的出现及内部层次的再细化，充分完成了军事聚落纵深防御的形成与成熟，为金西北疆域军事防御能力的终极体现。屯兵堡寨这一层次的军事聚落的防御能力很大程度上决定了金代长城的防御能力。

在发生战争时，界壕的防御作用是阻碍骑军的快速行进，并通过界壕内的边堡进行一定程度的打击，但边堡防御能力较低，且兵力较少，经常在战争中很快被消灭。只能将敌军的情况以最快的方式传递到屯兵堡寨，通过其驻守将领衡量敌我兵力，集合军队，对进入疆界的骑兵进行有效打击。

因其作用的重要性，其军事聚落选址也十分谨慎。通常要注重两个方面：第一，位置的选择不仅要考虑"进可攻，退可守"，也要注重可随时支援所管辖的每座戍边边堡；第二，不仅要考虑与周边屯兵堡寨的相互联系，更要注重对疆域纵深方向的水陆交通要道的重要防御[①]。

通过以上的考虑，屯兵堡寨在选址上形成了自身的特点。根据其特点可分为山城、平原城、河谷堡、沙漠堡。

山城，多分布在地形复杂多样的山地，数量少且分散。山城的防御设施充分结合地理条件和资源优势，分段按山脊走向、河流形势谋划布局，以峭壁墙、石砌墙、河流屏障的形式，使整个城池达到封闭完整的统一，形成了富有特色的有效防御体系。城门的设置一般都在山城地势比较缓的一面，而正门一般都在向阳的南城墙上开，为了保证正门的安全，大多山城的正门都建有瓮门[②]（图5-12）。

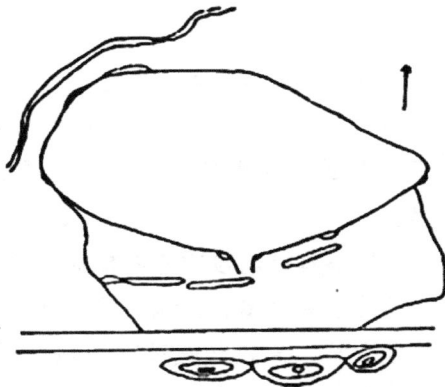

图5-12　山巴拉各歹山城平面图

（图片来源：柳岚. 内蒙古科右前旗、突泉县辽金城址调查. 考古，1987（01）。）

---

① 吉艳华. 金代东北路界壕（长城）的屯戍 [J]. 理论观察，2006（06）.
② 孙乃民. 吉林通史·第一卷 [M]. 长春：吉林人民出版社，2008.

　　古城多分布在蛟流河、归流河、洮儿河的两岸冲积平原、台地或山地中的缓斜坡上，大都后依起伏的山陵以为屏障，前有河流和平原，视野广阔，城池一般排列有序，相互间可以遥望，呼应灵便，军事防御性质突出。这些古城，大都与金代界壕、边堡密切联系。

　　这一类型的军事聚落，在修筑城垣时多采用叠石堆土而成，不经夯筑。这种筑城方法在辽金时代的一些山城中利用较多①。

　　平原城，多分布在河流交汇处，其地貌往往是冲积平原、丘陵或盆地，地势平坦，适于营建城池屯驻兵力，城址稠密而又集中。地区交通方便，资源丰富，是金代发展农畜业和商业的重要地区，其分布的密度大大超过了山林地带。戍边军充分利用这种有利的自然条件，广泛进行屯田。

　　河谷堡，主要为了对其水上交通要道的防守。均选择在水陆交通要塞和山川河谷，具有军事战略意义。位于阳坡之麓，为求临水，既可以用高山作为天然屏障，又可方便地利用水资源解决城内的生活用水。河流既是边境的交通枢纽，又可以为人的生存提供水源。堡内地势起伏，有高差，外轮廓不规则，内多包含山顶和沟谷。这种军事聚落间距较小，城池规模较大（图5-13）。

图5-13　堡与河谷的关系
（底图来源：Google Earth地图。）

　　沙漠堡，处于沙漠与丘陵地带，根本没有高大山体作为天然屏障，水系也是少之又少，地势较为平坦，也是游牧骑兵经常出没的地方。此处虽然条件不适宜居住，但必须设堡，以完成这种类型地区的长城沿线的防守任务。

　　上述四种军事聚落，其墙垣多采用夯土板筑，它是用人工一层层地将土夯实，每一层夯土层约10~15厘米，最底层铺设一定厚度的沙子和碎石。夯土的来源主要是挖壕取土，既筑起了高大的城墙，又掘成了护城河，可谓一举两得。

　　屯兵堡寨结构较指挥堡相对简单，马面个数减少，四角仍有角台，堡城墙外有马面且有挖壕。城池一般只开一门，且筑有瓮城。在界壕以南10公里~50公里处兴筑，周长一般都在1000~2500米的方形土堡。堡内有较大的建筑台基，它可以屯驻大量官兵，是沿边戍堡、关隘的指挥中心，管领守卫界壕的一定地段。堡内军事设施齐备，外有护城壕环绕，形成一个可以独立作战的军事聚落。

① 中国军事史编写组. 中国历代军事工程（第二版）[M]. 北京：解放军出版社，2005.

（二）一般屯兵堡寨（谋克堡寨）

一般屯兵堡寨屯驻小型军队，为谋克驻地，无职能部门，统领本堡内所属戍堡的守军，以及本地段内的战守事宜，部署所辖界壕、烽燧等工程设施的守卫工作。作为界壕内侧牵制边堡的中小型堡址，一般选择河谷交汇处台地上修建，与界墙的间距视地形而远近不一。堡城防御设施较为齐备，只是规格较小，平面多为正方形，周长在1000～1750米范围内，一般在南墙正中开一门，加筑瓮城。堡内有军官办公居住的地方。

现将遗址较为完好，且具一定代表性的此层次军事聚落举例说明（表5-2）。

谋克堡举例说明　　　　　　　　　　　　　　　　表5-2

城池平面	城池形制	文献出处
诺敏河古城 	诺敏河古城，位于甘南县平阳人民公社查哈阳居民点（原查哈阳乡）北1公里。城为南北向，长方形，东墙长240米，西墙长220米，南墙长370米，北墙长380米。瓮门，开在南墙中部稍偏东处。南墙高出城内3米、城外5米，断面基底15米，顶宽1.6米。城的四角各有一个马面，北墙置四个，东、西、南墙各两个马面。 瓮门有内外两个开口，开在南墙上和瓮壁上。于城外掘旱壕一道，于北墙外侧更掘一漫沟，以截剎从坡顶下流的水势	黑龙江省博物馆. 金东北路界壕边堡调查［J］. 考古，1961年05期，第256页
阿伦河古城 	阿伦河古城在阿伦河右岸，距主流0.5公里，城东南角距阿伦河支流仅20米，距阿伦河边堡3.5公里。城为长方形，大体正南北向。四面墙长：东面250米、西面260米，南面400米，北面400米。北墙仅残留了东西两端，其他部分已被阿伦河泛滥时冲毁。南墙断面基阔12米，高出城内4米，城外5米。残存土堞11个。其外观及配置与查哈阳古城相同。围城有壕，南壕宽12米。门原设在南墙的中央，附近居民呼之为"南门泡"。该城遗物较多，采得有灰砖、布纹瓦、黄绿釉缸片、手摇石磨及定瓷与仿定白瓷片	黑龙江省博物馆. 金东北路界壕边堡调查［J］. 考古，1961年05期，第256页
沙家街古城 	沙家街古城与界壕最近距离为12公里，距北方的雅尔根楚河边堡13公里。城大体正南北向略呈长方形，南、北两墙微有弧度各长440米，东、西墙各长240米。瓮门开在南墙的中间。四面墙共有土堞16个。城外有壕。 有道清水泉从城西南角外流过注入济沁河中。该城的修建，充分地利用了自然形势，城因坡势，西北略高于东南，而以东部最低。城外东、西、北面的全部及南面的一部分被围以付墙，中间为护城壕。西墙外围的付墙的南端，止于从西北向东南流的小溪的北沿。东墙外，付墙的南端止于山岗南侧陡壁的顶部，没有继续曲折向西。门的东侧，南墙外有两座土堆堆在陡壁的顶上，可能是当年防御设施的残迹	黑龙江省博物馆. 金东北路界壕边堡调查［J］. 考古，1961年05期，第256页

城池平面	城池形制	文献出处
阿尔狱勒黑图诺尔堡城	阿尔狱勒黑图诺尔堡城位于白音查干苏木阿尔默勒黑图诺尔东南1.5公里、西距哈拉放包堡城14公里、界壕东南4公里处。城址为方形，边长370米，方向225°。墙体黄土夯筑，保存完好。现墙高3米、底宽7米、上宽2米，墙上筑有马面，间距120米，高5米，南墙中部有宽10米的门址，并设方形瓮城。城四周设有三道护城壕，间距4米。现壕宽5米、深1~1.5米。城内地势平坦，北部暴露建筑遗迹十分清晰，可辨清房屋的间数	刘志一．克什克腾旗金代界壕边堡调查［J］．内蒙古文物考古，1991年1期，第82页
好尔吐堡寨	好尔吐堡寨位于乌兰坝公社好尔吐大队所在地。此城筑于山谷草地上。南面有一条狭窄的山谷，出谷口可达乌兰坝公社，山谷穿过古城向北延伸可抵新浩特边堡，南北长达15余千米，山谷间唯有此通道，寨址正扼其中段，控其南北交通，也极利于据守。 城垣夯土板筑，平面方形，南北长300米，东西长280米，除东墙被河水冲刷外，其余三墙保存完整，墙宽12米，现存高2~3米。现存墙垣上均发现有马面建筑，南、北二墙各六座，东、西二墙各五座，圆形，直径10米，现高3米，夯土筑，夯层厚约20~25厘米。西墙（应包括东墙）无门，南、北二墙正中对辟一门，门宽10米，瓮城方形，长、宽各20米，两门正控南北通道，与常见的辽、金州城门址设置不同。 城内现状地势比较平坦，建筑遗迹密集、清晰，说明当时居住人口较多。三面墙外均有明显的护城河遗迹，现宽20米，尤以北墙外护城河最为明显易辨。在西、北护城河外50米，另筑有围墙，现存尚有300多米。城外西山，还有一段土筑墙垣，由山下直通山头，长约500米，这些可能是墙护卫而构筑的防御设施	巴林左旗金代临潢路边堡界壕踏查记，项春松，第41页
革命古城	革命古城位于洮儿河东。长方形土筑，周长792米。现存墙高出地表2.5米。城址由内、外两城组成。内城位于外城中间，内城各墙距外城墙均为20米，呈方形，内有一井和三个房址残迹。外城四角有角楼，并设有马面六个，东、北、西墙各两个。门开在南墙正中，且为瓮门，向东南。城外有护城河一道。除城内东南角被建房所损，其他保存完好	柳岚．内蒙古科右前旗、突泉县辽金城址调查［J］．考古，1987年1期，第61页

（三）重要屯兵堡寨（猛安堡寨）

重要屯兵堡寨一般屯驻大量军队，为下级猛安驻地，通常为路下州城的下辖支郡。直接接受指挥堡之命令，统领职责范围内的谋克堡寨与边堡，其城址选址与一般屯兵堡寨类似。堡平面多为正方形，周长在1750~2500米范围内。

现将遗址较为完好，且具一定代表性的此层次军事聚落举例说明（表5-3）。

猛安堡举例说明 表5-3

城池平面	城池形制	文献出处
古城子古城 	古城子古城位于额尔登敖包苏木东约15公里处、黑沙图嘎查的木胡儿索卜嘎古城子浩特乌素畜群点,北距边堡界壕10公里。此城筑于四周环山的南北交通要道的山谷中。在古城遗址西部有一座较高的山峰,山势雄伟。站于高山之巅,四周视野开阔,古城筑于此地,不仅利于据守也利于扼守这条交通要道。 城墙为夯土板筑。平面呈方形,面积为250000平方米。西墙被水土流失形成一条旱河。城墙被水冲毁270米,其余三墙保存较为完整。四墙均有城门,有瓮城,四角有角楼,城外有护城河。城内暴露有对臼、砖、瓦及陶瓷残片等遗物	陈永刚,邓宏伟,达茂旗境内的金代边堡界壕,内蒙古文物考古,2000年01期,第131页
哈拉根台古城 	哈拉根台古城位于挑儿河中游,中界壕与东界壕之间。东、北临山,西有一条小河,南为开阔平原。城近方形,周长2296米。现存墙高出地表1~2米,基宽15米。瓮门开向东南,设在南墙正中,现宽5米。四角有角楼。南墙有马面六个,北、东墙各九个,西墙中间部分被山水冲刷一段,现仅有七个,共有马面三十一个。这些马面为一小一大相间、等距排列。小马面现存基宽10米,上宽12米;大马面基宽13米,上宽15米。另外北墙中间还有一个30米见方,中间下凹的大马面(或瞭望台)城外20米处有一护城河。城内的布局已被破坏,仅东部的空地稍能看出有几排的房基残迹。据说,现在住房都是在原来旧基上建起来的	柳岚.内蒙古科右前旗、突泉县辽金城址调查[J].考古,1987年1期,第58页
前公主陵一号古城 	平面长方形,方位北偏东20°,筑有内城和外城,墙外四周有护城河两道,有的地段变为三道护城河。外城系夯土板筑,南墙长666米、东墙长255米、北墙长650米、西墙长258米,墙基宽10米左右,残高1~3米,南墙偏东部有城门,筑有瓮城。与南城门相对的北城墙有一宽18米的豁口。 外城四角有角楼,马面之间的距离为90~150米不等,一般呈半圆形。南城内东北隅有一南北宽180米,东西长208米的长方形内城,内城与外城共享一面北墙,内城东墙距外城东墙仅68米,城墙宽约3米,南墙东段有一宽15米的门址。内城墙亦为夯土板筑。 一号古城内建筑台基排列整齐有序,多为东西走向。纵观全城,值得重视的是内城中倒L形台基南侧那个台基,它南距内城门35米,台基长60米,宽30米,台基上不但散布着大量的残砖断瓦、兽面瓦当,还有不少宋、辽瓷片,是内外城中最宏大的台基,可能是该城的最高统治者的驻地。内城南门外两侧各有一个近长方形的建筑台基,似为守卫性质的建筑	吉林省文物工作队,吉林大学历史系考古专业.科右前旗前公主岭一、二号古城调查记.东北考古与历史编辑委员会.东北考古与历史(丛刊)第一辑1982.文物出版社,1982年09月第1版

三、边堡

（一）边堡的防御特征

边堡作为长城军事聚落层次体系的最基层防御单位，它是整个防御设施的前沿阵地和重要的军事信息传递单位，听从上层级屯兵堡寨的指挥。

边堡可分为障堡与戍堡，其城池规模不同。周长一般在1000米以内，具有一定规模和设施的边防小城，乃前方哨所。边堡大多建于金长城内侧，其修建原则为"取直列而筑"，所以大多都沿界壕内侧较为平均的分布，对其选址有了很大的限制。在可选择的范围内，边堡多处于避风、朝阳、地势平坦、水源丰富的交通要道与山河险要之处，与长城相距约1千米范围内或紧贴界墙修建，与壕墙上的马面直接对应或遥相呼应。

边堡在整个长城军事聚落体系中是最早出现的军事聚落，其发展过程也是最长的，因此其类型较为丰富，由于时期的不同而造成其形制也出现了不同。因位于战争中的最前线，其被破坏程度也是最大的，补修或重建也是在所难免的。

通过对各个时期边堡的研究和对比，边堡的形制可以分为早期和后期。其修筑质量和防御能力也存在一定的差距。

1．早期边堡

在早期界壕修建时，即已经在"要害处"修建军事聚落了。此时的军事聚落形制较后期有明显的特点。

在同一层级中的边堡，其城池规模较小，修筑质量较差，防御设置较少；堡小而简陋，只有四墙，平面多为正方形，一般设有角台，少数城外设有护城壕，无马面和瓮城。且此时期出现铜钱形城池平面。

现将遗址较为完好，且具一定代表性的早期边堡举例说明（表5-4）。

早期边堡举例说明　　　　　　　　　　　　　表5-4

城池平面	城池形制	文献出处
大土城址	大土城址，位于河北康保县阎油坊乡大土城村西南约500米，北距长城约1000米，为正方形，边长200米。城门在南面中央	刘建华．河北省金代长城［J］．北方文物，1990年第4期，第44页

城池平面	城池形制	文献出处
尖山子边堡 	城址北面紧临界壕，并利用界壕，形成内、外二城，内城方形，外城圆形，平面呈铜钱状。内城南北57米，东西56米。墙存高1.8米，坍宽12.5米，顶宽1.5米。墙外壕深1.8米，宽9米。墙无马面。四角有角台，伸出墙外。内城只有东面一门，门宽5米。城内覆土，未见遗迹遗物。外城直径120米，墙高0.5米，坍宽3米。外城北侧即借用界壕墙，南面另筑半圆形墙，以接界壕	米文平，冯永谦．岭北长城考［M］//《中国考古集成》东北卷金（一、二）.北京出版社，1997年01月第1版
冷家沟边堡 	冷家沟边堡在界壕最大转折处的内侧。堡西北角距界壕仅30米。堡呈正方形。东面墙南偏西20°，中部有门，宽5米，门的两端残存土堆两处。周围环以护城壕，壕阔4米，有低矮的外堤稍高出堡外地面，基阔约4米左右。北墙基阔8米，高出城内地面2米，高出城外地面3米。东墙长160米，北墙长170米，南、西两墙各长155米。城内地面上常见各种陶瓷片	黑龙江省博物馆．金东北路界壕边堡调查［J］.考古，1961年05期，第256页
巨兴古城 	巨兴古城位于归流河和眺儿河汇合处的河川平地上。长方形土筑，周长412米。现存墙高出地表1～2米。四角设有角楼。城门不清。南墙及东墙南段由于盖房损坏，其余保存完好	柳岚，内蒙古科右前旗、突泉县辽金城址调查［J］.考古，1987年1期，第58页

2．后期边堡

后期营建之边堡具有明显的防御功能加强之特征。不仅城池的城墙加高，质量上升，且防御设施种类加多。城墙四角拥有角台防御设施，城池一面辟门，门外设瓮门，瓮门的形式一般为两种：半圆形和直道式（图5-14）。在城池墙体上出现了马面，除了开门一面，在其他三面城墙中央各有一马面。

现将遗址较为完好，且具一定代表性的后期边堡举例说明（表5-5）。

图5-14　边堡瓮门类型示意（左图为半圆型瓮门，右图为甬道式瓮门）
（图片来源：赵玉明. 岭东金代长城调查. 内蒙古社会科学（汉文版），1993（01）.）

后期边堡举例说明　　　　　　　　　　　　　　表5-5

城池平面	城池形制	文献出处
骆驼场城址 	骆驼场城址，位于丰宁县草原乡东500米处，北距长城约200米。为正方形，边长196.4米。城四隅均有角楼遗址。四面城墙中部各设1个马面。城内西北角有1个小城，边长40米	刘建华. 河北省金代长城 [J]. 北方文物，1990年第4期，第44页
西城子沟古城 	西城子沟古城位于白音查干苏木西城子沟、南距东城子沟堡城5公里、界壕南30米处。城址为方形，边长150米，方向120°。城墙为黑、黄土夯筑，高2~3米、底宽5米、上宽1.5米。墙上筑有马面，间距75米，高4米。南城墙中部辟有宽8米的门址，并设方形瓮城。城内地势较平坦，北部遗存建筑址两处	刘志一. 克什克腾旗金代界壕边堡调查 [J]. 内蒙古文物考古，1991年1期，第82页
曹子古城 	曹子古城位于天合园乡大营子村东北2公里、西南距朝和盖堡城11公里、界壕南120米处。城址为方形，边长150米，方向180°。墙体为黄土夯筑，高3米、底宽6米、上宽1.5米。墙体筑有马面，间距75米，高5米。南墙中部辟有宽8米的门址，并设方形瓮城。城内已辟为耕地，遗迹不明显，东、南、西面城墙及瓮城破坏严重，仅存局部	刘志一. 克什克腾旗金代界壕边堡调查 [J]. 内蒙古文物考古，1991年1期，第82页

（二）障堡

障堡，周长从40~400米不等。障堡可分两种：依托型和独立型。以界壕内侧居多，平面多呈方形。依托型即附壕堡，紧贴壕墙修筑，以壕墙为堡的一面墙体；独立型，即堡与壕墙有一定距离，这样类型的障堡距界壕可近可远，功能不同。虽为两个类型，但其形制类似。

障堡的平面多为方形，边长在100米以内，堡墙体的高度和宽度都与主壕大致相同。在壕堡内设有房舍和营库，在一些保存较好的遗址中清晰可见房屋的基址，可屯军储备兵器。每两座堡间距一般都在3公里到7公里，壕堡位置大多选在有利于观察壕外动静，且壕堡位置的地形条件优越。其与内侧壕有大门、梯道互相连接。障址四角均设角楼，四周有护城壕。

在西南招讨司范围内的障堡最具代表性，且除了以上所述特点外，还具有一明显的特点。西南招讨司范围内的障堡大多为接壕堡，且分布均匀。在界壕内侧总使用大、小障堡为一组的防御布局，这样的组合十分多见（图5-15），接壕堡的附近总有一小堡。小堡的周长较小，一般在200米以内，无角台、马面、瓮城等防御设施，且墙体较矮。

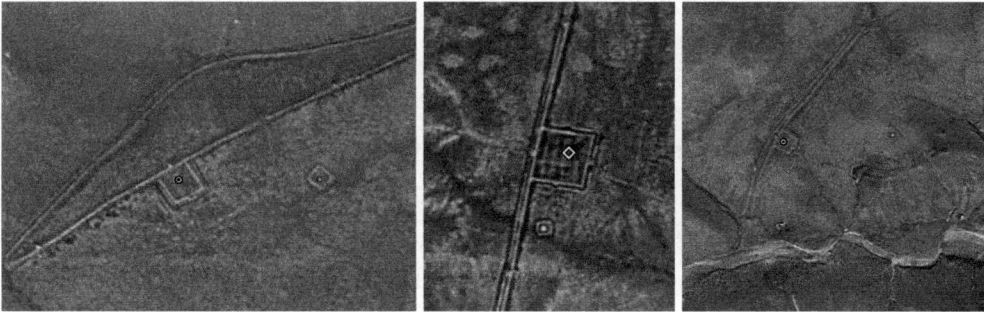

图5-15　接壕堡与小堡的组合列举
（底图来源：Google Earth地图。）

现将遗址较为完好，且具一定代表性的此层次军事聚落举例说明（表5-6）。

障堡举例说明　　　　　　　　　　　　　　　　表5-6

城池平面	城池形制	文献出处
10号障址 	10号障址位于好尔吐公社乌兰坝大队西2.5公里的山谷口。城西有高峻的山岗以为自然屏障，北部为丘陵山地，边堡在这里自北而南走，东部（即边堡内侧）为开阔的丘陵地。 障址紧贴界墙，遗迹保存相当完好，城址方形，边长各100米，正中为宽10米的大道，直通大门，大道尽端有长方形主体建筑，两旁各有一组小建筑。大道两侧各有六排建筑，与7号障址的营房建筑规模相同地友散布较多的布纹瓦片，是边堡上典型的障址	引自项春松．巴林左旗金代临潢路边堡界壕踏查记，第41页
克力更堡城 	克力更堡城位于达日罕苏木克力更嘎嗒北2公里沙漠中。城为方形，边长80米，方向160°。墙体为黄土夯筑，高2~3米，四角设有敌楼，高4米、底宽5米、上宽1.5米。南墙中部辟有门址，宽10米，设方形瓮城。北城墙与界壕构筑一体，为附堡型堡城。城内地表平坦，存有建筑遗址多处	刘志一．克什克腾旗金代界壕边堡调查［J］．内蒙古文物考古，1991年1期，第82页

（三）戍堡

戍堡一般呈正方形，城池周长在400～1000米范围内，墙体都系夯土版筑，有马面、角台、护城河、房屋等配套建筑。多有居住遗址，设火坑、出土陶盆、罐、粗白瓷碗碟等生活用具残片。戍堡相较障堡，军事设施齐备。堡与堡间保持"密而不繁、疏而不漏"，能够首尾照应[1]。

戍堡位于界墙之内，选择河谷文汇处台地上修建，与界墙的间距视地形而远近不一。平面为正方形，边长120～180米，城墙残高已不足5米，墙外加筑马面，一般在南墙正中开一门，个别加筑瓮城。堡内中央夯筑一高台建筑。残存石柱础，砖瓦碎片，当是军官办公居住的地方。在中央台基周围，有小型建筑遗址，出土陶罐、盆、粗白瓷碗碟等生活用具残片，并发现铁镞、甲片、马镫，铁刀，铜铁等物，应是士兵居住的地方。

在山口、河津等处，建有堡，距离10～20公里不等，做屯兵之用。一般来说，每堡能住士兵400～500人，重要地方则两堡相连，增加防卫力量。如果按金界壕全长3000公里来计算，需30万～50万军队才能守完金界壕。

由此可以推知筑一堡所需工数，为300人，需修一月。建成后，每堡得屯驻200名边卒。壕堡的兴建过程中，常是"军民并役"或"又募饥民以佣"而"民甚苦之"。既成之后，置戍户于堡内。

边堡用大石板铺筑灶址和炕面，其材料一般都是兴安岭一带最常见的火成岩。堡内房屋的配置是很有规律的，中部的坐北朝南呈东西直列，两侧的（相当于厢房的位置）为南北排列，行列间的较宽处的间隔，宛似通衢小巷。

现将遗址较为完好，且具一定代表性的此层次军事聚落举例说明（表5-7）。

戍堡举例说明　　　　　　　　　　　　　　　　表5-7

城池平面	城池形制	文献出处
1号边堡 	城址方形，南墙长192米，东墙长190米，北墙长191米，西墙长187米，周长760米。墙外2.4米处是为护城壕，壕宽4米，深2.5米。南北护城壕外40米处，有两条小河沿浅山脚下由西向东流去，在城东草原上汇合，形成两条天然护城河。城仅一门，开于东墙中部。门宽3.4～4米。其余三面墙中央各有马面一个，城墙四角有角台。城西南角有内城一座	哲里木盟博物馆. 内蒙古霍林河矿区金代界壕边堡发掘报告 [J]. 考古，第158页

————————
[1] 黑龙江博物馆. 金东北路界壕边堡调查 [J]. 考古，1961（05）.

城池平面	城池形制	文献出处
2号边堡 	城址方形，南墙长203米，东墙长205米，北墙长201米，西墙长202米。筑墙之土取于墙外3米处，形成了环城护城壕，壕宽4米，深2.5米。南墙护城壕有通向自然河的浅沟。 城仅一门，开于东墙中部。其余三面墙中央各有马面一个，城墙四角有角台。城西南角有内城一座	哲里木盟博物馆．内蒙古霍林河矿区金代界壕边堡发掘报告［J］．考古，第161页
新浩特寨 	城址方形，边长各200米，四垣保存完整，大体为南北向，墙宽6~8米，现存高3米左右。城墙四角各有角楼，圆形，直径8米，现存高4米左右。东、西二墙对称筑有马面各三座，墙上无门，南北二墙对称筑马面各四座，墙正中部对辟一门，门宽10米，并筑有方形瓮城，长、宽各20米，夯筑，夯层厚15厘米，保存较完整。西墙外有显明的护城河遗迹，宽约8米，城内建筑遗迹较密，布局依稀可辨	引自项春松．巴林左旗金代临潢路边堡界壕踏查记，第43页

第二节　金长城军事聚落的量化统计分析

一、军事聚落在各个路级下的数量比较

按照军事聚落聚集的四个中心，将长城军事聚落分为四路，分别为东北路、临潢府路、西北路和西南路。通过对各路军事聚落总数和各路军事聚落中各层次军事聚落数据的统计，得出表5-8。

对各路军事聚落总数量进行对比，可以得到图5-16。可以看出，各路军事聚落数量最大者为东北路，其次为西南与临潢府路，二者相当，最少为西北路。首先，这与四路指挥中心各自所辖范围的大小应有很大的关系，四路的管辖范围在金长城军事聚落分布图中可以看出，是依次递减的。其次，这与四路中军队组成成分的比例也有一定关系。正如前文所述，东北路的部族军相对较多，而西南、西北路的乣军成分相对较多，而猛安谋克的比例暂时无法确定。

各层级军事聚落规模与数量对比   表5-8

层级		城池规模（米）	西南路（个）	西北路（个）	临潢府路（个）	东北路（个）	合计（个）
边堡	关隘		0	0	1	3	4
	障堡	周长＜400	84	2	27	45	158
	戍堡	1000＞周长≥400	10	17	50	83	160
屯兵堡	谋克堡	1750＞周长≥1000	5	12	22	13	52
	猛安堡	2500＞周长≥1750	4	6	6	5	21
指挥堡	州级指挥堡	4000＞周长≥2500	8	8	3	1	23
	路级指挥堡	周长≥4000	1	2（同一时期只有一个，另一个降为州级）	1	3（同一时期只有一个，其他降为州级）	4
小计			112	47	110	153	422

（数据来源：据相关考古资料汇总整理。）

屯兵堡一级的军事聚落数量，自东北路招讨司、西北路招讨司、西南路招讨司依次递减，这与三个招讨司各自所辖范围的大小应有很大的关系。三个招讨司的管辖范围在金长城军事聚落分布图中可以看出，也是依次递减的。

通过表5-8可以看出，四路各自的边堡一级的军事聚落数量差距较大。这直接造成了各军区军事聚落总数的差距。西北路所辖军事聚落总数量远远小于其他路，这与当时戍防特点、地理环境因素以及人为因素有很大关系。西北

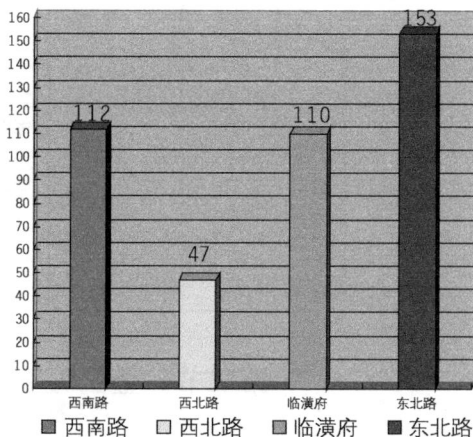

图5-16 各路军堡数量对比（单位：个）

路的戍防在金史记载中一直都是最为激烈的，且其所辖范围最北，与境外少数民族距离最近，是经常被侵扰的地区，但其军事聚落数量却为最少，可能有以下几个原因：

其一，由于长期战火，且为蒙古军发动对金朝总攻的首要进攻位置，一些军事聚落都消失在了战乱中，没有保存下来；其二，由于西北路所处自然地理位置大部分处于内蒙古自治区浑善达克沙地的主要范围，这样的自然环境无法将当时的城池很好的保存下来，经过九百多年后消失殆尽；其三，人为因素，虽然西北招讨使修筑了界壕边堡，但是对其倚靠程度不高，没有作为主要的防御手段，而是通过屯戍在西北路区域内的契丹人来进行防御和缓冲。在《金史》中也有所记

载，西北路屯戍的契丹人多次因长期战乱，生活潦倒，并且长期遭到压迫，多次发生暴乱和起义之事。

从表中也可以看到，东北路的戍堡数量较大。主要是因为，东北路范围内的戍堡不光分布在界壕的内侧，而且在散布在整个泰州所辖的范围之内，形成这样的布局，可能有以下原因：第一，泰州为金上京的防御前线，在长城整体防御规划中是重点位置，且此处的长城经过反复的加筑和修缮，必然军事聚落数量较多；第二，东北路所辖范围为多条嫩江支流所经过，对于河道的防守必然需要加强，而在考古中也发现，在洮儿河、归流河、蛟流河等支流旁边的军事聚落数量是极大的；第三，这些位于东北路内部，而不是紧邻界壕的戍堡，发挥着对内部屯兵堡的守护作用，在军事防御上，形成左右前后护翼，来拱卫大型屯军城。

西北路的障堡与西南路的戍堡数量相对较少。这两路在其修建过程中将边堡这一级的堡寨统一处理，并没有分为两个小层次，西北路的边堡以戍堡为主，西南路则以障堡为主，平均分布布置，紧贴在界壕上。

二、军事聚落在不同界壕距离范围内的数量比较

长城军事聚落在界壕纵深向设置呈一定规律，在下图中可以看到，聚落级别越高，其普遍与长城的距离越远；级别越低，其普遍布局位置越靠近军事前线——界壕。当然也存在特殊情况，譬如西北招讨司其中的一个驻地——桓州，其位置极北，位于大量边堡之前。但作者认为，这一情况主要是人为原因，西北招讨司的驻地在金朝中后期，主要是以抚州为中心的，这样在军事角度上也更为利于防守。

通过对各级别的军事聚落与长城界壕距离的逐个分析，将其分为九个段落来考察。由于东北路考古发现较为充分，其特征也表现明显。

由表5-9可以看出，在界壕内侧1千米范围内的军事聚落数量是极大的，在5公里范围外，军事聚落数量下降。在距长城10公里范围外，军事聚落的数量急剧下降（图5-17）。

作者认为，在1～5公里范围内的军事聚落，以边堡为主，其功能为单一的军事戍防；在5～50公里范围内的军事聚落，以屯兵堡为主，除了军事戍防功能外还承担着兵力储备、屯田、信息传递

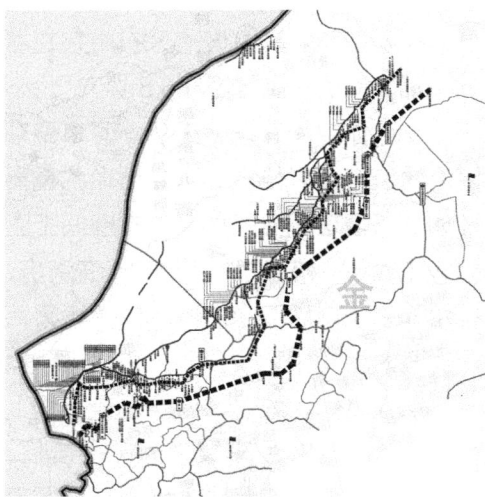

图5-17　金岭南长城军堡与界壕距离范围示意（图片来源：解丹绘制。底图来源：谭其骧. 中国历史地图集（第六册）. 北京：中国地图出版社，1982.）

175

金长城军事聚落与界壕距离区间内的数量统计　　　　表5-9

距长城距离 （公里）	军事聚落类型	西南路 （个）	西北路 （个）	临潢府路 （个）	东北路 （个）	合计（个）
≤1	边堡	84	22	79	59	244
1~2		1	1	7	14	23
2~3		0	2	1	13	16
3~5		1	4	7	8	20
5~10	屯兵堡	0	4	4	5	13
10~30		9	8	3	18	38
30~50		6	1	1	14	22
50~100	指挥堡	11	4	7	19	41
>100		0	1	1	3	5
小计		112	47	110	153	422

（数据来源：据相关考古资料汇总整理。）

等任务；在50~100公里范围内的军事聚落，以指挥堡为主，除了军事戍防功能主要还承担着行政管理、兵力储备、屯田、贸易等任务。

以距离界壕10公里的位置作为一个转折点。在界壕内侧10公里范围内，军事聚落与界壕的距离越近，数量越多；在界壕内10~100公里范围内，则距离越远，数量越多，推测这些堡城的戍防功能相对减弱，行政管理功能相对增强。

三、军事聚落空间分布密度比较

在整个长城军事聚落分布中存在着分布不平均的特点（图5-18）。

从整体空间分布上来看，军事聚落虽沿界壕布置，但由于军事地形的重要性和自然地理环境的影响，在空间上主要集中在四个中心点：泰州、临潢府、抚州和丰州。这四个中心点的军事聚落密度最大。

从整体军事聚落沿界壕走势布局上来看，岭北长城军事聚落分布密度低，岭南长城高；岭南北线、中线长城军事聚落分布密度低，南线长城高；岭南长城南线西北路长城军事聚落分布密度

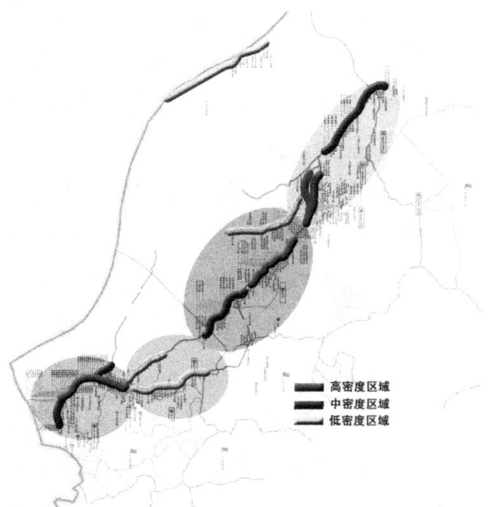

图5-18　金岭南长城军事聚落分布密度比较
（图片来源：解丹绘制。底图来源：谭其骧. 中国历史地图集（第六册）. 北京：中国地图出版社，1982.）

低，临潢府、东北路、西南长城密度递增。

在界壕主线位置的军事聚落分布密度较大，支线位置密度小，有些位置在至今的考古调查中都没有记载边堡的存在。

军事聚落在平原地带的密度较大，城池规模也较大。因地势平坦开阔，利于骑兵的防御行动，如遇有情况，也便于相互联系，易于集中兵力，但对于敌方而言，攻击也是较为便宜的，故在这样的地带兵力部署较多；军事聚落在山地、丘陵、沙漠等地带密度较小，城池规模也较小。这些地带地形复杂，形势险峻，一般易守难攻，兵力不宜开展，故不需要大量军队守卫。军事聚落小而集中。当然此类地区的堡城遗迹保存都很不好，或被水冲刷，或遭流沙掩埋，或人为毁坏。

第三节　金长城军事聚落的防御特征

一、军事聚落的防御性选址特征

"边堡者，于要害处筑城堡以居戍人……边堡之设，得择水草便利处置之。"[①]军事聚落的防御与其选址有密切的关系，既要考虑到与长城的距离远近，便于及时迎战，又要与相邻军事聚落保持在一定距离范围内，实现分段负责长城防务，且能在短时间内互相救援，同时各军事聚落还要合理利用地形做到有效自卫。

金长城军事聚落，尤其是屯兵堡和指挥堡，大多为辽、金两朝所建筑和使用，其中金朝改建和扩建的特点更为明显，其金代遗址、遗物甚多。有的城池保存较好，有的仅存断壁残垣。金长城军事聚落在选址、布局和建筑技术上，都有一定的特征。

1．空间布局合理

这些城池在建筑时考虑了整体的布局。它们大多排列有序，错落有致，互成犄角，既便于平时互相联络，又便于战时互相策应，而且大多与金代的界壕（即金长城）、边堡联系紧密，形成联网式的城池群体防御体系。边堡之间互相支持，互通情报，首尾相接，"营栅相望，烽候相应"。

2．"因地形用险制塞"的失效

金界壕与军事聚落的布置大都沿河流、山脉走向，而多从山麓下部筑壕。尤其是界壕的走向一般都就低不就高，就平不就陡。未见如明代万里长城那样蜿蜒于山脊而高耸于山巅者。

① 王国维. 观堂集林·卷15·金界壕考［M］. 北京：中华书局，1959.

在边堡的设置上，多采用"直列"的方式，沿界壕内侧等间距的匀质设堡，当然由于地势的原因，有局部位置的边堡无法匀质布置。在军事聚落屯兵堡的设置中，有一部分的堡寨是利用地形的制高点来设置的，但这样的"制高点"也无非是些山坡而已。金界壕的这一特点，明显区别于战国、秦汉以及后世明代长城。

3. 城址选择得当，构筑因地制宜

这些城池，无论是筑在平原、丘陵、沙漠，还是山上，都选择良好的军事地理环境。往往是在山口、江边或交通要道，多设在靠近水源、适于监视壕外敌人动向，利于御敌屯兵的地方（图5-19）。

对处于平原之地的军事聚落则按多数中原平陆筑城的方式进行。对处于山地之地的军事聚落则因山顺势，利用山险形胜，就地取材而筑。如和平城依山

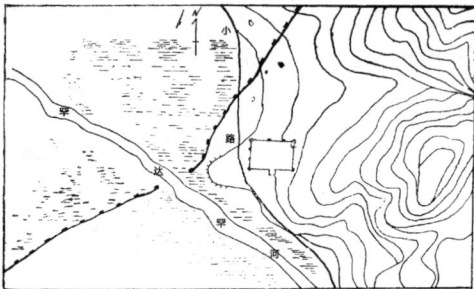

图5-19　边堡、界壕与河流、山体的关系
（图片来源：赵玉明. 岭东金代长城调查. 内蒙古社会科学（汉文版），1993（1）。）

傍河，就近取土、石混合构筑。而巴拉各歹山城，建于归流河的支流巴拉各歹河南岸，坐北朝南。西面为陡峭的山壁，成为天然崖墙，崖下为河，远处为宽广的冲积平原。南面和东面为山地缓坡，就地取土筑墙。全城可控制水陆要道和山口险隘，成为易守难攻之城。又如山腰上的沙力根山城，南面为绵密的山地，洮儿河流经城北、城西，全城因山势走向，成不规则长方形，西面和北面依托断崖，于是只用石块垒砌南墙，用土夯筑东墙。

4. 军事聚落城池防御设施的因城而异

一般情况下，长城军事聚落按照其层次性，层级较高的军事聚落，其城池防御设施较为完备，由城门、瓮城、马面、城角楼、护城壕等部分组成；层级较低的军事聚落，其城池防御设施只有其中的一些重要部分，或某一设施的数量减少。

这是一个普遍规律，但也有许多军事聚落并没有遵循这一层级性。这些城池虽然层级较低，但其城池防御设施也一样较为完备，这主要是由军事聚落所处的军事地理位置的重要性而决定的。

所以，对于军事聚落的城池防御没有准确的等级制度，不能完全划一，其防御形制方式则因城而异[1]。

---

① 王兆春. 中国古代军事工程技术史·宋元明清［M］. 太原：山西教育出版社，2007.

二、军事聚落的防御性布局特征

长城线上重要军事地理位置的军事聚落，及界壕上的关口等孤立城池往往难以抵挡游牧民族的铁骑，而是多堡联合防御，是通过加强城墙的防御层次或邻近戍堡互助联合应战，起到有效防御的目的。

1．两堡并列，联手防御

这一特征主要是指两个堡相距很近，几百米或者两堡相邻，共享一堡墙。两者皆为军事性质城池，可以相互救援，防御能力较强。

在对金长城军事聚落的考古中，经常发现这一类型的军事聚落，由两个每边长170~180米的大城堡为一组。这种城堡有马面，角楼与内城，有的还有护城壕。这样的城堡多设在洮儿河、归流河、霍林河北岸，那里群山环抱，山口众多，地势险要。

2．大小堡结合，里应外合

由一个边长170米以上的大城堡和一个每边长30~40米的小城堡为一组。这种特征的组合中的小城堡一般皆无角楼、马面。这一特征的军事聚落组合多设在地理形势险要的多山坡或山岗平原上（图5-20）。

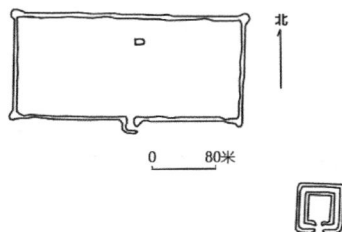

图5-20　大小堡结合（科右前旗光明古城与小城）

（图片来源：柳岚．内蒙古科右前旗、突泉县辽金城址调查．考古，1987（01）。）

3．大堡独立，小堡联合

由一个大堡或两个每边长30~40米的小城堡为一组。这种城堡既无马面，又无角楼，这样的城堡多设在群山环绕仅有一个山口的地方，或许就是文献上所说的烽燧。

4．三城品字形布局

三城品字形布局是指三个堡相邻几百米甚至更近，互相支持。这种情况在村堡中很常见，防御地方土匪劫掠，单独村堡防御力量不足时，借助于多堡成组联立自卫。但长城军事聚落中很少见（图5-21）。

因此，军事聚落的防御特征主要体现在几个方面：堡的选址与分布规律、堡与堡之间的组群关系、堡平面布局的方向性以及堡设防的层次性等。

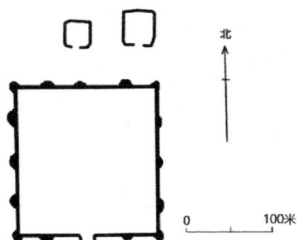

图5-21　品字形组合（科右前旗好仁公社好力保吐大队边堡）

（图片来源：庞志国．金东北路、临潢路吉林省段界壕边堡调查．中国长城遗迹调查报告集，文物出版社，1981。）

结 语

北方游牧民族与中原农耕民族的抗争贯穿了整个中国历史，这些草原上的游牧民族大多生活在今天我国的东北地区、内蒙古地区，以及蒙古国一带，拥有着极其复杂的民族成分：通古斯人、突厥人、蒙古人、鞑靼人、党项人、吉尔吉斯人、藏人、回纥人等。各个部落都为了更好的放牧草场而不断斗争，继而结成不稳定的联盟。在游牧与农业交界线上一直以来都有着持久的贸易往来，通过战争、贸易等联系，中原文化和经济逐渐被游牧民族学习和吸收，同时中原的财富和奢华生活也诱惑着游牧民族，致使他们通过武力，以马背奇兵和弓箭手的姿态不断的侵扰中原。

为了防御北方骑兵，守卫国家的资源不被侵犯，维护封建君主长治久安的统治，与之相邻的中原王朝开始建立起一套防御体系。其防御能力必须满足农业经济的稳定性，又能有对游牧骑兵的灵活性攻击有较好的防御形式。"长城"作为冷兵器时代最好的战争防御设施经常出现在历史朝代中。

自春秋战国开始，中原地区的诸侯国纷纷开始构筑边墙以防止他国的入侵，在秦汉时期长城防御体系便有雏形，南北朝、隋唐、辽金时期的长城防御体系不断发展完善。至明代，一个成熟的长城防御体系完全出现。沿着这条防御线，经济贸易往来的多寡随着战争的频率而发生变化，在和平时期市场可以快速生长起来，进行互市和交换信息。中原文化由此传播到北方地区，东达太平洋北岸，西到中亚腹地。

在中国长城发展史上，来自北方的少数民族也有不可磨灭的贡献，其中有中山国（前？～296年）、北魏（386～534年）、东魏（534～550年）、北齐（550～577年）、北周（557～581年）、辽（916～1125年）、金（1115～1234年）。北方游牧民族疆域进入农耕地区，受到中原农耕文化影响，其自身不断被汉化，游牧性逐渐减弱。在对北方边界的防御思想上，也吸收了汉文化的传统——修筑长城以抵御北方少数民族。而在这其中，金长城因其独特的构造形制和宏大的规模而独树一帜。

金长城伴随着金朝存在的100多年时间里，一直在断断续续的新筑与修缮。金长城防御工程体系，以实际出发，因地制宜，构造特殊、简单而实用，其形成是在汉文化的熏陶下产生的，其规划特点和建筑形式却融入了少数民族文化元素，带有明显的游牧性质，其防御体系中的诸多方面被明长城所吸收。因此，可以说金长城是我国北方各民族智慧和力量的结晶，是我国历史进程中民族大融合的历史见证。

金长城在很长一段时间内被排斥在"长城"范围之外。这一方面说明学界对"长城"的定义和内涵并没有统一认识，另一方面也说明，金长城的特殊性极为明显。

　　作为一个完整的防御系统，金长城军事防御体系不仅包括军事防御工程，还必须具备长期的戍防军队以及相应的配套管理制度、机构和资源供给机制。金长城利用严密的军事防御工程体系来形成西北疆的战争防御工事；并通过整合北部边疆少数游牧民族力量结合常规军形成战斗力极强的长城戍防军队；同时，袭辽边疆旧制，基于当时的社会制度基础，形成了一套独特的军事管理机构来完成对金长城的军事管理。本书通过对金长城军事防御体系整体性的深入理解，力求还原尘封已久的金长城军事防御体系的原貌。

一、金长城的空间规划布局与发展

　　对长城防御功能的认识，女真人早在建国前就已经开始了。在与高丽的战争中，女真人修建了自己的第一条长城——延边长城。这条长城的修筑显然受到了高丽长城的影响。在随后灭辽攻宋的同时，女真人在扩大的疆域内再次接触到之前朝代的长城，战国的赵、燕长城，秦汉长城，北魏、北齐长城等。

　　这些都无疑使女真人对这种防御工事有了一定的了解，于是在南方战事未平之时，金朝在北方采取了修筑长城进行防御的政策，一方面为了防御北方少数民族的侵扰，同时减少北疆戍防军队的数量，以支援南方攻宋的战争。

　　通过太宗和熙宗两朝的修建，以金上京会宁府为防御中心的双重界壕防御工程完毕。辽代在东北与内蒙古境内修建了许多城池，金代利用这些城池进行长城戍边与屯兵，同时在一些军事要地修建了少量的军事聚落。这些军事聚落与后期的军事聚落在工程质量和防御设施上都存在明显的区别。

　　金长城的整体规划布局在海陵王时期出现了重大转折，起因就是金都城的南迁。金都城从上京会宁府迁至中都大兴府，这对边疆防御产生了极大的影响，致使金长城的空间布局必须重新整体规划。由此产生了金长城军事防御体系在金疆域内有两个主次防御中心的格局——主要防御中心中都大兴府与次要防御中心上京会宁府。

　　而后通过世宗与章宗时期南线的修建和对前期界壕的修补，以及对长城军事聚落的建设，金长城网状防御体系逐渐成熟起来。虽然此时期的金长城的防御能力已经达到极盛状态，但也预示着金朝覆灭的临近。

　　金朝主要贯彻以北防南侵的战略，由此产生了在金朝西北疆以防御为主的大型军事防御体系——金长城。在整个防御体系中，金长城依靠长达万里的界壕及其边堡形成了西北疆域的线性防御带，利用其军事聚落层次体系来完成北部疆域内南北纵深的网状大防御，通过其信息传递工程来实现军事信息的有效传达。金长城的综合防御能力主要依靠其自身的军事防御体系的整体性和系统化。这个整体性又表现在界壕防御系统、军事聚落防御系统和信息传递系统三大方面的结合。

二、金长城界壕防御的"壕"

金长城，有很多其他的称呼，如"金界壕"、"金界壕边堡"、"金边壕"等。可以看出，"壕"在金长城的防御设施中具有重要的地位。

"壕"的使用由来已久，在远古的新石器时代就已经出现，在前朝的长城中也有广泛的使用。金长城界壕防御工程中将这种"壕"、"墙"结合的方式扩大化，并赋予其新的功能。这种形制出现的原因与金长城所处地理位置有很大的关系，也有参考前朝长城的成分等其他因素，但更重要的是金长城的"游牧性"决定了其"壕墙结构"的必然性。

金长城的游牧性体现在两部分。首先，金长城规划布局的地理位置处在农牧交界带的上方，大兴安岭、阴山山脉以北。这些地域主要以农牧经济为主，农业生产较少，根本无法大面积开垦。且金朝时期的温度正处于全球气候变冷时期，长城所经之处皆为荒凉之所，其地貌以沙地、丘陵、草原为主，且无险可守。这样的环境根本无法修建高大的墙体，来进行"万里"长线的防守。其次，金长城戍边军队多为游牧民族。这方面许多学者都有过研究，金代北方戍边军队主要为猛安谋克军、部族军、乣军等少数民族军队。其防御方式与以步兵为主的汉军是截然不同的，金代北方戍防军主要以骑兵为主，"进攻是最好的防御"正是他们防御思想的集中体现。他们的防御不会主要依靠高大的墙体来完成，墙体只是辅助手段。

故金长城"界壕"的形式，并不是因为敌人是游牧民族而影响的，而是因为自身的"游牧性"所决定的。

在清楚"界壕"形式的原因后，更应该正确理解其防御作用。

以往对金长城界壕的防御作用有理解上的偏差。王国维在《金界壕考》中提到："界壕者，掘地为沟堑，以限戎马之足；边堡者，于要害处筑城堡以居戍人。"金长城界壕的主要目的并不是阻止敌人进入，而是增加敌人进攻的难度和延缓敌人进军的速度，其与墙体高大的明长城边墙作用有本质的不同。明边墙通过其工程的宏伟与严密，战斗防御力之强，来阻挡敌人越雷池一步，且有一些地段上具有明显的观赏性。

所以，金长城军事防御工程的特殊性是必然的，它是一种创新，而不能因为其构造简单就不将其作为长城范围，或认为是长城发展史上的倒退。

三、金长城军事聚落防御的层级性

长城军事聚落是长城防御体系的重要组成要素，不可缺失。从规划布局角度来看，金长城防御体系的建立经历了因防御中心转移而形成的两个主要阶段。在每个阶段中都有新规划的界壕出现，都需要先筑戍堡以屯驻兵马，进而联戍堡而筑长城，修建复线壕墙、添置军事聚落、烽台或马面。在金长城军事防御体系的规划中充分利用了自然因素，通过对防御中心的自然防御和人工防御的两种措施来进行防御保障；利用界壕防御工程体系来达到范围大、跨度广的边疆带形防御，利用军事聚落防御工程体系来达到界壕防守、兵力管理部署的疆域内纵深性局部防御。自然与人工的结合，外带与内点的结合，最终构成了金长城军事防御体系的完整性、系统性和层次性的规划特点。

长城军事聚落防御体系就是由线性长城沿线密布的军事屯兵系统形成的南北大纵深的防御组织。金代在疆域北部修建城池数量较少，大多沿用辽代，而这些新修建的城池又多为长城军事防御性堡寨。继海陵王时期，世宗和章宗时期完善了以金中都为防御中心的长城军事防御体系，这一时期内也成为了长城军事聚落防御体系形成的重要时期。金早期长城，只在重要扼守位置修建了少量军事聚落；而世宗和章宗时期，对军事聚落的位置、数量和防御能力都有了新的要求，并统一实施修建。

通过对考古资料的整理与分析，得到金长城军事聚落的四个中心：泰州、临潢府、抚州与丰州。其军事聚落防御结构，以这四个节镇州为中心，向西北呈放射状散射。依据长城军事管理层级体系，对金军事聚落的层级性与规模进行对应与分类，并对各军区、各层级的军事聚落进行横向与纵向的对比与分析，最终呈现了清晰的金代军事防御聚落层次结构。

四、金长城军事管理制度

作为一个完整的防御系统，金长城军事防御体系不仅包括军事防御工程，还必须拥有长期戍防军队以及相应的配套管理制度、机构和资源供给机制。金长城的修筑者——女真人，在建国前仍处在氏族社会阶段，属半游牧民族。在建国后汲取辽代与宋代的成熟制度，才逐渐从奴隶制向封建制转化。金初的许多制度在北方多延袭辽旧制，在南方宋旧地多实施宋制。故金朝的政治制度转变过程是极其复杂的，直至金中后期才完成，终形成了自身的制度体系。这整个转变过程对金的边疆治理产生了影响，其军事制度一直南北殊同，不断调整。金长城的形成和发展经历了整个社会的转变过程，是在金北疆军事体制不断成熟过程中发展起来的。

这整个转变过程对金的边疆治理产生了影响，最终形成了以西北三个招讨司来分区管理的模式。招讨司作为西北边防驻军，其责任之一就是"列城堡壕墙"，修建界壕边堡，且戍卫在此。在金防御中心转移后，长城的新筑、修缮与日常的戍防管理皆由三个招讨司负责。

除了长城戍防的职能，作为西北边疆军事管理的最高行政机构，招讨司还承担着其他的军事和民事职能，为金朝西北边疆的社会稳定、经济发展、对外交流等起到了重要的作用。由于金朝军政一体的制度，又使长城军事管理制度与其军事聚落的层级性有着密切的关系。

在金长城军事管理制度变化过程中，其军需制度也在不断改善。金初所采取的自备、以战养战的给养方式为骑兵作战的机动性和灵活性带来了便捷，取得了一系列的胜利。但以战养战不能长时期保障供应，胜利时有所收获，失败时就会出现无法供应的情况，因此到了金太宗时期宋金形势开始发生变化后，在一定程度上就要求了军需物资供应上有相应的变化。

首要是解决军粮问题，太宗时开始实行范围较大的屯田，以及有了调拨作为补充，军需情况有所缓和。占据华北大部分地方后，从熙宗开始，各种军需供应形式开始完善，使其能适应新的形势以继续运转庞大的军队组织。金朝中期军需制度的进一步完善使得军队能够保证粮草、马匹、军器的供应，自成系统。金朝的军需供应制度对元代、明代都有较大的影响。

五、金长城历史文化遗产的保护

"长城是个大地形文物，陈列于半个中国。"中国长城学会会长董耀会对长城特征描述的同时也指出了长城作为中国最重要的文化遗产，多年来却得不到有效保护的客观原因。根据长城资源调查的结果，长期以来受地震、洪灾、风雨侵蚀等自然因素和基础设施建设或其他人为因素影响，我国长城遗迹受到严重破坏。除长城本体之外，属于长城防御体系的军事聚落及防御工事也受到极大破坏。长城军事聚落中绝大多数仅存基址，部分军事聚落踪迹无存……因此，全面保护长城文化遗产已刻不容缓。

金长城作为长城的一个重要组成部分，不仅在中国长城史发展中有重要的影响和地位，而且自身蕴涵着丰厚的文化、历史、建筑、艺术、军事、民俗等文化资源；作为宝贵的历史文化遗产，它的保护工作也显得非常迫切。对金长城文化遗产的保护，其重要前提是对金长城军事防御体系的深刻认识与研究。就是因为对其认知的片面性和曲解，才导致了金长城资源的消失与保护的局限性。金长城的研究已然是势在必行。

金长城防御体系的研究，尤其是金长城军事聚落防御体系的研究，为提出金长城防御体系整体性保护原则、划定金长城本体和各层次军事聚落及防御工事的保护范围、制定各层次军事聚落保护标准和保护等级做好铺垫，突破了目前保护规划中以长城墙体或建筑遗址保护为主的局限，而扩大至整个边疆军事防御区域的保护。

本书基于对金长城的整体性、系统性认识，结合史料与现存遗迹，展开金长城防御体系的空间分布和层次体系的研究，深化了金长城整体性、原真性、动态性的认识，对完善金长城整体性保护提供了理论支持。

附　录

附录一　金代帝王年号列表

名称	在位时间	年号	谥号	庙号
完颜旻	1115~1123年	收国1115~1117年（2）天辅1117~1123年（6）	应乾兴运昭德定功仁明庄孝大圣武元皇帝	太祖
完颜晟	1123~1135年	天会1123~1137年（15）	体元应运世德昭功哲惠仁圣文烈皇帝	太宗
完颜亶	1135~1149年	天眷1138~1140年（3）皇统1141~1149年（8）	弘基缵武庄靖孝成皇帝	熙宗
完颜亮	1149~1161年	天德1149~1152年（4）贞元1153~1155年（3）正隆1156~1161年（5）	海陵炀王	无
完颜雍	1161~1189年	大定1161~1189年（29）	光天兴运文德武功圣明仁孝皇帝	世宗
完颜	1189~1208年	明昌1190~1196年（6）承安1196~1200年（5）泰和1201~1208年（8）	宪天光运仁文义武神圣英孝皇帝	章宗
完颜永济	1208~1213年	大安1209~1211年（3）崇庆1212年（1）至宁1213年（1）	卫绍王	无
完颜	1213~1223年	贞祐1213~1216年（4）兴定1217~1221年（5）元光1222~1223年（2）	继天兴统述道勤仁英武圣孝皇帝	宣宗
完颜守绪	1223~1234年	正大1223~1231年（8）开兴1231年（1）天兴1232~1234年（3）	敬天德运忠文靖武天圣烈孝庄皇帝、闵皇帝	哀宗、义宗
完颜承麟	儒略历1234年2月9日（仅半天）	盛昌（儒略历1234年2月9日，一说他没年号）	定文匡武闵怀皇帝	昭宗、末帝

附录二　金代大事年表

公元	纪年	大事记
938年	后唐天福三年	契丹伐女真，女真之名始见于记载
973年	江景宗保宁五年	六月，女真朝于契丹（此后女真屡朝于契丹）
1021年	辽圣宗太平元年	景祖乌古乃生，自始祖函普至此已六世，景祖为辽生女真部落节度使。
1065年	咸雍元年	立梁王濬为皇太子
1072年	辽道宗咸雍八年	五国没捻都谢野勃　叛辽，景祖往讨，自是年起，女真历史始有准确年代
1074年	咸雍十年	乌古乃死，劾里钵袭节度使，是为世祖
1075年	大康元年	以"十香词"冤案赐宣懿皇后自尽
1077年	大康三年	太子濬被废为庶人
1080年	大康六年	封皇孙廷禧为梁王
1081年	大康七年	张孝杰削爵为民，乙辛被囚禁
1091年	大安七年	以廷禧为天下兵马大元帅，总北南枢密院事
1092年	大安八年	世祖死，颇刺淑自国相袭节度使，是为肃宗
1094年	大安十年	肃宗死，盈歇袭节度使，是为穆宗，以兄劾者子撒改为国相
1096年	寿昌二年	生女真部落节度使盈哥与兄子阿骨打助辽杀逃人，辽进其官
1102年	辽天祚帝乾统二年	辽将萧海里叛入女真，辽兵攻之不克，阿骨打杀海里予辽，自是女真轻辽
1103年	乾统三年	十月，穆宗死，乌雅束袭节度使，是为康宗。完颜氏统一生女真各部号令
1109年	乾统九年	岁不登，减"盗贼"征偿，赈贫乏者
1111年	天庆元年	是岁，宋以宦官童贯为副使入辽，挟燕人马植（易名李良嗣）归，良嗣进联结女真以图辽之策，宋帝纳，赐良嗣姓赵
1112年	天庆二年	阿骨打起兵并邻族，事闻于辽，只作常事，未以为戒，下边州诘责之而已
1113年	天庆三年	康宗死，阿骨打嗣，自称都勃极烈
1114年	天庆四年	六月，辽遣使者授阿骨打节度使称号，阿骨打遣人索阿疏，九月，阿骨打举义旗反辽，破宁江州。处以百户为谋克，十谋克为猛安。十一月，阿骨打大破辽兵于出河店，辽之宾、咸、详诸州及铁骊部皆降
1115年	金太祖收国元年	正月，阿骨打称帝，国号金，建元收国，六月，以吴乞买为诸班勃极烈。九月，攻下黄龙府

公元	纪年	大事记
1116年	收国二年	五月，取辽沈州，破东京，杀高永昌，东京州县及南路系辽籍女真皆降。下令除辽法，省税赋，置猛安谋克，一如本朝（女真）制度。八月，陷辽保州，九月，始制金牌
1117年	天辅元年	正月，陷辽春、泰等州。五月，禁同姓为婚，九月，辽置怨军八营，以郭药师为帅。十二月，金败辽于蒺藜山，取显州，于是乾、懿等七州皆降
1118年	天辅二年	正月，遣使如辽求册封，辽遣使如金议和。九月，令访博学雄才之士掌诏令
1119年	天辅三年	三月，辽授阿骨打为东怀国皇帝，不受。八月，颁行完颜希尹新制女真文字
1120年	天辅四年	正月，宋遣使如金，约夹攻辽。六月，金、辽和议不成，太祖阿骨打自将攻辽。五月，攻陷上京。八月，金遣使如宋报夹攻辽事。九月，宋遣使来报聘。十二月，大举伐辽
1121年	天辅五年	正月，辽耶律余睹奔来，益知辽之虚实。二月，以婆卢火统屯泰州猛安谋克之民万户，赐耕牛五十。十二月，大举伐辽
1122年	天辅六年	正月，攻陷辽中京，辽帝西奔。三月，辽耶律淳于燕京被耶律大石等立为天赐皇帝，改元建福。辽天赐帝改怨军为常胜军。四月，攻陷西京，西部州县部落皆降。六月，辽天赐帝死，妻萧氏为皇太后称制，改元德兴。十二月，伐燕京，以左企弓行枢密院于广宁，始踵辽南、北面之制
1123年	天辅七年 太宗天会元年	四月，以燕京六州归宋，辽帝奔云内，入夏境。八月，太祖阿骨打于返上京途中病死，张据平州反金归宋。九月，太宗即位，改元天会。诏诸猛安谋克赋。十一月，攻破平州。十二月，以武、朔二州归宋
1124年	天会二年	正月，西夏称藩于金。自上京至南京五十里置一驿。三月，命置驿上京、春、泰之间。是岁平州既平，乃罢猛安谋克制，诸部降人但置长吏，以下从汉官之号
1125年	天会三年	二月，辽天祚帝被俘，辽亡。三月，始定制度。七月，禁百官宗室私役百姓，禁买贫民为奴。十二月，分两路兵大举侵宋
1126年	天会四年	七月，萧仲恭使宋还，以所持宋帝与耶律余睹书自陈。闰十一月，克宋汴京。十二月，宋主桓降
1127年	天会五年	正月，割取宋河北、河东地。三月，立张邦昌为帝，国号楚，都金陵。八月，开科举，分南北榜，分取宋辽之士。十二月，分兵三道侵宋
1128年	天会六年	二月，马扩宝庆源五马山抗金。六月，初命修国史。十月，马扩被金兵破。是月，刘彦宗死
1129年	天会七年	正月，以西京留守韩企先知枢密院事。二月，宋帝奔杭州。金军入扬州。九月，复试辽及两河进士于蔚州。十月，宋帝奔明州，旋入海

公元	纪年	大事记
1130年	天会八年	四月，因杲死，以完颜亶为班勃极烈。五月，禁私度僧尼。九月，立刘豫为皇帝，国号齐。寻建元阜昌。秦桧归宋。十二月，大索境内南人，卖于夏、蒙古、室韦、高丽
1131年	天会九年	十一月，以陕西地赐刘豫
1132年	天会十年	正月，均辽地士庶之赋。六月，试进士，令勿取中原人。九月，耶律余睹叛，败死
1133年	天会十一年	八月，令州县官皆从朝廷选注。徙猛安谋克入居汉地
1134年	天会十二年	正月，初改定制度
1135年	熙宗天会十三年	正月，太宗死，完颜亶即位，是为熙宗。三月，以国论右勃极烈、都元帅宗翰为太保、领三省事，国论左勃极烈宗干为太傅。十一月，以尚书令宋国王宗磐为太师。颁大明历
1136年	天会十四年	以太保宗翰、太傅宗干、太师宗磐并领三省事。
1137年	天会十五年	六月，尚书左丞高庆裔被杀。七月，宗翰死。十一月，废刘豫，除豫弊政，置行台尚书省于汴
1138年	天眷元年	正月，颁行女真小字。五月，定以经义、词赋两科试进士。八月，颁行新管制及换官格。十月，定封国制。十一月，立贵妃裴满氏为皇后
1139年	天眷二年	正月，以许宋和告谕河南军民。三月，命百官详定仪制
1140年	天眷三年	三月，诏元帅府宗弼出兵收复河南、陕西地。九月，完颜希尹被杀。十二月，徙女真、契丹、奚屯田河南。是岁，罢辽东汉人、渤海人猛安谋克
1141年	皇统元年	正月，金、夏开榷场互市。三月，熙宗亲祠孔子。五月，宗干死。九月，金、宋议和。十一月，金、宋和议成。十二月，金修国史成，凡三卷
1142年	皇统二年	三月，以宗弼为太傅，继赐金券。五月，许宋人之请，各置榷场于两界
1143年	皇统三年	四月，蒙古反金，不能制。六月，放宋前遣使洪皓归宋。是岁，颁行皇统新律
1145年	皇统五年	五月，颁行女真小字。是岁，又罢辽东汉人、渤海人猛安谋克承袭之制
1146年	皇统六年	正月，以边地与夏。二月，韩企先死。八月，请和于蒙古，不许
1147年	皇统七年	三月，岁遣牛、羊、米、绢之属，以与蒙古和。六月，田　等被杀。九月，以宗弼为太师，领三省事、都元帅，行台尚书省事如故
1148年	皇统八年	四月，金修《辽史》成。十月，宗弼死
1149年	皇统九年 海陵天德元年	十二月，完颜亮杀熙宗嗣立，改元天德

公元	纪年	大事记
1150年	天德二年	四月，海陵杀宗室及大臣
1151年	天德三年	正月，置国子监。三月，诏广燕京，建宫室。四月，诏迁都燕京。十一月，诏罢世袭万户官
1152年	天德四年	二月，如燕京。十一月，令乌古迪烈部及蒲与路两路民夫采珠
1153年	天德五年 贞元元年	三月，改元贞元，改燕京为中都，定五京之号，又改考试、车服制度。四月，定社稷制度
1154年	贞元二年	五月，始置交钞库。七月，设盐钞香茶文引印造库。十一月，初置惠民局
1156年	贞元四年 正隆元年	正月，罢中书门下省。二月，改元正隆。遣刑部尚书纥石烈娄室等十一人，分行括地，授所迁猛安谋克户，且令民请射，官得其租。五月，颁行正隆官制。六月，宋钦宗死于金
1157年	正隆二年	八月，始置登文院。十月，命会宁府毁旧宫殿，诸大族第宅及储庆寺，仍夷其址耕种
1158年	正隆三年	二月，都城及京兆初置钱监。遣使检视随路金银铜铁冶
1159年	正隆四年	正月，严越境之禁。与宋互市榷场只留泗州一处。二及三月，备南侵。山东沂州、河北大名及太行山契丹人起义
1160年	正隆五年	三月，东海民张旺等起义，逾三月失败。十月，遣官分赴河北、河东、山东、中都镇压起义人民
1161年	正隆六年 世宗大定元年	正月，海陵如南京。五月，契丹撒八等起义。六月，迁都汴京。八月，忠义人魏胜克海州。九月，海陵自将三十二总管兵大举侵宋。十月，东京留守曹国公乌禄即位于辽阳，改元大定，是为世宗。海陵渡淮。十一月，海陵败于采石矶，海陵被杀
1162年	大定二年	正月，耿京起义抗金。命河北、山东、陕西路南征步军并放还家。八月，罢诸官征税。九月，耶律窝斡死。十一月，诏右丞相仆散忠伐宋。是岁诏免二税户为民
1163年	大定三年	五月，金胜于符离
1164年	大定四年	五月，契丹耶律窝斡起义军残部被攻灭。十二月，金、宋和议成。是岁，译经、史为女真文，又遣信臣张弘信等十三人，分路通检天下物力
1165年	大定五年	正月，于临潢地没边堡
1167年	大定七年	闰七月，遣移剌子敬经略北边
1168年	大定八年	六月，河决李固渡，水入曹州。十二月，遣移剌按等招谕阻卜
1172年	大定十二年	五月，罢保安、兰安与夏互市榷场。十二月，许民免税开采金银坑冶
1173年	大定十三年	五月，禁女真人毋得译为汉姓
1175年	大定十五年	九月，高丽赵位宠以四十余城叛附于金，不受。遣梁肃等二十六人，分路推排

公元	纪年	大事记
1176年	大定十六年	四月，京府设学。五月，以女真文译史记等书成。是岁，河北。山东等七路旱蝗
1177年	大定十七年	正月，诏西北路招讨司契丹民户不曾参加起义及放良奴隶徙乌古里石垒部。令及春耕作。十二月，禁渤海婚娶攘窃旧俗
1178年	大定十八年	是岁，代州立监铸钱
1179年	大定十九年	六月，诏更定条制
1180年	大定二十年	正月，定商税法。十一月，名代州钱监曰阜通。十二月，河决卫州及延津京东埽
1181年	大定二十一年	正月，复置绥德军榷场，与夏互市。禁山东、大名猛安谋克之民不得无故招人佃种。四月，增筑临潢等路边堡
1182年	大定二十二年	三月，申敕西北路招讨司勒猛安谋克官督部人习武备。十月，徙河间宗室于平州。十二月，立强取诸部羊马法
1183年	大定二十三年	九月，译经所译易、书等书成，命颁行之
1184年	大定二十四年	三月，世宗始如上京，五月至上京。八月，诏免上京当年市税。十一月，奏徙速频、胡里改三猛安二十四谋克以实上京
1185年	大定二十五念	四月，世宗自上京返。九月至中都
1186年	大定二十六年	五月，卢沟决于上阳。八月，河决卫州。是岁，复以李晏等分路推排
1187年	大定二十七年	二月，于曲阳县置监铸钱。十二月，再申女真人用汉姓之禁，并禁不得学南人衣装
1188年	大定二十八年	五月，置女真太学
1189年	章宗大定二十九年	正月，世宗死，皇太孙完颜璟嗣位，是为章宗。二月，诏宫籍监户及奴婢放为良。五月，河决曹州。六月，初置提刑司。作卢沟桥。七月，减民地税什一，河东南、北路什二，下田什三。诏京府、节镇、防御设学养士。初立经童科。十一月，命官再修《辽史》
1190年	明昌元年	正月，禁自为僧道者。三月，设应制及宏词科。八月，设常平仓
1191年	明昌二年	二月，更定奴诱良人法。四月，以百姓与屯田户不睦，许互为婚姻。谕有司自今女真字直译为汉字，罢写契丹字。十一月，禁女真以姓氏译为汉字
1192年	明昌三年	三月，卢沟桥成。十一月，禁官吏、百姓姓名皆同于古帝王者，又避周公、孔子讳
1193年	明昌四年	正月，弛禁地，听民持农器出入，悉与民种。是岁，大有年
1194年	明昌五年	三月，初定铁禁，又置宏文院译写经书。八月，河决阳武故堤，由封丘注梁山泊，分夺南北清河入海。九月，初命民买扑随处金银铜冶
1195年	明昌六年	五月，命官行省于临潢，后又命官行省于抚州，皆以经略北方。由是阻卜叛金。六月，张玮进《大金仪礼》

公元	纪年	大事记
1196年	承安元年	正月，北边广吉刺击败金兵。二月，初造金虎符发兵。四月，初行区种法。六月，定僧、道、女冠剃度之制。七月，大破阻卜。十月，命官行省于北京，以经营阻卜事。契丹德寿据信州起义，建元身圣
1197年	承安二年	十二月，铸承安宝货
1198年	承安三年	二月，遣将攻阻卜。三月，榷醋。申敕诸路处理"盗贼"法。于北边穿濠堑、修长城以御蒙古等部，西北、西南寻仿治之。十月，应斜出等请求允于辖里泉开榷场。定官民存留现钱之数，设回易务，拟行钞法
1199年	承安四年	二月，西南路筑边堡九百里成。四月，改提刑司为按察使司。十一月，令州县设普济院，每年十月至明年四月设粥以食贫民。十二月，更定科举法
1200年	承安五年	正月，定诸科举进士取中额。九月，令括地于山东等路以益屯田。西北路修长城，凡用工七十五万
1201年	泰和元年	四月，令许契丹人有军功者赏例同女真人，仍许养马为吏。六月，申禁猛安谋克户毁树木、夤田地。八月，定户绝田二分之一付其女及女孙。九月，更定赡学养士法。十二月，修泰和律成
1202年	泰和二年	闰十二月，改交钞法。是岁，王庭筠死
1204年	泰和四年	四月，定县令以下考课法，增定关防奸细法。五月，以旱行区种法，九月，定屯田户自种及租佃法。是岁，大旱，河北、山东尤甚
1205年	泰和五年	正月，调军夫治曹渠。三月，更定两税输限。十一月，诏陕西、山东备宋
1206年	泰和六年	四月，发兵守要害，置行省于汴以备宋。五月，宋发兵北侵。十月，大举伐宋。是岁，蒙古铁木真称汗
1207年	泰和七年	七月，以山东多"盗"，立杀捕赏官法。十二月，修《辽史》成
1208年	泰和八年	三月，金、宋议成。九月，遣官推排物力。十一月，初设三司使，掌判盐铁、度支、劝农事。章宗死，卫王允济嗣位
1209年	位绍王大安元年	五月，试宏词科。是岁，金、蒙绝交
1211年	大安三年	二月，蒙古成吉思汗侵金。十一月，杨安儿攻山。文学家党怀英死
1212年	崇庆元年	五月，刘二祖起义，十二月，蒙古军攻破东京，耶律留哥叛金聚众攻韩州
1213年	崇庆二年 至宁元年 贞祐元年	春，耶律留哥自立为辽王，改元元统。五月，改元至宁。七月，成吉思汗自将侵金。八月，卫绍王被杀。九月，完颜珣嗣，是为宣宗，改元贞祐。十月，蒙古围中都
1214年	贞祐二年	三月，金以公主归成吉思汗及与金、帛、马匹与蒙古合，中都解围。五月，迁都南京。山东红袄军大起。七月，蒙古军再围中都。十二月，杨安儿失败死

公元	纪年	大事记
1215年	贞祐三年	二月，北京失守。五月，中都失守。七月，改交钞为贞祐宝券。蒙古袭南京，败退。十月，蒲鲜万奴据东京，称天王，国号大真，建元天泰。十一月，耶律留哥入东京，降蒙古。十二月，张致据锦蒙称瀛王，建元兴隆
1216年	贞祐四年	四月，遣官行省于平阳，以御蒙古。十月，蒲鲜万奴降蒙，寻又叛，后北上都开元，改号东夏
1217年	贞祐五年 兴定元年	二月，用贞祐通宝一当贞祐宝券十。四月，金发兵侵宋。六月，宋下诏伐金。九月，改元兴定
1218年	兴定二年	二月，定奴婢拔主法
1219年	兴定三年	四月，筑京师里城。十月，里城工毕
1220年	兴定四年	二月，封建九公。是岁，辽王耶律留哥死
1221年	兴定五年	正月，括南京诸州逃户旧耕官田给军户。二月，大举侵宋。六月，宋与蒙古互遣使通好。十二月，造兴定泉宝，一当兴定通宝四百
1222年	兴定六年 元光元年	正月，遣官垦东西南三路水田。四月，置大司农司。八月，改元元光
1223年	元光二年	五月，造元光重宝，继又造元光珍货，同银行用。七月，除市易用银及银与宝泉私相易禁。十二月，宣宗死，太子守绪嗣，是为哀宗
1224年	正大元年	六月，使人至宋滁州请和好，又榜谕更不南侵。十月，与西夏议和
1225年	正大二年	九月，与西夏和议成。十月，立褒忠庙。禁宿、泗、青口巡边官兵，毋复擒杀过淮红袄军
1227年	正大四年	正月，增筑中京城，浚汴城外濠。三月，征夏税二倍。五月，李全降蒙古。十二月，丘处机死
1229年	正大六年	八月，蒙古推窝阔台为大汗，是为太宗
1230年	正大七年	正月，大昌原之捷。七月，窝阔台自将侵金
1231年	正大八年	正月，李全败死。四月，凤翔陷落。六月，蒙古假宋道攻金。十一月，蒙古军越宋饶峰关。十二月，蒙古军趋汴
1232年	正大九年 天兴元年	正月，蒙古军大破金兵于钧州三峰山，金大将死亡殆尽。改元开兴。三月，蒙古攻南京，不克而还。改元天兴。五月，赵秉文死。七月，杀蒙古来使。十二月，蒙古约宋攻金
1233年	天兴二年	正月，哀宗出奔归德。其大臣崔立拥梁王从恪监国，以南京降蒙古。六月，哀宗如蔡州。九月，蒲鲜万奴战败被擒。十一月，宋、蒙会师围蔡
1234年	天兴三年	正月，哀宗让位给东面元帅完颜承麟，旋自缢死，城破，承麟战死，金亡

附录三 金北疆行政区划列表

路	管辖区域 路、府、州	品级	建置	县	建置	镇
上京路	会宁府 户籍数31270	京府（下）	天会二年（1124年）会平（宁）州，太宗升会宁州为府，天眷元年（1138年）号上京	会宁县	（倚）与府同时	
				曲江县	大定七年（1167年），十三年更名，原为振东县	
				宜春县	大定七年（1167年）	
	肇州武兴军 户籍数5375	防御（下州）	天会八年	始兴县	（倚）与州同时	
	隆州利涉军（隆安府）户籍数10180	节度（下州）	天眷三年大定二十九年（1189年）改名，贞祐升隆安府，原为济州，济州路	利涉县		利涉镇（混同馆）
	信州彰信军 户籍数7359	刺史（下州）	原开泰七年（1018年）辽信州	武昌县	原渤海怀福县	武昌镇
	乌古迪烈统军司		金原为庞葛城，天会三年（1125年）后升招讨司			
北京路	大定府 户籍数64047	京府（中）	辽为中京，金国初因辽为中京，金贞元元年（1153年）更名北京	大定县	（倚），辽为县	恩化镇
				长兴县	辽为县	
				富庶县	辽为县	文安镇
				松山县	辽为松山州松山县，金天辅七年置观察使，皇统三年（1143年）废州来属，承安三年（1198年）隶高州泰和四年（1204年）复	
				神山县	辽为泽州神山县，承安三年（1198年）置惠州，泰和四年罢州	
				惠和县	辽为惠州惠合县，金皇统三年（1143年）	
				金源县	辽为县	
				和众县	辽为榆州和众县，金罢榆州来属，皇统三年（1143年）	
				武平县	辽为新州，武安州，金降县来属（武安县），皇统三年（1143年），大定七年（1167年）更名，承安三年（1198年）隶高州泰和四年（1204年）复	

194

路	管辖区域 路、府、州	品级	建置	县	建置	镇
北京路	大定府 户籍数64047	京府 （中）	辽为中京，金国初因辽为 中京，金贞元元年 （1153年）更名北京	静封县	金承安三年（1198年）胡设务置隶全州，三年隶高州，泰和四年（1204年）来属	
				三韩县	辽为高州，金废高州为县，皇统三年（1143年），承安三年（1198年）升高州为全州支郡。泰和四年（1204年）废	
	全州盘安军 户籍数9319	节度 （下州）	承安二年（1197年）	安丰县	（倚），金改丰州铺为县，初隶临潢府，承安元年（1196年）	
	临潢府 户籍数67907	总管府 （下府）	金国初上京，北京，天德二年（1150年）改名置路，大定（安）后罢路来属	临潢县	（倚）	
				长泰县		
				卢川县	以黑河铺升隶全州，承安二年（1197年）	
				宁寨县	泰和元年（1201年）	
				长宁县	辽永州县故名，金废州来属，皇统三年（1143年）	
	庆州玄宁军 户籍数2007	刺史 （下州）	辽祖州，怀州奉陵军，金废州改置，皇统三年（1143年）	翔平县		
	泰州德昌军	节度东北招讨司	辽长春州，金正隆置初隶上京大定廿五年（1185年）罢，承安三年（1198年）复置	长春县	辽长春州升韶阳军，天德二年（1150年）降为县隶肇州，承安三年（1198年）来属	
西京路	西京大同府 户籍数98440	京府 （中）		大同县		奉义县
				云中县		
				宣宁县	辽德州宣德县，金大定八年（1168年）更名	窟窿城（镇）
				怀安县		
				天成县		
				白登县		
				怀仁县		安七瞳（镇）
	丰州天德军 户籍数22683	节度（下州）西南路招讨司	辽德州应天军改天德军西京路西南路，金皇统九年（1149年）天德总管府，大定元年（1161年）降置	富民县	讨司，辽县	振武镇

路	管辖区域 路、府、州	品级	建置	县	建置	镇
西京路	桓州威远军 户籍数578	节度 （下州） 西北路 招讨司	金西京路西北路招讨司，明昌七年（1195年）改刺史	清塞县	（倚），金置录事司，明昌四年（1193年）罢录事司置	
	抚州镇宁军户籍数11380	节度 （下州）	辽秦国大长公主建州，金明昌三年（1192年）置刺史为桓州支郡，承安二年（1197年）升节度	柔远镇	燕子城，大定十年（1170年）置县，隶属德州，明昌三年（1192年）来属	
				集宁县	金春市场，明昌三年（1191年）升置	
				丰利县	金泥泺，明昌四年（1192年）升置	
				威宁县	金抚州新城镇，承安二年（1197年）升置	
				望云县		
				矾山县		
				龙门县		
	昌州 户籍数1241	散州	狗泺，天辅七年（1123年）建昌县隶桓州，明昌七年（1196年）后置隶抚州，后来属	宝山县		
	宣德州	刺史		宣德县		
				宜平县		
	云内州开远县 户籍数24868	节度 （下州）		柔服县		宁仁镇
				云州县	曷董馆，金初升裕民县皇统元年曷董馆，大定廿九年（1189年）升置	
	宁边州 户籍数6072	刺史 （下州）	金国初镇西军初隶岚州后升防御	宁边县	正隆三年（1158年）	
	东胜州 户籍数3531	刺史 （下州）	古东胜城，金国初武兴军	东胜县		宁化镇

附录四　金辽行政区划比较表

金		辽	今地
上京路	会宁府	生女镇海古地	黑龙江阿城县白城
	肇州	出河店	黑龙江肇源县茂兴站以南之吐什吐
	隆州	东京道龙州	吉林农安县
	信州	东京道信州	吉林怀德秦家屯古城
	蒲与路	旧夫余地，辽属室韦	黑龙江克东金城公社古城大队古城
	合懒路	蒲卢毛朵部	朝鲜咸镜北道镜城
	恤品路	东京道率宾府	苏联滨海省乌苏里斯克（双城子）
	曷苏馆路	曷苏馆女真	辽宁盖县、复县间
	胡里改路		黑龙江依兰
	乌古迪烈统军司	辽属泰州	黑龙江哈尔滨西南好仁古城
咸平路	咸平府	东京道咸州	辽宁开原县
	韩州	东京道韩州	辽宁昌图北八面城
东京路	辽阳府	东京道辽阳府	辽宁辽阳市
	澄州	东京道海州	辽宁海城
	沈州	东京道沈州	辽宁沈阳市
	贵德州	东京道贵德州	辽宁抚顺
	盖州	东京道辰州	辽宁盖县
	复州	东京道复州	辽宁复州镇
	来远州	东京道来远城	鸭绿江黔定岛上
	婆速府路		辽宁丹东市九连城
北京路	大定府	中京道大定府	昭乌达盟宁城大明公社大明城
	利州	中京道利州	喀左大城子古城
	义州	中京道宜州	辽宁义县
	锦州	中京道锦州	辽宁锦州市
	瑞州	中京道隰州	辽宁兴城西南
	广宁府	东京道显州	辽宁北镇
	懿州	东京道懿州	辽宁阜新东北一百零八里塔营子屯古城

金		辽	今地
北京路	兴中府	中京道兴中府	辽宁朝阳市
	建州	中京道建州	辽宁朝阳北黄花滩
	全州		翁牛特左旗乌丹城
	临潢府	上京道临潢府	巴林左旗林东镇波罗城
	庆州	上京道庆州	巴林右旗西北三十里插汉城
	兴州	中京道北安州	河北滦平西南
	泰州	上京道长春州	洮安城四家子古城
西京路	大同府	西京道大同府	山西大同市
	丰州	西京道丰州	内蒙古归化城白塔之地
	弘州	西京道弘州	山西灵丘
	净州		内蒙古四子旗西北
	桓州		河北正兰旗北
	抚州	秦国大长公主建州	内蒙古兴和境
	德兴府	西京道奉圣州	河北涿鹿西南
	昌州		内蒙锡林郭勒盟太仆寺旗白城子
	宣德州	西京道归化州	河北宣化
	朔州	西京道朔州	山西朔县
	武州	西京道武州	山西神池北
	应州	西京道应州	山西应县
	蔚州	西京道蔚州	河北蔚县
	云内州	西京道云内	内蒙土默特左旗西北
	宁边州	西京道宁边州	内蒙清水河县西南
	东胜州	西京道东胜州	内蒙托克托
中都路	大兴府	南京道析津府	北京市
	通州	析津府潞县	北京市通县
	蓟州	南京道蓟州	河北蓟县
	易州	南京道易州	河北易县
	涿州	南京道涿州	河北涿县
	顺州	南京道顺州	北京市顺义北
	平州	南京道平州	河北卢龙
	滦州	南京道滦州	河北滦县

附录五　《金史》中有关金长城修筑事件汇总

时期	时间	位置	人物	内容
康宗	1108年	延边长城	斡鲁 斡赛	《金史·斡鲁传》记载："高丽筑九城于曷懒甸……斡鲁亦对筑九城与高丽抗，出则战，入则守，斡赛用之，卒城高丽"
太宗	天会六年（1129年）	岭北长城	婆卢火	上奏说："大石之得北部二营，恐后难制，且近群牧，宜列屯戍。"太宗拟诏"以二营之故发兵，诸部必扰，当谨斥候而已"
熙宗	天眷	岭南长城北线	移剌按答	《移剌按答传》载：熙宗初，"入为兵部侍郎，徙西北、西南两路旧设堡戍迫近内地者于极边安置，仍与泰州、临潢边堡相接。除武定军节度使，以招徕边部功迁东北路招讨使"
熙宗	皇统七年（1147年）	岭南长城北线	宗弼（金兀术）	《建炎以来系年要录》中记录了蒙古与金作战的4次战争时间：绍兴五年（1135年）"是冬金主亶以蒙古叛，遣领三省事宋国王宗盘提兵破之"；绍兴九年（1139年）呼沙呼北攻蒙古部，而因粮尽退兵，败于海岭；绍兴十三年（1143年）蒙古复叛，"全主亶命将讨之。初鲁国王昌既诛，其子萨罕图郎君者率其父故部曲以叛，与蒙古通。蒙古由是强。取二十余团寨。金人不能制"；绍兴十六年（1146年）宗弼率兵讨之；1147年，蒙金议和，宗弼（金兀术）"遣精兵分据要害而还"
海陵王		岭南长城中线		
海陵王	大定初	岭南长城南线西支线		《金史》中记载"初，大定间修筑西北屯戍，西自坦舌，东至胡烈么（幺），几六百里。中间堡障，工役促迫，虽有墙隍，无女墙副堤"
海陵王	大定五年（1165年）	岭南长城南线东段		《金史》本纪第六：（大定）五年正月……乙卯，诏泰州、临潢接境设边堡七十，驻兵万三千。 《金史·李石传》记载："北鄙岁警，朝廷欲发民穿深堑以御之，石与丞相纥石烈良弼皆曰：'不可，古时筑长城备北，徒耗民力，无益于事。北俗无定居，出没无常，惟当以德柔之。若徒深堑，必当置戍，而塞北多风沙，曾未期年，堑已平矣。不可疲中国有用之力，为此无益'"。大定五年正月乙卯，诏泰州、临潢接境设边堡七十，驻兵万三千。由于反对意见，大定五年（1165年）世宗已同意宗叙奏请的开北边壕事未能实现

时期	时间	位置	人物	内容
	大定十七年（1177年）	岭南长城南线	宗叙	"今以两路招讨司、乌古里石垒部族、临潢、泰州等路、分置堡戍，详定以闻，朕将亲览"
	大定二十一年（1181年）四月	岭南长城南线	大理司直蒲察张家奴等察看，吏部郎中奚胡失海主持	《金史》志第五：边堡，大定二十一年三月，世宗以东北路招讨司十九堡在泰州之境，及临潢路旧设二十四堡障参差不齐，遣大理司直蒲察张家奴等往视其处置。于是东北自达里带石堡子至鹤五河地分，临潢路自鹤五河堡子至撒里乃，皆取直列置堡戍。评事移剌敏言："东北及临潢所置，土堵樵绝，当今所徙之民姑逐水草以居，分遣丁壮营毕，开壕堑以备边。"上令无水草地官为建屋，及临潢诸堡皆以放良人戍守。省议："临潢路二十四堡，堡置户三十，共为七百二十，若营建毕，官给一岁之食。"上以年饥权寝，姑令开壕为备。四月，遣吏部郎中奚胡失海经画壕堑，旋为沙雪堙塞，不足为御。乃言："可筑二百五十堡，堡日用工三百，计一月可毕，粮亦足备，可为边防久计。泰州九堡、临潢五堡之地斥卤，官可为屋外，自撒里乃以西十九堡，旧戍军少，可令大盐泺官木三万余，与直东堡近岭求木，每家官为构室一椽已处之"
	大定二十八年（1188年）			《金史》志第六：大定二十八年命规措界壕于唐、邓间。 西南路的情况比较复杂，一般认为章宗时发生的"糺人散走，投于鞑人"主要发生在西南路，蒙古的进贡地点设在净州，净州地处西南路招讨司。《蒙鞑备录》记载：章宗又以为患，乃筑新长城在静州（净州）之北，以唐古糺人戍之。酋首因唐古糺叛结耶剌都糺、木典糺、咩糺、后典糺等俱叛，金人发兵平之，糺人散走，投于鞑人
章宗	明昌元年（1190年）		完颜安国	《金史》卷94《完颜安国传》载：章宗明昌元年（1190年）前后"北阻迫近塞垣，邻部欲立功以夸雄上国，议邀安国俱行讨之……承安二年（1197年），以营边堡功，召签枢密院事。赐虎符还边，得以便宜从事。时并塞诸部降，谕使输贡如初"
	明昌	岭南长城南线	完颜襄	《金史》列传第三十三：初，明昌间，有司建议，自西南、西北路，沿临潢达泰州，开筑壕堑以备大兵，役者三万人，连年未就。御史台言："所开旋为风沙所平，无益于御侮，而徒劳民。"上因旱灾，问万公所由致。万公对以"劳民之久，恐伤和气，宜从御史台所言，罢之为便"。后丞相襄师还，卒为开筑，民甚苦之

时期	时间	位置	人物	内容
			完颜襄	《金史》卷94赞曰："迹襄之开筑壕堑以自固，其犹元魏、北齐之长城欤？"
	明昌三年（1192年）四月戊午			《金史》本纪第九:（明昌）三年……四月……戊午，诏集百官议北边开壕事。……五月……癸酉，罢北边开壕之役
	明昌末年（1196年）	岭南长城南线		孛术鲁德裕"监察御史，迁少府监丞。明昌末，修北边壕堑，立堡寨。以劳，进官三阶"
章宗	承安三年（1198年）	岭南长城临潢府—北京路	完颜襄	《金史》列传第三十二：时议北讨，襄奏遣同判大睦亲府事宗浩出军泰州，又请左丞衡于抚州行枢密院，出军西北路以邀阻镁，而自帅兵出临潢。上从其策，赐内库物即军中用之。其后斜出部族诣抚州降，上专使问襄，襄以为受之便。赐宝剑，诏度宜穷讨。乃令士自赍粮以省輓运，进屯于沔移剌烈、乌满扫等山以逼之。因请就用步卒穿壕筑障，起临潢左界北京路以为阻塞。言者多异同，诏问方略。襄曰："今兹之费虽百万贯，然功一成则边防固而戍兵可减半，岁省三百万贯，且宽民转输之力，实为永利。"诏可。襄亲督视之，军民并役，又募饥民以佣即事，五旬而毕。于是西北、西南路亦治塞如所请。无何，泰州军与敌接战，宗浩督其后，杀获过半，诸部相率送款，襄纳之。自是北陲遂定
	承安三年（1198年）	岭南长城南线西支线	西北路招讨使独吉思忠	"各路边堡墙隍，向以起筑忽遽，并无女墙副堤'为由，要求增补，并于承安五年完工"。承安五年九月"尚书省奏：西北路招讨使独吉思忠言，各路边堡墙隍，西至坦舌，东至胡烈幺，几六百里。向以起筑忽遽，并无女墙副提。近令修完，计工七十五万，止役戍军，未尝动民，今已工毕。上赐诏奖谕"。《金史·独吉思忠传》载"初，大定间修筑西北屯戍，西自坦舌，东至胡烈幺，凡六百里。中间堡障，工役促迫，虽有墙隍，无女墙副堤。思忠增灌，用工七十五万，止用屯戍军卒，役不及民。上嘉其劳，赐诏奖谕。"独吉思忠，是章宗承安三年（1198年）出任西北路招讨使的，修西北路防御工程之举当在其上任后

时期	时间	位置	人物	内容
章宗	承安三年（1198年）	岭南长城南线西段	仆散揆	《金史·仆散揆传》明昌四年以后，仆散揆"复以战功，升西南路招讨使，兼天德军节度使。……复出御边，尝转战出塞七百里，至赤胡觊地而还，优诏褒谕。……会（其妻）韩国大长公主薨，揆来赴，上谕之曰：北边之事，非卿不能办，乃赐战马二，即日遣还。揆沿徼筑垒穿堑，连亘九百里，营栅相望，烽候相应，人得恣田牧，北边遂宁"。《金史·仆散揆传》亦载：揆升西南路招讨使后，"沿徼筑垒穿堑，连亘九百里，营栅相望，烽候相应，人得恣田牧，北边遂宁"。因其功而召"拜参知政事"。 仆散揆是章宗承安四年二月升参知政事的，其筑垒穿堑之功当成于承安四年之前
	承安五年（1200年）		张炜	《金史》列传第三十八《张炜传》：炜出为同知镇西军节度事，转同知西京转运使事。是时（承安五年），大筑界墙，被行户工部牒主役事
	泰和三年三月壬申（1203年4月16日）	岭南长城东北路	宗浩	赴东北泰州主持修筑东北路界壕边堡；九月壬辰（1203年11月2日），诏右丞相宗浩还朝时已修完

附录六　东北地区金古城规模分类表

序号	出处	分类方法	名称
1	王永祥、王宏北《金代黑龙江古城述略》,《辽海文物学刊》,198年第2期	7500米以上	京城
		4000～5000米	路所在地的州府城
		2500～3500米	州城
		1500～2500米	县城或猛安
		1000～1750米	谋克
		400～750米	边堡
2	王禹浪《中国东北地区古城文化遗迹概述》,载于王禹浪著《东北古族古国古文化研究》下卷,黑龙江教育出版社2000年第1版	7500米以上	京城一级的古城
		2500～5000米	路府级
		2500～4000米	观察州或头下州级古城
		1750～2500米	猛安及郡王分封之古城
		1500～2500米	县级和谋克级古城
		500～1000米	边堡或戍守级城堡
3	庞志国:《长春市金代考古研究》鲍海春、王禹浪主编《金史研究论丛》哈尔滨出版社1995年第1版	2000米以上	大型城址
		1000～2000米	中型城址
		1000米以下	小型城址
		500米以下	城堡
4	李健才《东北地区金代古城的调查研究》李健才著:《东北史地考略》(续集)吉林文史出版社1995年第1版	周长最长	京城
		8～10里左右	一般府城和节镇州城
		在4～6里左右	金代防御州
		2～4里	刺史州或县城

对于东北地区金代古城的丰富研究,本文将其中对古城规模进行探讨的一些成果进行了对比。金代上京路古城中有25%是军事防御性堡寨,故对于古城的研究,也给本文中长城军事聚落层次研究提供了可以参考的依据。

虽然金代造城的制度具有一定范式,且由于金代军政一体的制度,民居聚落与军事聚落都与其行政级别有密切的关系,但民堡与军堡由于造城目的不同,其形制也有不同。上述资料对东北地区金古城的研究中大部分仍是针对民居聚落而言,故与本书的研究范围不完全重合。

本书主要参照王永祥、王宏北的分类标准,并通过对军堡个案的分析,对其中的一些范围进行了修订,具体分类表格参看文中处。

附录七　金代纪事时间与金代长城大事件对应表

（本表格左右页对照参看）

金代纪事时间表

	1115　完颜旻（完颜阿骨打），庙号太祖，在位时间于1115年正月至1123年八月
收国二年	金太祖收国元年（1115年）正月，阿骨打称帝，国号金，建元收国，六月，以吴乞买为诸班勃极烈。九月，攻下黄龙府。
天辅六年	收国二年（1116年）五月，取辽沈洲，破东京，东京州县及南路系辽籍女真皆降。下令除辽法，省税赋，置猛安谋克，一如本朝制度。八月，陷辽保州，九月，始制金牌。
	天辅元年（1117年）正月，陷辽春、泰等州。五月，禁同姓为婚，九月，辽置怨军八营，以郭药师为帅。十二月，金败辽于蒺藜山，取显州，于是铅、懿等七州皆降。
	天辅二年（1118年）正月，遣使如辽求册封，辽遣使如今议和。九月，令访博学雄才之士掌诏令。天辅三年（1119年）三月，辽授阿骨打为东怀国皇帝，不受。八月，颁行完颜希尹新制女真文字。
	天辅四年（1120年）正月，宋遣使如今，约夹攻辽。六月，金、辽合议不成，太祖阿骨打自将攻辽。五月，攻陷上京。八月，金遣使如宋报夹攻辽事。十二月，大举伐辽。
	天辅五年（1121年）正月，辽耶律余睹奔来，益知辽之虚实。二月，以婆卢火统屯泰州猛安谋克之民万户，赐耕牛五十。十二月，大举伐辽。
	天辅六年（1122年）正月，攻陷辽中京，辽帝西奔。三月，辽耶律淳于燕京被耶律大石等立为天赐皇帝，改元建福。辽天赐帝改怨军为常胜军。四月，攻陷西京，西部州县部落皆降。六月，辽天赐帝死，妻萧氏为皇太后称制，改元德兴。十二月，伐燕京，以左企弓行枢密院于广宁，始踵辽南、北面之制。
	天辅七年（1123年）四月，以燕京六州归宋，辽帝奔云内，入夏境。八月，太祖阿骨打于返上京途中病死，张据平洲反金归宋
	1123　完颜晟，庙号太宗，在位时间于1123年九月至1135年正月
天会十五年	太宗天会元年（1123年）九月，太宗即位，改元天会。诏诸猛安谋克赋。十一月，攻破平州。十二月，以武、朔二州归宋。
	天会二年（1124年）正月，西夏称藩于金。自上京至南京五十里置一驿。三月，命置驿上京、春、泰之间。
	天会三年（1125年）二月，辽天祚帝被俘，辽亡。三月，始定制度。七月，禁百官宗室私役百姓，禁买贫民为奴。十二月，分两路兵大举侵宋。
	天会四年（1126年）七月，萧仲恭使宋还，以所持宋帝与耶律余睹书自陈。闰十一月，克宋汴京。十二月，宋主桓降。
	天会五年（1127年）正月，割取宋河北、河东地。三月，立张邦昌为帝，国号楚，都金陵。八月，开科举，分南北帮你，分取宋辽之士。十二月，分兵三道侵宋。
	天会六年（1128年）二月，马扩宝庆源五马山抗金。六月，初命修国史。十月，马扩被金击破。是月，刘彦宗死。
	天会七年（1129年）正月，以西京留守韩企先知枢密院事。二月，宋帝奔杭州。金军入扬州。九月，复试辽及两河进士于蔚州。十月，宋帝奔明州，旋入海。
	天会八年（1130年）四月，因杲死，以完颜亶为班勃极烈。五月，禁私度僧尼。九月，立刘豫为皇帝，国号奇。寻建元阜昌。秦桧归宋。十二月，大索境内南人，卖于夏、蒙古、室韦、高丽。
	天会九年（1131年）十一月，以陕西地赐刘豫。
	天会十年（1132年）正月，均辽地士庶之赋。六月，试进士，令勿取中原人。九月，耶律余睹叛，败死。天会十一年（1133年）八月，令州县官皆从朝廷选注。徙猛安谋克入局汉地。
	天会十二年（1134年）正月，初改定制度。天会十三年（1135年）正月，太宗死

金代长城大事件表		
	太祖　1115	
		收国 二年
天辅五年（1121年）婆卢火修岭北长城。"以境土既拓……遂摘诸猛安、谋克中民户万余，使宗人婆卢火充统之，屯种于泰州"。同时金又把收国年间移到宁江州的"拾得、查端、阿里徒欢、奚达罕等四谋克（四部落）家属耕具徙于泰州"		天辅 六年
	太祖　1123	
天会七年（1129年）修岭北长城。婆卢火上奏说："大石之得北部二营，恐后难制，且近群牧，宜列屯戍。"太宗拟诏："以二营之故发兵，诸部必扰，当谨斥候而已"。		天会 十五 年

金代纪事时间表

	1135　完颜亶，庙号熙宗，在位时间于1135年正月至1149年十二月
天眷三年 皇统八年	熙宗天会十三年（1135年）正月，太宗死，完颜亶即位，是为熙宗。三月，以国论右勃极烈、都元帅宗翰为太保、领三省市，国论左勃极烈宗干为太傅。十一月，以尚书令宋国王宗磐为太师。颁大明历。 天会十四年（1136年）以太保宗翰、太傅宗干、太师宗磐并领三省市。 天会十五年（1137年）六月，尚书左丞高庆裔被杀。七月，宗翰死。十一月，废刘豫，除豫弊政，置行台尚书省于汴。 天眷元年（1138年）正月，颁行女真小字。五月，定以经义、词赋两科试进士。八月，颁行新管制及换官格。十月，定封国制。十一月，立贵妃裴满氏为皇后。 天眷二年（1139年）正月，以许宋和告谕河南军民。三月，命百官详定仪制。 天眷三年（1140年）三月，诏元帅府宗弼出兵收复河南、陕西地。九月，完颜希尹被杀。十二月，徙女真、契丹、奚屯田河南。是岁，罢辽东汉人、渤海人猛安谋克。 皇统元年（1141年）正月，金、夏开榷场互市。三月，熙宗亲祠孔子。五月，宗干死。九月，金、宋议和。十一月，金、宋和议成。十二月，金修国史成，凡三卷。 皇统二年（1142年）三月，以宗弼为太傅，继赐金券。五月，许宋人之请，各置榷场于两届。 皇统三年（1143年）四月，蒙古反金，不能制。六月，放宋前遣使洪皓归宋。是岁，颁皇统新律。皇统五年（1145年）五月，颁行女真小字。是岁，又罢辽东汉人、渤海人猛安谋克承袭之制。 皇统六年（1146年）正月，以边地与夏。二月，韩企先死。八月，请和于蒙古，不许。 皇统七年（1147年）三月，岁遣牛、羊、米、绢之属，以与蒙古和。六月，田珏等被杀。九月，以宗弼为太师，领三省事、都元帅，行台尚书省事如故。 皇统八年（1148年）四月，金修《辽史》成。十月，宗弼死。皇统九年（1149年）十二月，完颜亮杀熙宗
	1149　完颜亮，庙号无（海陵王），在位时间于1149年十二月至1161年十一月
天德四年 贞元三年	海陵天德元年（1149年）十二月，完颜亮杀熙宗立嗣，改元天德。 天德二年（1150年）四月，海陵杀宗室及大臣。 天德三年（1151年）正月，置国子监。三月，诏广燕京，建宫室。四月，诏迁都燕京。十一月，诏罢世袭万户官。 天德四年（1152年）二月，如燕京。十一月，令乌古迪烈部及蒲与路两路民夫采珠。 天德五年贞元元年（1153年）三月，改元贞元，改燕京为中都，定五京之号，又改考试、车服制度。四月，定社稷制度。 贞元二年（1154年）五月，始置交钞库。七月，设盐钞香茶文引印造库。十一月，初置惠民局。 贞元四年正隆元年（1156年）正月，罢中书门下省。二月，改元正隆。遣刑部尚书纥石烈娄室等十一人，分行扩地，授所迁猛安谋克户，且令民请射，官得其租。五月，颁行正隆官制。六月，宋钦宗死于金。
正隆五年	正隆二年（1157年）八月，始置登文院。十月，命会宁府毁旧宫殿，诸大族第宅及储庆寺，仍夷其址耕种。 正隆三年（1158年）二月，都城及京兆初置钱监。遣使检视随路金银铜铁冶。 正隆四年（1159年）正月，严越境之禁。与宋互市榷场只留泗州一处。二及三月，备南侵。山东沂州、河北大名及太行山契丹人起义。 正隆五年（1160年）三月，东海民张旺等起义，逾三月失败。十月，遣官分赴河北、河东、山东、中都镇压起义人民。 正隆六年（1161年）正月，海陵如南京。五月，契丹撒八等起义。六月，迁都汴京。八月，忠义克海州。九月，海陵自将三十二总管兵大举侵宋。十月，海陵渡淮。十一月，海陵败于采石矶，海陵被杀

金代长城大事件表

	熙宗　1135	
天眷年间修岭南长城北线。《移剌按答传》载：熙宗初，"入为兵部侍郎，徙西北、西南两路旧设堡戍迫近内地者于极边安置，仍与泰州、临潢边堡相接。除武定军节度使，以招徕边部功迁东北路招讨使"。		天眷三年
皇统七年（1147年）修岭南长城北线。《建炎以来系年要录》中记录了蒙古与金作战的4次战争时间：绍兴五年（1135年）"是冬金主亶以蒙古叛，遣领三省事宋国王宗盘提兵破之"；绍兴九年（1139年）呼沙呼北攻蒙古部，而因粮尽退兵，败于海岭；绍兴十三年（1143年）蒙古复叛，"金主亶命将讨之。初鲁国王昌既诛。其子萨罕图郎君者率其父故部曲以叛，与蒙古通，蒙古由是强。取二十余团寨。金人不能制"。绍兴十六年（1146年）宗弼率兵讨之；公元1147年，蒙金议和，宗弼（金兀术）"遣精兵分据要害而还"		皇统八年
	海陵王　1149	
		天德四年
		贞元三年
海陵王执政期间，无长城修筑记载，作者推测修岭南长城中线		正隆五年

金代纪事时间表

1161 完颜雍,庙号世宗,在位时间于1161年十月至1189年正月	

大定二十九年	世宗大定元年(1161年)十月,东京留守曹国公乌禄即位于辽阳,改元大定,是为世宗。 大定二年(1162年)正月,耿京起义亢金。命河北、山东、陕西路南征步军并放还家。八月,罢诸官征税。九月,耶律窝斡死。十一月,诏右丞相仆散忠伐宋。是岁诏免二税户为民。 大定三年(1163年)五月,金胜于符离。 大定四年(1164年)五月,契丹耶律窝斡起义军残部被攻灭。十二月,金、宋和议成。是岁,译经、史为女真文,又遣信臣张弘信等十三人,分路通检天下物力。 大定五年(1165年)正月,于临潢地设边堡。 大定七年(1167年)闰七月,遣移剌子敬经略北边。 大定八年(1168年)六月,河决李固渡,水入曹州。十二月,遣移剌按等诏谕阻卜。 大定十二年(1172年)五月,罢保安、兰安与夏互市榷场。十二月,许民免税开采金银坑冶。 大定十三年(1173年)五月,禁女真人毋得译为汉姓。 大定十五年(1175年)九月,高丽赵位宠以四十余城叛附于金,不受。遣梁肃等二十六人,分路推排。大定十六年(1176年)四月,京府设学。五月,以女真文译史记等书成。是岁,河北、山东等七路旱蝗。大定十七年(1177年)正月,诏西北路招讨司契丹民户不曾参加起义及放良奴隶徙乌古里石垒部。令吉春耕作。十二月,禁渤海婚娶攘窃旧俗。大定十八年(1178年)是岁,代州立监铸钱 大定二十年(1180年)正月,定商税法。十一月,名代州钱监曰阜通。十二月,河决卫州及延津京东埽。大定二十一年(1181年)正月,复置绥德军榷场,与夏互市。禁山东、大名猛安谋克之民不得无故招人佃种。四月,增筑临潢等路边堡。 大定二十二年(1182年)三月,申敕西北路招讨司勒猛安谋克官督部人习武备。十月,徙河间宗室于平洲。十二月,立强取诸部羊马法。 大定二十三年(1183年)九月,译经所译易、书等书成,命颁行之。 大定二十四年(1184年)三月,世宗始如上京,五月至上京。八月,诏免上京当年市税。十一月,奏徙速频、胡里改三猛安二十四谋克以实上京。 大定二十五年(1185年)四月,世宗自上京返。九月至中都。 大定二十六年(1186年)五月,卢沟决于上阳。八月,河决卫州。是岁,复以李宴等分路推排。 大定二十七年(1187年)二月,于曲阳县置监铸钱。十二月,再申女真人用汉姓之禁,并禁不得学南人衣装。 大定二十八年(1188年)五月,置女真太学。大定二十九年(1189年)正月,世宗死
1189 完颜璟,庙号章宗,在位时间于1189年正月至1208年十一月	
明昌六年	章宗大定二十九年(1189年)正月,世宗死,皇太孙完颜璟嗣位,是为章宗。二月,诏宫籍监户及奴婢放为良。五月,河决曹州。六月,初置提刑司。作卢沟桥。七月,减民地税什一,河东南、北路什二,下田什三。诏京府、节镇、防御设学养士。初立经童科。十一月,命官再修《辽史》。 明昌元年(1190年)正月,禁自为僧道者。三月,设应制及宏饲料。八月,设常平仓。 明昌二年(1191年)二月,更定奴诱良人法。四月,以百姓与屯田户不睦,许互为婚姻。谕有司自今令女真字直译为汉字,罢写契丹字。十一月,禁女真以姓氏译为汉字。 明昌三年(1192年)三月,卢沟桥成。十一月,禁官吏、百姓姓名皆同于古帝王者,又避周公、孔子讳。明昌四年(1193年)正月,弛禁地,听民持农器出入,系与民种。是岁,大有年。 明昌五年(1194年)三月,初定铁禁,又置宏文院译写经书。八月,河决阳武故堤,由封丘注梁山泊,分夺南北清河入海。九月,初命民买扑随处金银铜冶。 明昌六年(1195年)五月,命官行省于临潢,后又命官行省于抚州,皆以经略北方。由是阻卜叛金。六月,张玮进《大金仪礼》

金代长城大事件表

	世宗　1161

大定初，修岭南长城南线西支线。《金史》中记载"初，大定间修筑西北屯戍，西自坦舌，东至胡烈么（幺），几六百里。中间保障，工役促迫，虽有墙煌，无女墙副堤"。 大定五年（1165年）修岭南长城南线东段。《金史》本纪第六：（大定）五年正月……乙卯，诏泰州、临潢接境设边堡七十，驻兵万三千。《金史·李石专》记载："北鄙岁警，朝廷欲发民穿深堑以御之，石与丞相纥石烈良弼皆曰：'不可，古时筑长城备北，徒耗民力，无益于事。北俗无定居，出没无常，惟当以德柔之。若徒深堑，必当置戍，而塞北多风沙，曾为期年，堑已平矣。不可疲中国有用之力，为此无益'"。大定五年正月乙卯，诏泰州、临潢接境设边堡七十，驻兵万三千。由于反对意见，大定五年（1165年）世宗已同意宗叙奏请的开北边壕事未能实现。 大定十七年（1177年）修岭南长城南线"今以两路招讨司、乌古里石垒部族、临潢、泰州等路、分置堡戍，详定以闻，朕将亲览"。 大定二十一年（1181年）四月修岭南长城南线。《金史》志第五：边堡，大定二十一年三月，世宗以东北路招讨司十九堡在泰州之境，及临潢路旧设二十四堡障参差不齐，遣大理司直蒲察张家奴等往视其处置。于东北自达里带石堡子至鹤五河地分，临潢路自鹤五河堡子至撒里乃，皆取直列置堡戍。评事移剌敏言："东北及临潢所置，土堵樵绝，当今所徙之民姑逐水草以居，分遣丁壮营毕，开壕堑以备边。"上令无水草地官为建屋，及临潢路诸堡皆以放良人戍守。省议："临潢路二十四堡，堡置户三十，共为七百二十，若营建毕，官给一岁之食。"上以年饥权寝，姑令开壕为备。四月，遣吏部郎中奚胡失海经画壕堑，旋为沙雪堙塞，不足为御。乃言："可筑二百五十堡，堡日用工三百，计一月可毕，梁亦足备，可为边防久计。泰州九堡、临潢五堡之地斥卤，官可为屋外，自撒里乃以西十九堡，旧戍军舍少，可令大盐泺官木三万余，与直东堡近岭求木，每家官为构室一椽已处之。"	大定 二十 九年
大定二十八年（1188年）《金史》志第六：大定二十八年命规措界壕于唐、邓间。西南路的情况比较复杂，一般认为章宗时发生的"糺人散走，投于鞑人"主要发生在西南路，蒙古的进贡地点设在净州，净州地处西南路招讨司。《蒙鞑备录》记载："章宗又以为患，乃筑新长城在静州（净州）之北，以唐古糺人戍之。酋首因唐古糺叛结耶次都糺、木典糺、咩糺、后典糺等俱叛，金人发兵平之，糺人散走，投于鞑人"。	

	章宗　1189

明昌元年（1190年）《金史》卷94《完颜安国转》载：章宗明昌元年（1190年）前后"北阻迫近塞垣，邻部；立功以夸雄上国，议邀安国俱行讨之……承安二年（1197年），以营边堡功，召签枢密院事。赐虎符还边，得以便宜从事。时并塞诸部降，谕使输贡如初。" 明昌年间修岭南长城南线。《金史》列传第三十三：初，明昌间，有司建议，自西南、西北路，沿临潢达泰州，开筑壕堑以备大兵，役者三万人，连年未就。御史台言："所开旋为风沙所平，无益于御侮，而徒劳民。"上因旱灾，问万公所由致。万公对以"劳民之久，恐伤和气，宜从御史台所言，罢之为便"。后丞相襄师还，卒为开筑，民甚苦之。 明昌三年（1192年）四月戊午，《金史》本纪第九：（明昌）三年……四月……戊午，诏集百官议北边开壕事。……五月……癸酉，罢北边开壕之役。 明昌六年（1198年）修岭南长城（临潢府-北京路）。《金史》列传第三十二：时议北讨，襄奏遣同判大睦亲府事宗浩出军泰州，又请左丞衡于抚州行枢密院事，出军西北路以邀阻镆，而自帅兵出临潢。上从其策，赐内库物即军中用之。其后斜出部族诣抚州降，上专使问襄，襄以为受之便。赐宝剑，诏度宜穷讨。乃令士自赍粮以省鞔运，进屯于沔移剌烈、乌满扫等山以逼之。	明昌 六年

金代纪事时间表

承安 五年	承安元年（1196年）正月，北边广吉刺击败金兵。二月，初造金虎符发兵。四月，初行区种法。六月，定僧、道、女冠剃度之制。七月，打破阻卜。十月，命官行省于北京，以经营阻卜事。契丹德寿据信州起义，建元身圣。 承安二年（1197年）十二月，铸承安宝货。 承安三年（1198年）二月，遣将攻阻卜。三月，榷醋。申敕诸路处理"盗贼"法。于北边穿濠堑、修长城以御蒙古等部，西北、西南寻仿治之。 十月，应斜出等请求允于辖里曩开榷场。定官民存留现钱之数，设回易务，拟行钞法。 承安四年（1199年）二月，西南路筑边堡九百里成。四月，改提刑司为按察使司。十一月，令州县设普济院，每年十月至明年四月设粥以食贫民。十二月，更定科举法。 承安五年（1200年）正月，定诸科举进士取中额。九月，令括地于山东等路以益屯田。西北路修长城，凡用工七十五万。
泰和 八年	泰和元年（1201年）四月，令许契丹人有军功者赏例同女真人，仍许养马为吏。六月，申禁猛安谋克户毁树木、鬻田地。八月，定户绝田二分之一付其女及女孙。九月，更定赡学养士法。十二月，修泰和律成。 泰和二年（1202年）闰十二月，改交钞法。是岁王庭筠死。 泰和四年（1204年）四月，定县令以下考课法，增定关防奸细法。五月，以旱行区种法，九月，定屯田户自种及租佃法。是岁，大旱，河北、山东尤甚。 泰和五年（1205年）正月，调军夫治壕渠。三月，更定两税输限。十一月，诏陕西、山东备宋。 泰和六年（1206年）四月，发兵首要害，置行省于汴以备宋。五月，宋发兵北侵。十月，大举伐宋。是岁，蒙古铁木真称汗。 泰和七年（1207年）七月，以山东多"盗"，立杀捕赏官法。十二月，修《辽史》成。 泰和八年（1208年）三月，金、宋和议成。九月，遣官推排物力。十一月，初设三司使，掌判盐铁、度支、劝农事。章宗死，卫王允济嗣位

1208 完颜永济，庙号无（卫绍王），在位时间于1208年正月至1213年十一月

大安 三年 崇庆 元年 至宁 元年	泰和八年（1208年）十一月，章宗死，卫王允济嗣位。 卫绍王大安（1209年）元年五月，试宏词科。是岁金、蒙绝交。 大安三年（1211年）二月，蒙古成吉思汗侵金。十一月，杨安儿攻山。文学家党怀英死。 崇庆元年（1212年）五月，刘二祖起义，十二月，蒙古军攻破东京，耶律留哥叛金聚众攻韩州。 崇庆二年至宁元贞祐元年（1213年）春，耶律留哥自立为辽王，改元元统。五月，改元至宁。七月，成吉思汗自将侵金。八月，卫绍王被杀。九月，完颜珣嗣，是为宣宗，改元贞祐。十月，蒙古围中都

1213 完颜珣，庙号宣宗，在位时间于1208年正月至1213年十一月

贞祐 四年 兴定 五年 元光 二年	宣宗贞祐元年（1213年）九月，完颜珣嗣，是为宣宗，改元贞祐。十月，蒙古围中都。 贞祐二年（1214年）三月，金以公主归成吉思汗及与金、帛、马匹与蒙古合，中都解围。五月，迁都南京。山东红袄军大起。七月，蒙古军再围中都。十二月，杨安儿失败死。 贞祐三年（1215年）二月，北京失守。五月，中都失守。七月，改交钞为贞祐宝券。蒙古袭南京，败退。十月，蒲鲜万奴据东京，称天王，国号大真，建元天泰。十一月，耶律留哥入东京，降蒙古。十二月，张致据锦蒙称瀛王，建元兴隆。 贞祐四年（1216年）四月，遣官行省于平阳，以御蒙古。十月，蒲鲜万奴降蒙，寻又叛，后北上都开元，改号东夏。 贞祐五年兴定元年（1217年）二月，用贞祐通宝一当贞祐宝券十。四月，金发兵侵宋。六月，宋下诏讨伐金。九月，改元兴定。 兴定二年（1218年）二月，定奴婢赇主法

金代长城大事件表

因请就用步卒穿壕筑障，起临潢左界北京路以为阻塞。言者多异同，诏问方略。襄日："令兹之费虽百万贯，然功一成则边防固而戍兵可减半，岁省三百万贯，且宽民转输之力，实为永利。"诏可。襄亲督视之，军民并役，又募饥民以佣即事，五旬而毕。于是西北、西南路亦治塞如所请。无何，泰州军与敌接战，宗浩督其后，杀获过半，诸部相率送款，襄纳之。自是北陲遂定。	承安五年
承安三年（1198年）修岭南长城南线西北段。"'各路边堡墙隍，向以起筑忽遽，并无女墙副堤'为由，要求增补，并于承安五年完工"。承安五年九月"尚书省奏：西北路招讨使独吉思忠言，各路边堡墙隍，西至坦舌，东至胡烈么，几六百里。向以起筑忽遽，并无女墙副堤。近令修完，计工七十五万，止役戍军，未尝动民，今以工毕。上赐诏奖谕"。《金史独吉思忠传》载"初，大定间修筑西北屯戍，西自坦舌，东至胡烈么，凡六百里。中间堡障，工役促迫，虽有墙隍，无女墙副堤。思忠增灌，用工七十五万，止用屯戍军卒，役不及民。上嘉其劳，赐诏奖谕。"独吉思忠，是章宗承安三年（1198年）出任西北路招讨使的，修西北路防御工程之举当在其上任后。承安三年（1198年）修岭南长城南线西段。《金史·仆散揆传》明昌四年以后，仆散揆"复以战功，升西南路招讨使。兼天德军节度使。……复出御边，尝转战出塞七百里，至赤胡覩地而还，优诏褒谕。……会（其妻）韩国大长公主薨，揆来赴，上谕之曰：北边之事，非卿不能办，乃赐战马二，即日遣还。揆沿徼筑垒穿堑，连亘九百里，营栅相望，烽候相应，人得恣田牧，北边遂宁"，《金史·仆散揆传》亦载："揆升西南路招讨使后。沿徼筑垒穿堑，连亘九百里，营栅相望，烽候相应，人得恣田牧，北边遂宁"。因其功而召"拜参知政事"、仆散揆是章宗承安四年二月升参知政事的，其筑垒穿堑之功当成于承安四年之前。承安五年（1200年）《金史》列传第三十八《张炜传》：炜出同知镇西军节度使，转同知西京转运使事。是时（承安五年），大筑界墙，被行户工部牒主役事。 泰和三年（1202年）三月壬申修岭南长城东北路。赴东北泰州主持修筑东北路界壕边堡；九月壬辰（1203年11月2日）。诏右丞相宗浩还朝时已修完	泰和八年
卫绍王　　　　　　　　　　　　1208	
《续资治通鉴》载，"大安二年（1210年）九月，会边将筑乌沙堡，欲以逼蒙古"； "大安三年（1211年）二月，金人复筑乌沙堡"； "大安三年（1211年）八月，金独吉思忠，完颜承裕缮乌沙堡"	大安三年
	崇庆元年
	至宁元年
宣宗　　　　　　　　　　　　1213	
	贞祐四年
金西北部疆域被蒙古所侵，边界南移。金长城位于疆域外，失去防御功能，退出历史舞台	兴定五年
	元光二年

金代纪事时间表

	兴定三年（1219年）四月，筑京师里城。十月，里城工毕。 兴定四年（1220年）二月，封建九公。是岁，辽王耶律留哥死。 兴定五年（1221年）正月，括南京诸州通户旧耕官田给军户。二月，大举侵宋。六月，宋与蒙古互遣使通好。十二月，造兴定泉宝，一当兴定通宝四百。 兴定六年元光元年（1222年）正月，遣官垦东西南三路水田。四月，置大司农司。八月，改元元光。 元光二年（1223年）五月，造元光重宝，继又造元光珍货，同银行用。七月，除市易用银及银与宝泉私相易禁。十二月，宣宗死，太子守绪嗣，是为哀宗
	1223　完颜守绪，庙号哀宗，在位时间于公元1223年十二月至1234年正月
正大八年 开兴元年 天兴三年	元光二年（1223年）五月，造元光重宝，继又造元光珍货，同银行用。七月，除市易用银及银与宝泉私相易禁。十二月，宣宗死，太子守绪嗣，是为哀宗。 正大元年（1224年）六月，使人至宋滁州请和好，又榜谕更不南侵。十月，与西夏议和。 正大二年（1225年）九月，与西夏议和成。十月，立褒忠庙。禁宿、泗、青口巡边官兵，毋复擒杀过淮红袄军。 正大四年（1227年）正月，增筑中京城，浚汴城外濠。三月，征夏税二倍。五月，李全降蒙古。十二月，邱处机死。 正大六年（1229年）八月，蒙古推窝阔台为大汗，是为太宗。 正大七年（1230年）正月，大昌原之捷。七月，窝阔台自将侵金。 正大八年（1231年）正月，李全败死。四月，凤翔陷落。六月，蒙古假宋道攻金。十一月，蒙古军越宋饶峰关。十二月，蒙古军趋汴。 正大九年天兴元年（1232年）正月，蒙古军大破金兵于钧州三峰山，金大将死亡殆尽。改元开兴。三月，蒙古攻南京，不克而还。改元天兴。五月，赵秉文死。七月，杀蒙古来使。十二月，蒙古约宋攻金。 天兴二年（1233年）正月，哀宗出奔归德。其大臣崔立拥梁王从恪监国，以南京降蒙古。六月，哀宗如蔡州。九月，蒲鲜万奴战败被擒。十一月，宋、蒙会师围蔡。 天兴三年（1234年）正月，哀宗让位给东面元帅完颜承麟，旋自缢死，城破，承麟战死，金亡
	1234　完颜承麟，庙号昭宗，在位时间公元1234年正月至1234年正月（在位仅半天）
	天兴三年（1234年）正月，哀宗让位给东面元帅完颜承麟，旋自缢死，城破，承麟战死，金亡

金代长城大事件表

		哀宗	1223	
			正大 八年
			开兴 元年
			天兴 三年
		昭宗	1234	

参考文献

专（译）著

［1］彭曦.十年来考察与研究长城的主要发现与思考［M］//长城国际学术研讨会论文集.北京：中国长城学会，1994.

［2］林瑞翰.晚金国情之研究［M］//大陆杂志史学丛书第一辑·第五册·宋辽金史研究论集.大陆杂志社，1970.

［3］庞志国.金东北路临潢路吉林省段界壕边堡调查［M］//中国长城遗迹调查报告集.北京：文物出版社，1981.

［4］陈相伟，洮安县文物志［M］.长春：吉林省文物志编修委员会，1982.

［5］刘庆.辽金军事改革述论［M］//辽金史论集.北京：书目文献出版社，1989.

［6］韩志远.略论金抚州地区在蒙金战争期间的战略地位及元武宗在中都建元中都的军事原因［M］//中国长城遗迹调查报告集.北京：文物出版社，1981.

［7］中国长城学会.长城百科全书［M］.长春：吉林人民出版社，1994.

［8］罗哲文.长城［M］.北京：北京美术摄影出版社，2000.

［9］景爱.中国长城史［M］.上海：上海人民出版社，2006.

［10］景爱.长城［M］.北京：学苑出版社，2008.

［11］金毓黻.宋辽金史［M］.上海：上海商务印书馆，1946.

［12］蔡美彪等.中国通史［M］.北京：人民出版社，1979.

［13］张博泉.金史简编［M］.沈阳：辽宁人民出版社，1984.

［14］韩儒林等.元朝史［M］.北京：人民出版社，1986.

［15］李桂芝.辽金简史［M］.福州：福建人民出版社，1996.

［16］白寿彝等.中国通史（元时期）［M］.上海：上海人民出版社，1997.

［17］白寿彝等.中国通史（五代辽宋夏金时期）［M］.上海：上海人民出版社，1999.

［18］李锡厚，白滨.辽金西夏史［M］.上海：上海人民出版社，2003.

［19］都兴智.中国历史（金史）［M］.北京：人民出版社，2006.

［20］韩志远等.中国军事通史（第13卷南宋金军事史）［M］.北京：军事科学出版社，1998.

［21］刘浦江.二十世纪辽金史论著目录［M］.上海：上海辞书出版社，2003.

［22］陈振.中国通史 第七卷 中古时代·五代辽宋夏金时期（上册）［M］.上海：上海人民出版社，1999.

［23］韩茂莉.辽金农业地理［M］.北京：社会科学文献出版社，1999.

［24］张驭寰.中国古建筑分类图说［M］.郑州：河南科学技术出版社，2005.

［25］朱国忱.金源故都［M］.哈尔滨：北方文物杂志社，1991.

［26］谭刚毅.两宋时期的中国民居与居住形态［M］.南京：东南大学出版社，2008.

［27］施元龙.中国筑城史［M］.北京：军事谊文出版社，1999.

［28］中国军事史编写组.中国历代军事工程［M］.北京：解放军出版社，2005.

［29］ 王国维. 观堂集林［M］. 北京：中华书局，1959.

［30］ 蔡美彪. 纠与纠军的演变，元史研究会编，元史论丛第二辑［M］. 北京：中华书局，1983.

［31］ 贾敬颜. 五代宋金元人边疆行记十三种疏证稿［M］. 北京：中华书局，2004.

［32］ 孟定恭. 布特哈志略（辽海丛书本）［M］. 辽沈书社，1985.

［33］ 李文信. 金临潢路界壕边堡址，李文信考古文集［M］. 辽宁人民出版社，1992.

［34］ 陈乐素. 三朝北盟会编考［M］. 历史语言研究所集刊6本，1936.

［35］ 陈乐素. 求是集序言［M］. 广州：广东人民出版社，1986.

［36］ 何俊哲等. 金朝史［M］. 北京：中国社会科学出版社，1992.

［37］ 王国良. 中国长城沿革考［M］. 上海：商务印书馆，1931.

［38］ 王恢. 大学用书·中国历史地理·上·五大古都、长城与运河［M］. 台北：台湾学生书局，1976.

［39］ 郭大顺，张星德著. 东北文化与幽燕文明［M］. 南京：江苏教育出版社，2005.

［40］ 姜国柱. 中国军事思想通史·三·宋元卷［M］. 北京：中国社会科学出版社，2006.

［41］ 安介生. 走近中国名关［M］. 长春：长春出版社，2007.

［42］ 安介生. 沧桑河山，天下雄关［M］. 长春：长春出版社，2007.

［43］ 胡长春. 谭纶评传［M］. 南昌：江西人民出版社，2007.

［44］ 董耀会. 瓦合集——长城研究文论［M］. 北京：科学出版社，2004.

［45］ 阎凤梧. 全辽金文［M］. 太原：山西古籍出版社，2002.

［46］ 田虎. 元史译文证补校注［M］. 石家庄：河北人民出版社，1990.

［47］ 金毓黻. 东北通史［M］. 绵阳：三台东北大学，1941.

［48］ 金毓黻. 静晤室日记［M］. 沈阳：辽沈书社，1993.

［49］ 金毓黻. 东北通史［M］. 长春：社会科学战线杂志社，1980.

［50］ 孟定恭. 布特哈志略（辽海丛书本）［M］. 沈阳：辽沈书社，1985.

［51］ 张家璠. 呼伦贝尔志［M］. 哈尔滨：黑龙江人民出版社，2006.

［52］ 陈述. 金史拾遗五种［M］. 北京：科学出版社，1960.

［53］ 陈述. 辽金史论集第1辑［M］. 上海：上海古籍出版社，1987.

［54］ 张博泉. 金代经济史略［M］. 沈阳：辽宁人民出版社，1981.

［55］ 何俊哲. 金朝史［M］. 北京：中国社会科学出版社，1992.

［56］ 孙秀仁. 室韦史研究［M］. 哈尔滨：北方文物杂志社，1985.

［57］ 项春松. 辽代历史与考古［M］. 呼和浩特：内蒙古人民出版社，1996.

［58］ 鲍春海，王禹浪. 辽金史论丛［M］. 哈尔滨：哈尔滨出版社1995.

［59］ 李逸友. 金代界壕遗迹［M］//中国大百科全书·考古卷. 北京：中国大百科出版社，1986.

［60］ 宋德金. 金史［M］. 北京：人民出版社，2004.

［61］ 宋德金. 金代女真的汉化、封建化与汉族士人的历史作用［M］//宋辽金史论丛第2辑. 北京：中华书局，1991.

［62］ 宋德金. 金代的社会生活［M］. 山西：山西人民出版社，1988.

［63］ 谭英杰. 黑龙江区域考古学［M］. 北京：中国社会科学出版社，1991.

［64］ 王可宾. 女真国俗［M］. 长春：吉林大学出版社，1988.

［65］ 程妮娜. 金初勃极烈制度研究［M］//金史论稿第2卷. 长春：吉林文史出版社，1986.

[66] 程妮娜.金代政治制度研究[M].长春：吉林大学出版社，1999.

[67] 程妮娜，傅百臣.辽金史论丛[M].长春：吉林文史出版社，2003.

[68] 赵冬晖.金初勃极烈官制的特点[M]//辽金史论集第1辑.上海：上海古籍出版社，1987.

[69] 李涵.金初汉地枢密院试析[M]//辽金史论集第4辑.北京：书目文献出版社，1989.

[70] 冯永谦.东北亚研究——北方舆地研究[M].郑州：中州古籍出版社，1994.

[71] 王昀.传统聚落结构中的空间概念[M].北京：中国建筑工业出版社，2009.

[72] 王禹浪.金代黑龙江述略[M].哈尔滨：哈尔滨出版社，1993.

[73] 白钢，李锡厚，白滨.中国政治制度通史·第7卷辽金西夏[M].北京：人民出版社，1996.

[74] 中华文明史编纂工作委员会编.中华文明史·第6卷辽宋夏金[M].石家庄：河北教育出版社，
1994.

[75] 刘浦江.辽金史论[M].沈阳：辽宁大学出版社，1999.

[76] 刘蒲江.二十世纪辽金史论著目录[M].上海：上海辞书出版社，2003.

[77] 苏全有，陈建国.中国社会史专题研究，内蒙古人民出版社，2006年06月第1版

[78] 都兴智.试论金蒙鼎革之际的契丹人[M]//辽金史论集（第十一辑）.呼和浩特：内蒙古大学出版
社，2009.

[79] 林干.中国古代北方民族史新论[M].呼和浩特：内蒙古人民出版社，2007.

[80] 于文.军制森严旌旗明（图文版）[M].北京：中国戏剧出版社，2005.

[81] 王文光.西南边疆史丛书·中国民族发展史（下册）[M].北京：民族出版社，2005.

[82] 孙进已.东北民族源流[M].哈尔滨：黑龙江人民出版社，1987.

[83] 冯继钦.辽金时代室韦的变迁[M]//辽金史论集第2辑.北京：书目文献出版社，1987.

[84] 郝时远，杜世伟.蒙古[M].北京：社会科学文献出版社，2007.

[85] 杨秀敏.坚韧的盾牌——中国筑城史话[M].北京：清华大学出版社，广州：暨南大学出版社，
2002.

[86] 张宏彦.中国史前考古学导论[M].北京：高等教育出版社，2003.

[87] 胡阿祥，彭安玉，郭黎安.兵家必争之地[M].海口：海南出版社，2007.

[88] 杨昭全，孙玉梅.中朝边界史[M].长春：吉林文史出版社，1993.

[89] 艾冲.中国的万里长城[M].西安：三秦出版社，1994.

[90] 王超，图说中国历史编委会编.金戈铁马的交汇——辽西夏金[M].长春：吉林出版集团有限责
任公司，2006.

[91] 李晓杰.体国经野：历代行政区划[M]//制度文明与中国社会丛书.长春：长春出版社，2004.

[92] 赫治清.中国兵制史[M].北京：文津出版社，1997.

[93] 都兴智.辽金史研究[M].北京：人民出版社，2004.

[94] 安介生.历史民族地理（下册）[M].济南：山东教育出版社，2007.

[95] 孙进己.中国考古集成东北卷·金（一、二）[M].北京：北京出版社，1997.

[96] 孙进己，支运亭.中国北方各族人物传（金代卷）[M].沈阳：辽海出版社，2001.

[97] 齐吉祥.北京地理与历史[M].北京：中国林业出版社，2008.

[98] 王树连.中国古代军事测绘史[M].北京：解放军出版社，2007.

[99] 张印栋.中华文明史话·屯田史话[M].北京：中国大百科全书出版社，2003.

［100］ 齐木德道尔吉. 辽夏金元史徵·金朝卷 [M]. 呼和浩特：内蒙古大学出版社，2007.

［101］ 孙乃民. 吉林通史·第一卷 [M]. 长春：吉林人民出版社，2008.

［102］ 周清澍. 元蒙史札 [M]. 呼和浩特：内蒙古大学出版社，2001.

［103］ 刘蒙林，孙利中. 内蒙古古城 [M]. 呼和浩特：内蒙古人民出版社，2003.

［104］ 张博泉. 金史论稿·第一卷 [M]. 长春：吉林文史出版社，1986.

［105］ 中国军事史编写组. 中国军事史 [M]. 北京：解放军出版社，1986.

［106］ 黑龙江省地方志编纂委员会. 黑龙江省志·文物志 [M]. 哈尔滨：黑龙江人民出版社，1994.

［107］ 北京大学考古系. 纪念北京大学考古专业三十周年论文集（1952-1982）[M]. 北京：文物出版社，1990.

［108］ 吉林省地方志编纂委员会. 吉林省志·卷四十三·文物志 [M]. 长春：吉林人民出版社，1991.

［109］ 吉林省文物考古研究所. 田野考古集萃·吉林省文物考古研究所成立二十五周年纪念 [M]. 北京：文物出版社，2008.

［110］ 中国文物学会专家委员会. 中国文物大辞典（下册）[M]. 北京：中央编译出版社，2008.

［111］ 中国考古学会. 中国考古学年鉴1999 [M]. 北京：文物出版社，2001.

［112］ 中国军事史编写组，赵秀昆. 中国军事史·第6卷·兵垒 [M]. 北京：解放军出版社，1991.

［113］ 中国军事史编写组. 中国历代军事制度（第2版）[M]. 北京：解放军出版社，2006.

［114］ 中国历史博物馆遥感与航空摄影考古中心，内蒙古自治区文物考古研究所. 内蒙古东南部航空摄影考古报告 [M]. 北京：科学出版社，2002.

［115］ 谭其骧. 中国历史地图集释文汇编·东北卷 [M]. 北京：中央民族学院出版社，1988.

［116］ 文物编辑委员会. 文物考古工作三十年1949-1979 [M]. 北京：文物出版社，1979.

［117］ 中国社会科学院考古研究所. 新中国的考古发现和研究 [M]. 北京：文物出版社，1984.

［118］ 文物编辑委员会. 文物考古工作十年 1979-1989 [M]. 北京：文物出版社，1991.

［119］ 北京市文物研究所.北京考古四十年 [M]. 北京：北京燕山出版社，1990.

［120］ 白寿彝.中国通史·第7卷·中古时代·五代辽宋夏金时期（上）[M]. 上海：上海人民出版社，2007.

［121］ 祝启源. 唃厮啰政权崩溃后的河湟吐蕃及其与宋、金、西夏的关系 [M]//中国民族史研究第一辑. 北京：中央民族学院出版社，1987.

［122］ 张廷玉. 续文献通考·卷133·兵考 [M]. 北京：商务印书馆，1936.

［123］ 台湾三军大学. 中国历代战争史第十三册 [M]. 北京：军事译文出版社，1983.

［124］ 姚奠中. 元好问文集 [M]. 太原：山西古籍出版社，2004.

［125］ 黄惠贤，陈锋. 中国俸禄制度史 [M]. 武汉：武汉大学出版社，2005.

［126］ 中国历史地图集编辑组. 中国历史地图集·第六册 [M]. 上海：中华地图学社，1975.

［127］ 王曾瑜. 金朝军制 [M]. 保定：河北大学出版社，1996.

［128］ 徐勇，张焯. 简明中国军制史 [M]. 哈尔滨：黑龙江人民出版社，1991.

［129］ 刘庆，毛元佑. 百卷本中国全史·第11卷·中国宋辽金夏军事史 [M]. 北京：人民出版社，1994.

［130］ 沈雪哉. 军制学 [M]. 北京：军事科学出版社，2000.

［131］ 刘展. 中国古代军制史 [M]. 北京：军事科学出版社，1992.

［132］ 科林·伦福儒，保罗·巴恩．考古学理论、方法与实践［M］．北京：文物出版社，2004．

［133］ 张光直．考古学专题六讲·谈聚落形态考古［M］．台北：稻乡出版社，1988．

［134］ 严文明．仰韶文化研究［M］．北京：文物出版社，1989．

［135］ 西安半坡博物馆．史前研究（2000）［M］．西安：三秦出版社，2000．

［136］ 吉林省文物志编委会．珲春县文物志［M］．长春：吉林省文物志编委会，1984．

［137］ 延边博物馆编写组．延边文物简编［M］．延吉：延边人民出版社，1988．

［138］ 国家文物局．中国文物地图集·陕西分册［M］．西安：西安地图出版社，1998．

［139］ 国家文物局．中国文物地图集·内蒙古自治区分册［M］．西安：西安地图出版社，2003．

［140］ 李文信．金临潢路界壕边堡址·李文信考古文集［M］．沈阳：辽宁人民出版社，1992．

［141］ 恩格斯．家庭、私有制和国家的起源［M］．北京：商务印书馆，1977．

［142］ （瑞典）多桑．多桑蒙古史·上册［M］．冯承钧译．北京：中华书局，1962．

［143］ （波斯）拉施特．史集［M］．余大钧，周建奇译．北京：商务印书馆，1983．

［144］ （日）白鸟库吉．满洲地理历史研究报告［M］．1913．

［145］ （日）三上次男．金代女真研究［M］．金启琮译．哈尔滨：黑龙江人民出版社，1984．

［146］ （日）三上次男．金史研究·3卷［M］．京都：中央公论美术出版，1970-1972．

［147］ （日）鸟居龙藏．满蒙的探查［M］．万里阁书房，1928．

［148］ （日）外山军治．金朝史研究［M］．哈尔滨：黑龙江朝鲜民族出版社，1988．

［149］ （日）箭内亘．辽金 军及金代兵制考［M］．上海：商务印书馆，1932．

［150］ （日）关野贞，竹岛卓一．辽金时代的建筑及其佛像（图片）［M］．东京：东方文化学院东京研究
所，1935．

［151］ （苏）А．П．奥克拉德尼科夫．滨海遥远的过去［M］．莫润先，田大畏译．北京：商务印书馆，
1982．

［152］ （苏）包诺索夫．成吉思汗边墙初步调查［M］//黑龙江考古民族资料译文集第1辑．胡秀杰译．哈
尔滨：北方文物杂志社1991．

［153］ （俄）布莱资须纳德．西辽史［M］．梁园东译．北京：中华书局，1955年版

［154］ （法）闵宣化．东蒙古辽代旧城探考记［M］．冯承钧译．北京：中华书局，2004．

［155］ Arthur N.Waldron. The Great Wall of China：From History to Myth. Cambridge studies in
Chinese, history, literature, and institutions［M］. Cambridge：Cambridge University
Press，1990．

［156］ John man.The Great Wall［M］. Cambridge：Da Capo Press，2008．

［157］ Gerald Dix.Defending the Defences Conservation and Tourism on the Gteat Wall of China［M］.
Proceedings of the International Academic Symposium on the Great Wall，1994．

［158］ 金应熙．作为军事防御线和文化会聚线的中国古长城［M］//中国史学会．第十六届国际历史科学
大会中国学者论文集．北京：中华书局，1985．

［159］ 袁冀．元代两京间驿路考释［M］//元上都研究文集．北京：中央民族大学出版社，2003．

［160］ 董耀会．长城保护管理工作的问题和思考［M］//中国长城博物馆暨中国长城学会优秀文集．北京：
中国长城学会，2005．

［161］ 成大林．长城的保护、管理和利用——成大林在"保护利用齐长城人文自然风景带研讨会"上的

发言 [M] //万里长城暨中国长城学会优秀文集. 北京：中国长城学会，2005.

[162]　贾洲杰. 金代长城 [M] //中国长城遗迹调查报告集. 北京：文物出版社，1981.

历史典籍

[163]　寿鹏飞. 历代长城考 [M]. 龙门书店，1987.

[164]　（东汉）许慎撰.［清］段玉裁注. 说文解字段注 [M]. 成都：成都古籍书店，1981.

[165]　（宋）宋祁，欧阳修. 新唐书 [M]. 北京：中华书局，1975.

[166]　（宋）李心传. 建炎以来系年要录 [M]. 北京：中华书局，1956.

[167]　（宋）徐梦莘. 三朝北盟会编（附索引）[M]. 上海：上海古籍出版社，2008.

[168]　（宋）李心传. 建炎以来朝野杂记. 唐宋史料笔记丛刊，北京：中华书局，2000.

[169]　（宋）宇文懋昭，崔文印. 大金国志校证，北京市：中华书局，1986.

[170]　（宋）赵珙. 蒙鞑备录·内蒙古史志资料选编第3辑 [M]. 呼和浩特：内蒙古地方志编撰委员会总
　　　　编室编印，1983.

[171]　（宋）毕沅. 续资治通鉴·卷一二七·宋记 [M]. 绍兴十七年.

[172]　（北齐）魏收. 魏书·契丹传·卷1 [M]. 北京：中华书局，1999.

[173]　（宋）叶隆礼. 契丹国志·并合部落 [M]. 上海：上海古籍出版社点校本，1985.

[174]　（宋）确庵，耐庵. 靖康稗史笺证 [M]. 北京：中华书局，2010.

[175]　（金）刘祁，崔文印. 归潜志 [M]. 北京：中华书局，1983.

[176]　（元）王恽. 中堂事记（丛书集成初编）. 商务印书馆，中华民国二十五年版

[177]　（南宋）赵珙. 蒙鞑备录，续修四库全书影印版，第521页

[178]　（元）熊梦祥，析津志辑佚（北京图书馆善本组辑）[M]. 北京：北京古籍出版社，1983.

[179]　（元）马端临. 文献通考·卷一百五十·兵二 [M]. 北京：中华书局，1986.

[180]　（元）脱脱. 金史 [M]. 北京：中华书局，1975.

[181]　（元）脱脱. 辽史·地理志 [M]. 北京：中华书局，1974.

[182]　（明）宋濂. 元史 [M]. 北京：中华书局，1976.

[183]　（清）吴长元. 宸垣识略·卷一·形胜 [M]. 北京：北京古籍出版社，1983.

[184]　（清）孙承泽. 天府广记 [M]. 北京：北京古籍出版社，2011.

[185]　（清）于敏中. 日下旧闻考 [M]. 北京：北京古籍出版社，1981.

[186]　（清）顾祖禹. 读史方舆纪要 [M]. 北京：中华书局，2005

[187]　（清）张金吾. 金文最 [M]. 北京：中华书局，1990.

[188]　（清）李有棠. 金史纪事本末 [M]. 北京：中华书局，1980.

[189]　（清）西清. 黑龙江外记 [M]. 北京：商务印书馆，中华民国二十五年十二月初.

[190]　（清）黄彭年. 畿辅通志·帝制记·第2册 [M]. 保定：河北人民出版社，1985.

[191]　（清）屠寄. 黑龙江舆图（辽海丛书本）[M]. 沈阳：辽沈书社，1985.

[192]　（清）屠寄. 蒙兀儿史记 [M]. 北京：北京市中国书店，1984.

学术文集

[193]　中国社会科学院考古研究所图书资料室. 中国考古学文献目录1949-1966 [C]. 北京：文物出版

社，1978.

[194] 文物编辑委员会. 中国长城遗迹调查报告集 [C]. 北京：北京文物出版社，1981.

[195] 叶新民，齐木德道尔吉. 元上都研究文集 [C]. 北京：中央民族大学出版社，2003.

[196] 中国长城学会. 长城国际学术研讨会论文集 [C]. 长春：吉林人民出版社，1995.

[197] 中国长城学会. 中国长城博物馆暨中国长城学会优秀文集 [C]. 北京：中国长城学会，2005.

[198] 董耀会. 中国青山关长城学术研讨会论文集 [C]. 北京：中国经济出版社，2004.

[199] 韩世明. 辽金史论集 [M]. 北京：中国社会科学出版社，2007.

学位论文

[200] 王绚. 传统堡寨聚落研究——兼以秦晋地区为例 [D]. 天津：天津大学，2004.

[201] 于默颖. 明蒙关系研究——以明蒙双边政策及明朝对蒙古的防御为中心 [D]. 呼和浩特：内蒙古大学，2004.

[202] 孙兰. 秦及西汉时期的关隘制度 [D]. 长春：东北师范大学，2008.

[203] 汤羽杨. 北京地区长城军事防御体系系统特征与保护研究 [D]. 北京：北京建筑工程学院，2006.

[204] 董明晋. 北京地区明长城戍边聚落形态及其建筑研究 [D]. 北京：北京工业大学，2008.

[205] 窦学欣. 辽金元时期北京及周边地区战争的初步研究 [D]. 北京：首都师范大学，2005.

[206] 胡平平. 自然地理环境与长城北京段关系研究 [D]. 北京：北京建筑工程学院，2007.

[207] 张鸥. 北京明长城分布现状及其损毁保护的研究 [D]. 北京：首都师范大学，2007.

[208] 王尚. 金代招讨司研究 [D]. 长春：吉林大学，2011.

[209] 李潇. 金代市场探析 [D]. 保定：河北大学，2009.

[210] 伞霁虹. 辽朝上京建置研究 [D]. 大连：辽宁师范大学，2006.

[211] 温德华. 俺答汗研究 [D]. 武汉：华中师范大学，2009.

[212] 杨卓. 东北典型农牧交错区土地利用与景观格局变化研究 [D]. 北京：北京林业大学，2010.

[213] 刘军会. 北方农牧交错带界线变迁及其生态效应研究 [D]. 北京：中国科学院·水利部成都山地灾害与环境研究所，2008.

[214] 李晓峰. 农牧交错带土地利用生态安全评价——以宁夏盐池为例 [D]. 北京：中国科学院地理科学与资源研究所，2006.

[215] 宋立恒. 金代社会等级结构研究 [D]. 北京：中央民族大学，2005.

[216] 石光英. 奉使辽金行程录 [D]. 长春：吉林大学，2006.

[217] 郑韬凯. 从洞穴到聚落 [D]. 北京：中央美术学院，2009.

[218] 金正镐. 东北地区传统民居与居住文化研究 [D]. 北京：中央民族大学，2005.

[219] 卢迪. 东北满族民居的文化涵化研究 [D]. 哈尔滨：哈尔滨工业大学，2008.

[220] 弓建中. 公元前2世纪前后秦汉西北边防及其效果 [D]. 西安：西北大学，2001.

[221] 仇立慧. 古代黄河中游都市发展迁移与环境变化研究 [D]. 西安：陕西师范大学，2008.

[222] 芮素平. 金朝立法研究 [D]. 北京：中国社会科学院研究生院，2003.

[223] 杨清华. 金朝行省制度研究 [D]. 长春：吉林大学，2009.

[224] 陈德洋. 金朝中原乡村社会控制研究 [D]. 长春：吉林大学，2010.

[225] 李艳玲. 金初东路军试探 [D]. 长春：吉林大学，2007.

［226］ 卢希．金代地方职官考课制度［D］．长春：吉林大学，2008．

［227］ 夏宇旭．金代契丹人研究［D］．长春：吉林大学，2010．

［228］ 王万志．金代区域文化研究［D］．长春：吉林大学，2009．

［229］ 王万志．金代山西区域文化［D］．长春：吉林大学，2006．

［230］ 钟铮铮．金代文职朝官的俸禄制度研究［D］．长春：吉林大学，2008．

［231］ 郭威．金代县制研究［D］．长春：吉林大学，2007．

［232］ 施云．金代忠孝军研究［D］．长春：吉林大学，2007．

［233］ 孙建权．金末对外战争研究［D］．合肥：安徽大学，2010．

［234］ 艾换平．金太祖时期的民族政策研究［D］．长春：吉林大学，2007．

［235］ 陈志英．金元时期的转运司［D］．上海：复旦大学，2008．

［236］ 姜宾．金中都地区军事地理研究［D］．北京：首都师范大学，2011．

［237］ 陈福来．辽金西京研究［D］．长春：东北师范大学，2007．

［238］ 戴香．略论蒙金战争及性质与作用［D］．济南：山东大学，2008．

［239］ 窦学欣．辽金元时期北京及周边地区战争的初步研究［D］．北京：首都师范大学，2005．

［240］ 王磊．试论金朝的军需供应制度［D］．长春：吉林大学，2006．

［241］ 曲淑华．试论金代治安管理制度［D］．长春：吉林大学，2006．

［242］ 马继业．宋代城池防御探究［D］．济南：山东师范大学，2005．

［243］ 黄登峰．宋代城池建设研究［D］．保定：河北大学，2007．

［244］ 宋磊．游牧民族人居环境分析［D］．武汉：武汉理工大学，2003．

［245］ 易华．游牧与农耕民族关系研究［D］．北京：中国社会科学院研究生院，2000．

［246］ 魏孔．内蒙古辽代城址初步研究［D］．呼和浩特：内蒙古师范大学，2010．

［247］ 杨清华．金朝后期行省建制［D］．长春：吉林大学，2009．

期刊论文

［248］ 马骏骐．试论古代蒙古人的战略战术［J］．贵州大学学报（社会科学版），1999年03期．

［249］ （日）津田左右吉．金代北边考．满蒙地理历史研究报告4册，1918年4月．

［250］ （日）长谷川兼太郎．柳条边墙与金边堡．同仁第12卷5、7号，1938．

［251］ 陈志英．社会变革过程中政治制度的选择——金五京路转运司建制考．中国历史地理论丛，
第3辑．

［252］ 陈喜波，韩光辉．试析金代中都路城市群的发展演变及其空间分布特征．中国历史地理论丛，
第1辑．

［253］ 谭其骧．金代路制考．中国历史地理论丛第1辑，1980．

［254］ 贾敬颜．从金朝的北征、界壕、榷场和赐宴看蒙古的兴起［J］．元史及北方民族史研究集刊，
1985（3）．

［255］ 贾敬颜．纠军问题刍议［J］．中央民族学院学报，1980（1）．

［256］ 陈述．乣军考释初稿［J］．历史语言研究所集刊（国立中央研究院），1949（12）．

［257］ 陈述．乣军史实论证［J］．史学集刊，1950（6）．

［258］ 尹钧科．略论地理环境对北京历史的影响［J］．北京历史与现实研究学术研讨会论文集，1989．

[259] 史念海. 论西北地区诸长城的分布及其历史军事地理（上、下篇）. 中国历史地理论丛，1994.

[260] 陈晓鸣. 两汉北部边防若干问题之比较 [J]. 中国边疆史地研究杂志社，2002.

[261] 景爱. 走出长城的误区 [N]. 中国文物报，2004-01-30.

[262] 景爱. 再说金界壕不是长城 [N]. 中国文物报，2004-04-02.

[263] 景爱. 关于呼伦贝尔古边壕的考察 [J]. 博物馆研究，1986.

[264] 景爱. 关于呼伦贝尔古边壕的时代 [J]. 社会科学战线，1982.

[265] 景爱. 关于呼伦贝尔古边壕的探索 [J]. 历史地理，1983.

[266] 景爱. "丰州之印"与"贞祐钞版"读后 [J]. 内蒙古金融研究，2003.

[267] 景爱. 金史研究综述 [J]. 史学史研究，1995（01）.

[268] 景爱，苗天娥. 辽金边壕与长城 [J]. 东北史地，2008（06）.

[269] 景爱. 金中都与金上京比较研究 [J]. 中国历史地理论丛，1991（02）.

[270] 景爱. 金中都的地位及影响 [J]. 东北史地，2009（04）.

[271] 毛锋. 空间信息技术在线形文化遗产保护中的应用研究——以京杭大运河为例 [J]. 中国名城，2009（05）.

[272] 毕硕本，裴安平，闾国年. 基于空间分析方法的姜寨史前聚落考古研究 [J]. 考古与文物，2008.

[273] 王社江，沈辰. 洛南盆地旧石器早期遗址聚落形态解析 [J]. 考古，2006（04）.

[274] 何捷，邹经宇. 文化线路遗产原真性保护的GIS空间分析支持 [J]. 空间综合人文学与社会科学论坛，2009.

[275] 王琳峰，张玉坤. 明长城蓟镇戍边屯堡时空分布研究 [J]. 建筑学报学术专刊，2011（05）.

[276] 王红星. 长江中游地区新石器时代遗址分布规律、文化中心的转移与环境变迁的关系 [J]. 考古，1998（02）.

[277] 陈喆，董明晋，戴俭. 北京地区长城沿线戍边城堡形态特征与保护策略探析 [J]. 建筑学报，2008.

[278] 邹东瑶，杨锐. 长城保护与利用中的问题和对策研究 [J]. 中国园林，2008（05）.

[279] 张义丰，谭杰，陈美景，贾大猛，王晶，宋思雨. 中国长城保护与利用协调发展的战略构想 [J]. 地理科学进展，2009（03）.

[280] 钱耀鹏. 关于环壕聚落的几个问题 [J]. 文化，1997（01）.

[281] 钱耀鹏. 中国史前防御设施的社会意义考察 [J]. 华夏考古，2003（03）.

[282] 钱耀鹏. 论城的起源及其初步发展 [J]. 文物，1998（01）.

[283] 李文龙. 金边壕不是长城吗 [J]. 中国文物报，2004（05）.

[284] 彭占杰. 略述家乡五百里段金长城 [J]. 辽金契丹女真史研究，2004.

[285] 彭占杰. 论金东北路长城及金长城线出土之官印 [J]. 鹤城政协，2006（04）.

[286] 董耀会. 中国世界文化遗产——长城 [J]. 中国长城学会，第9页

[287] 李鸿宾. 关于长城保护与发展的几点看法 [J]. 中国青山关长城学术研讨会论文集，2004.

[288] 庞志国. 金东北路、临潢路吉林省段界壕边堡调查 [M]//中国长城遗迹调查报告集，北京：文物出版社，1981.

[289] 李丕华. 蒙古高原边墙考 [J]. 辽金契丹女真史研究，2004.

[290] 孙文政. 金界壕边堡遗址为世界文化遗产考述 [J]. 鹤城社科，2006（03）.

［291］ 孙文政. 金长城研究概述 ［J］. 中国边疆史地研究，2010（03）.

［292］ 孙文政，辛健. 金界壕长城边堡称谓综述 ［J］. 辽金契丹女真史研究，2004.

［293］ 孙文政. 金东北路界壕边堡建筑时间考 ［J］. 东北史地，2008（03）.

［294］ 孙文政. 哈拉古城址为金代庞葛城说质疑 ［J］. 黑龙江社会科学，2008（02）.

［295］ 孙文政. 试述金代黑龙江流域的农业 ［J］. 古今农业，2008（02）.

［296］ 成大林. 慎说金界壕不是长城 ［J］. 鹤城政协，2006（04）.

［297］ 李鸿宾. 金界壕与长城 ［J］. 中国边疆史地研究，2008（03）.

［298］ 朱子方. 辽金纥军考略 ［J］. 东方杂志，1946（06）.

［299］ 陈得芝. 辽代的西北路招讨司 ［J］. 元史及北方民族史研究集刊，1978.

［300］ 孙秀仁. 黑龙江历史考古述论 ［J］. 社会科学战线，1979（03）.

［301］ 孙秀仁. 关于金长城（界壕边堡）的研究与相关问题 ［J］. 北方文物，2007（02）.

［302］ 孙秀仁. 塔子城古城和辽代大安七年刻石 ［J］. 黑龙江古代文物，1979.

［303］ 孙秀仁. 肇东八里城为元肇州故城考 ［J］. 北方论丛，1980（03）.

［304］ 孙秀仁. 再论绰尔城（塔子城）历史地理诸问题 ［J］. 求是学刊，1980（04）.

［305］ 贾洲杰. 金代长城初议 ［J］. 内蒙古大学学报，1979（08）.

［306］ 巴雅尔. 金国民族关系和成吉思汗的对金战略 ［J］. 内蒙古师范大学学报（哲学社会科学版），1981

［307］ 王恩厚. 辽金元纥军考释 ［J］. 天津师专学报，1984（03）.

［308］ 富占军. "丰州之印"与"贞祐钞版" ［J］. 内蒙古金融研究，2003（05）

［309］ 宝音德力根. 成吉思汗建国前的金与蒙古诸部 ［J］. 内蒙古社会科学，1990（08）.

［310］ 何天明. 辽代西南面招讨司探讨 ［J］. 内蒙古社会科学，1990（12）.

［311］ 何天明. 试论蒙古灭金的历史原因和根本目的 ［J］. 黑龙江民族丛刊，1991（12）.

［312］ 衣保中. 金代屯田制度初探 ［J］. 北方文物，1990（10）.

［313］ 董克昌. 大金对四邻关系的总方针与总趋势 ［J］. 北方文物，1993（12）.

［314］ 李蔚. 略论金朝统治时期的西北屯田 ［J］. 兰州大学学报（社会科学版），1994（07）.

［315］ 林荣贵. 南宋与金边疆经略 ［J］. 中国边疆史地研究，2001（06）.

［316］ 周峰. 金代的赈济与救灾 ［J］. 北方文物，2001（02）.

［317］ 周峰. 金代北疆地区的开发 ［J］. 博物馆研究，2007（06）.

［318］ 林威. 金末契丹人附蒙反金现象初探 ［J］. 广西社会科学，2004（08）.

［319］ 冯永谦. 界壕与长城论辩三题 ［J］. 东北史地，2005.

［320］ 冯永谦. 金长城的构造形式、特点与定名 ［J］. 东北史地，2009（09）.

［321］ 冯永谦. 金长城的考古与发现 ［J］. 东北史地，2007（05）.

［322］ 冯永谦. 岭北长城考 ［J］. 辽海文物学刊，1990.

［323］ 冯永谦. 界壕与长城三题 ［J］. 辽金契丹女真史研究，2004.

［324］ 冯永谦. 如何认识长城——关于走出长城的误区的几点不同意见 ［N］. 中国文物报，2004-03-26.

［325］ 冯永谦. 金长城的考古发现与研究 ［J］. 鹤城政协，2006（04）.

［326］ 冯永谦. 金长城修筑年代辨 ［J］. 东北史地，2008（03）.

［327］ 吉艳华. 金代东北路界壕（长城）的屯戍 ［J］. 理论观察，2006（06）.

[328] 程妮娜. 金朝西北部契丹等游牧民族的部族、制度研究 [J]. 吉林大学社会科学学报, 2007.

[329] 宋德辉. 吉林省白城市城四家子古城应为辽代长春州金代新泰州 [J]. 博物馆研究, 2008 (03).

[330] 夏宇旭. 初探金代契丹人猛安谋克组织 [J]. 吉林师范大学学报, 2008 (08).

[331] 夏宇旭. 浅析金代契丹人的群牧组织 [J]. 黑龙江民族丛刊, 2008 (10).

[332] 夏宇旭. 略述金代猛安谋克组织下契丹人的经济生活 [J]. 吉林师范大学学报 (人文社会科学版), 2010 (01).

[333] 夏宇旭. 初探金代契丹人的部族及乣组织 [J]. 吉林师范大学学报 (人文社会科学版), 2009 (05).

[334] 关磊. 浅谈新时期档案管理人员素质的提高 [J]. 理论观察, 2006 (06).

[335] 翎子. 古城丰州 [J]. 实践 (思想理论版), 2006 (06).

[336] 段光达. 20世纪金史研究综述 [J]. 文史知识, 2008.

[337] 康鹏. 2009年辽金西夏史研究综述 [J]. 中国史研究动态, 2010 (10).

[338] 谭彦翘. 齐齐哈尔市辖区内的金界壕 [J]. 黑龙江史志, 2004 (12).

[339] 董新林. 辽上京城址的发现和研究述论 [J]. 北方文物, 2006 (08).

[340] 杨春俏. 论金代符牌制度 [J]. 西北民族大学学报 (哲学社会科学版), 2010 (10).

[341] 刘军会. 基于土地利用和气候变化的北方农牧交错带界线变迁 [J]. 中国环境科学, 2008 (03).

[342] 杨卓. 典型东北农牧交错区土地利用/覆被变化分析 [J]. 水土保持研究, 2010 (08).

[343] 赵哈林. 北方农牧交错带的地理界定及其生态问题 [J]. 地球科学进展, 2002 (10).

[344] 黑龙江省博物馆. 金东北路界壕边堡调查 [J]. 考古, 1961 (05).

[345] 张伯忠. 吐列毛杜古城调查试掘报告——兼论金代东北路界壕 [J]. 文物, 1982 (07).

[346] 项春松. 巴林左旗金代临潢路边堡界壕踏查记 [J]. 北方文物, 1987 (02).

[347] 张博泉. 论金代猛安谋克制度的形成、发展及其破坏的原因 [J]. 文史哲, 1963 (01).

[348] 刘建华. 河北省金代长城 [J]. 北方文物, 1990 (4).

[349] 赵玉明. 岭东金代长城调查 [J]. 内蒙古社会科学, 1993 (01).

[350] 田淑华. 承德地区金代长城调查与考略 [J]. 金史研究会, 2000.

[351] 宋德金. 金中都的历史地位 [N]. 光明日报, 2003-11-12.

[352] 宋德金. 金代的衣食住行 [M] // 辽金史论集·第3期. 北京: 书目文献出版社, 1987.

[353] 宋德金. 金上京访古 [J]. 中国典籍与文化, 1994 (03).

[354] 宋德金. 金代社会与传统中国 [J]. 中央民族大学学报, 1995 (03).

[355] 宋德金. 二十世纪中国辽金史研究 [J]. 历史研究, 1998 (04).

[356] 周峰. 试论金朝对西部边疆的经略——以西夏和西辽为中心 [J]. 东北史地, 2009 (04).

[357] 程妮娜. 金代京、都制度探析 [J]. 社会科学辑刊, 2000 (03).

[358] 程妮娜. 金代监察制度探析 [J]. 中国史研究, 2000 (01).

[359] 程妮娜. 金朝前期军政合一的统治机构都元帅府初探 [J]. 吉林大学社会科学学报, 1999 (03).

[360] 程妮娜. 金朝西北部契丹等游牧民族的部族、乣制度研究 [J]. 吉林大学社会科学学报, 2007 (03).

[361] 程妮娜. 金前期军政合一机构都元帅府职能探析 [J]. 史学集刊, 2000 (02).

[362] 程妮娜. 金代一省制度述论 [J]. 北方文物, 1998 (02).

[363] 程妮娜. 论金代的三省制度 [J]. 社会科学辑刊, 1998 (06).

[364] 程妮娜. 金初府、州、县考略 [J]. 北方文物, 1989 (03).

[365] 程妮娜. 金初勃堇初探 [J]. 史学集刊, 1986 (02).

[366] 程妮娜. 金代政治制度研究 [J]. 吉林大学出版社, 1999.

[367] 程妮娜. 试论金初路制 [J]. 社会科学战线, 1989 (01).

[368] 程妮娜. 论猛安谋克官制中的汉制影响 [J]. 北方文物, 1993 (02).

[369] 武玉环. 金朝中央官制的改革 [J]. 北方文物, 1987 (02).

[370] 董耀会. 金长城的建置、戍防及后勤保障之探讨 [J]. 鹤城政协, 2006 (06).

[371] 王培华. 关于金长城的三个问题 [J]. 中国·齐齐哈尔金长城学术研讨会专刊, 2006 (04).

[372] 黄凤岐. 长城·金代长城摭议 [J]. 鹤城政协, 2006 (06).

[373] 林玉军, 韩光辉. 金代镇的若干问题研究 [J]. 中国历史地理论丛, 2009 (04).

[374] 宋德辉. 吉林省白城市城四家子古城应为辽代长春州金代新泰州 [J]. 博物馆研究, 2008 (01).

[375] 于庆东. 五国部越里吉地望考 [J]. 北方文物, 2008 (02).

[376] 李锦萍, 王金令. 金代曷苏馆路治所的考辨. 北方文物, 2009 (02).

[377] 吴敬. 辽金都城防御特点的对比研究 [J]. 北方文物, 2008 (02).

[378] 陈志英. 金代东北地区转运司建制考 [J]. 兰州学刊, 2008 (05).

[379] 陈德洋. 金代和籴利弊初探 [J]. 黑龙江教育学院学报, 2009 (01).

[380] 邹向前. 金界壕遗址黑龙江段的保护利用 [J]. 辽金契丹女真史研究, 2004.

[381] 傅惟光. 金代长城中国第二万里长城. 鹤城政协, 2006 (04).

[382] 徐雪吟. 俄国皇家东方学会与东省文物研究会. 地方史志, 2010 (12).

[383] 李庆. 三上次男的金史研究 [J]. 古典文学知识, 2008 (05).

[384] 王会昌. 2000年来中国北方游牧民族南迁与气候变化 [J]. 地理科学, 1996 (08).

[385] 赵哈林. 北方农牧交错带的地理界定及其生态问题 [J]. 地球科学进展, 2002 (10).

[386] 项晓静. 长城——农耕文明的防卫线 [J]. 安康师专学报, 2003 (03).

[387] 吉人. 是不同认识还是走入误区 [N]. 中国文物报, 2004-02-20.

[388] 黑龙江博物馆. 黑龙江拉临河右岸考古调查 [J]. 考古, 1964 (12).

[389] 郭人民. 金朝兴亡与农业生产的关系 [J]. 史学月刊, 1957 (03).

[390] 杨勇, 金宝丽. 谈金代女真族猛安谋克制的变迁 [J]. 黑龙江农垦师专学报, 2002 (04).

[391] 黄雪寅. 内蒙古草原民族与北方长城地带各民族的关系 [J]. 内蒙古文物考古, 1998 (02).

[392] 刘国祥. 兴隆洼文化聚落形态初探 [J]. 考古与文物, 2001 (06).

[393] 孟古托力. 女真及其金朝与高丽关系中几个问题考论 [J]. 满语研究, 2000 (01).

[394] 魏声和. 珲春古城考 [M] //珲春文物志. 长春: 吉林省文物志编委会: 1984.

[395] 胡明. 金抚州境内之界壕与乌沙堡 [J]. 张家口历史文化研究, 2004 (04).

[396] 王明荪. 东北内蒙地区金代之政区及其城市发展 [J]. 史学集刊, 2005 (07).

[397] 王明荪. 试论东北辽代之古城 [J]. 兴大人文学报, 2002.

[398] 王明荪. 试论内蒙古辽代之古城 [J]. 兴大历史学报, 2002.

[399] 王明荪. 辽代政区之建置与移民筑城 [J]. 中古史研究, 2002.

[400] 刘庆. 辽夏金元军事制度概述 [J]. 历史教学, 1990 (05).

［401］朱子芳．辽金纠军考略［J］．东方杂志，1946（06）．

［402］张泰湘，崔福来．庞葛城考［J］．东北亚历史与文化，1991．

［403］李爱武，刘之远．万部华严经塔［J］．内蒙古画报，2007（01）．

［404］柳雪．泰来风土拾零［J］．黑龙江文物丛刊创刊号，1982．

［405］哲里木盟博物馆．内蒙古霍林河矿区金代界壕边堡发掘报告［J］．考古，1984（02）．

［406］达茂旗文物管理所．达茂旗境内的金代边堡界壕［J］．内蒙古文物考古，2000（01）．

［407］克什克腾旗博物馆．克什克腾旗金界壕边堡调查［J］．内蒙古文物考古，1991（05）．

［408］任崇岳．论蒙金关系［J］．社会科学辑刊，1986（06）．

［409］鲁西奇．金末行省考述［J］．湖北大学学报，1995（01）．

［410］刘景文，王秀兰．辽金兵器研究［J］．北方文物，2004（01）．

［411］冯继钦．金代的回鹘人［J］．黑龙江民族丛刊，1995（01）．

［412］刘庆．辽夏金元军事制度概述［J］．历史教学，1990（05）．

［413］刘庆．金军战法及其对战争的影响［J］．北方文物，1993（07）．

［414］王曾瑜．金朝后期的军事机构和军区设置［J］．河北学刊，1993（10）．

［415］王曾瑜．论金军编制［J］．史学月刊，1994（01）．

［416］内蒙古草原地带文物干部考古培训班．正蓝旗四郎城调查简报［J］．内蒙古文物考古，1999（02）．

［417］东下冯考古队．山西夏县东下冯遗址东区、中区发掘简报［J］．考古，1980（02）．

［418］陈翔宇．筑城御敌居安思危［N］．科学时报，2003-03-27．

后　记

　　长城作为世界文化遗产，也是中国文化遗产的重要组成部分，近些年来越来越被社会重视，保护力度与日俱增。如何正确地、更好地保护长城等问题便成了学界的热点问题。而在回答问题之前，更需要把中国长城自身的防御体系和功能机制搞清楚，这样才能有的放矢地去保护。中国长城的修建延续了多个朝代，从初见雏形的春秋战国长城，到功能齐全的秦汉长城，直至成熟系统的明代长城，经历了千年，长城两侧持续着农耕文化与游牧文化的力量对弈，需要注意的是在一些历史时期，也出现了少数民族修建长城的历史现象，如北魏和金等时期。金长城作为少数民族建造的唯一一条万里长城，横亘于祖国的最北边，东西绵延2500千米，单线长度总和可达到5000多千米。虽然金长城工程浩大，但建成后实际的防御功能一直都莫衷一是；整个防御体系没有清晰建立；如此长的战线是如何管理的，为什么会采用界壕的形式，它的存在到底是长城发展史上的进步还是倒退，在纠结于这些问题的回答时，便形成了本文的初衷。

　　本书是从空间分析的视角对金长城研究的阶段性成果。基于长城防御体系完整性的前提，书中对金长城防御体系的构成与防御机制进行阐释；并以此为基础，将军事防御体系中的子系统进行梳理，明确层次；将规划布局和军事管理制度相结合去诠释金长城的界壕与军事聚落的发展与空间布局。本书的研究是基于金长城的考古与历史研究成果来进行的，没有前人浩瀚的历史研究资料和多年的考古成果，就无法实现时空分析研究。希望这些空间分析和量化数据同时可以支持金长城的历史与考古等相关研究，达到相互促进的效果。

　　不知多少次都想穿梭时空，去看看那金戈铁马时的辽阔高原，去亲身经历那战马厮杀的古战场，寻找那宛如土龙的金长城在战争中的模样，很多困惑仍萦绕脑中。回想此阶段的研究过程，其间经历过的人与事，让我心存感激。感谢调研期间提供帮助的内蒙古自治区政府、内蒙古自治区史志办、内蒙古自治区文化厅、内蒙古自治区文物考古研究所、内蒙古自治区博物馆、内蒙古自治区呼和浩特图书馆、内蒙古自治区史志办、内蒙古呼和浩特绥远城将军衙府博物馆、包头市档案馆、包头市史志办、包头市文物管理处、包头市图书馆、托克托县双河镇镇政府、托克托文体局、托克托博物馆、托克托酒厂、和林格尔盛乐博物馆、和林格尔文管所、清水河县政府、清水河县文体局等单位；还要特别感谢内蒙古自治区文物考古研究所张文平研究员，在调研期间给予的无私帮助和鼓励，他那平易近人和对考古的热爱至今都令人难以忘怀。

　　带着对这段历史和金长城的热爱，完成了本书的文稿，但对于长城的研究只是刚刚开始。书中的诸多内容仍需要进一步斟酌，难免偏颇疏漏，尚望批评指正。感谢中国长城学会董耀会会长，提供了不可多得的实地调研机会，并对研究给予了鼓励和建议。